HERFRIED MÜNKLER

Mitte und Maß

Der Kampf um die richtige Ordnung

ROWOHLT TASCHENBUCH VERLAG

Veröffentlicht im Rowohlt Taschenbuch Verlag,
Reinbek bei Hamburg, Februar 2012

Umschlaggestaltung any.way, Walter Hellmann
(Foto: akg-images / Francesco di Giorgio Martini, Città ideale)
Satz aus der Minion Pro PostScript
bei hanseatenSatz-bremen, Bremen
Druck und Bindung Druckerei C. H. Beck, Nördlingen
Printed in Germany
ISBN 978 3 499 62693 7

Inhalt

Einleitung

I

Die Mitte gilt als ein Ort der Sicherheit und der Beständigkeit. Während links und rechts Gefahren drohen und sich die Avantgarde in unerkundete Gebiete vorwagt, verspricht die Mitte Ausgleich, Wohlstand, Frieden. Wer in der Mitte bleibt, ist gut beraten: Die von außen andringenden Gefahren betreffen zunächst einmal andere, und man kann von hier aus Bündnisse mit allen Seiten schließen. Außerdem bekommt man bei einem unvorhergesehenen Richtungswechsel leicht die Kurve, um sich danach erneut mittig zu positionieren. Da scheint es zunächst widersinnig, dass der Barockdichter Friedrich von Logau, ein von seiner politischen Grundhaltung her eher konservativer Mann, in einem seiner Sinngedichte festgehalten hat: «In Gefahr und großer Noth/Bringt der Mittel-Weg den Tod.»

Ende der 1960er Jahre ist dieser Zweizeiler in der Bundesrepublik zur Leitmaxime derer geworden, die der penetranten Orientierung der Gesellschaft auf die Mitte überdrüssig waren. All denen, die meinten, in der Mitte lasse sich am ehesten Ruhe und Sicherheit finden, warfen sie mit Friedrich von Logau vor, eine verhängnisvolle Form von Unentschiedenheit und Unentschlossenheit zu fördern. Dabei hatten sie selbstverständlich auch das Verhalten der Deutschen im Nationalsozialismus vor Augen, die mehrheitlich vermieden hatten, sich durch Widerspruch und Widerstand zu exponieren. In einer Situation jedoch, in der man Position beziehen muss, böten die Lebensmaximen von Mitte und Maß keine Sicherheit. Im Gegenteil: Sie führten ins Verderben.

Ob das ein angemessenes Verständnis des Logau'schen Sinngedichts war, sei dahingestellt. Logau schrieb es unter dem Eindruck des Dreißigjährigen Krieges, als sich ein politisch-konfessioneller Entscheidungszwang über Europa ausgebreitet hatte, der den Mittelweg gefährlich werden ließ. Wer sich nicht auf eine der Seiten schlug, geriet «zwischen die Fronten». Er hatte nur noch Gegner, keine Freunde mehr. Die Welt war in Unruhe geraten, alles änderte sich, sogar der Ort, der in Friedenszeiten der sicherste war, hatte sich in den gefährlichsten verwandelt. Das war für einen konservativen Mann wie Logau eine bittere Erfahrung. Er zog daraus die Lehre, dass man die äußeren Bedingungen im Auge behalten musste, um erkennen zu können, wo man sicher war und wo der Tod lauerte. Selbst die Mitte konnte unter Umständen riskanter sein als eine Position auf den Extremen.

Diese Ansicht widerspricht den tiefsten Überzeugungen des Justemilieu, wie man seit dem 19. Jahrhundert jene Gemengelage aus Schichten und Klassen nennt, die sich in der Mitte der Gesellschaft eingerichtet haben und den Mittelweg nicht nur für den sichersten, sondern auch moralisch gesehen für den einzig gangbaren halten. Das Gefühl der Sicherheit paart sich hier mit einem reinen Gewissen: Jeder gute, anständige Mensch könne es schaffen, in der Mitte anzukommen; wem das nicht gelinge oder wer sich gar aus ihr entferne, offenbare einen Mangel an Klugheit, Leistungsfähigkeit und Sittlichkeit und dürfe sich nicht wundern, wenn das Unglück ihn ereilt. Dem aufgeblasenen Selbstbewusstsein des Justemilieu wollten die «68er» mit Logaus Sinngedicht einen Stich versetzen. Wenn man es damit schon nicht zum Platzen bringen konnte, so war ihm damit doch ein gehöriger Schrecken einzujagen.

Dabei konnten jene, die in den Anfängen der Bonner Republik ihren Platz in der gesellschaftlichen und politischen Mitte gefunden hatten, zunächst einmal den Anspruch geltend machen, dass sie die Lehren aus dem Scheitern der Weimarer Republik gezogen hätten, die bekanntlich eine Republik ohne Mitte gewesen und am Gegensatz der Extreme zugrunde gegangen sei. Und sie konnten auf den Nutzen verweisen, den die Mitte hat: Sie halte die politischen Flügel zusammen und verhindere so den Ausbruch eines Bürgerkriegs; sie biete den Aufstiegswilligen nicht nur ein Ziel, sondern gebe ihnen auch die Mittel und Methoden an die Hand, mit denen sie es erreichen können; daher schotte sich die Mitte auch keineswegs gegen den Rest der Gesellschaft ab, sondern fördere die gesellschaftliche und politische Integration. Kurz, die Mitte – und vermutlich sie allein – sei in der Lage, die ökonomischen wie kulturellen Fliehkräfte einer Gesellschaft zu bändigen. Angesichts dieser Leistungen dürfe man das Selbstbewusstsein der Mitte nicht mit Selbstgerechtigkeit verwechseln.

Die Geschichte der Bundesrepublik seit 1949 ist durch diese Debatte über Funktion und Wert der Mitte gekennzeichnet. Das allein schon zeugt von hoher politischer und sozialer Stabilität. Nicht, dass die Mitte gefehlt hätte, war über Jahrzehnte das Problem, sondern es wurde über die Frage gestritten, ob eine starke Mitte womöglich auch Kosten verursache, worin diese bestünden und wie hoch sie seien. Dass ein Land, das keine anderen Sorgen hat als diese, glücklich zu nennen ist, wird man nicht in Abrede stellen wollen. Aber kaum hat man dies zugestanden, muss man sich mit Hegels geschichtsphilosophischer Beobachtung auseinandersetzen, wonach die Perioden des politischen Glücks die leeren Seiten der Weltgeschichte seien. Und in der Tat füllen die Zeiten, in denen die Mitte das Sagen hat, nur sehr knappe Abschnitte im Buch der Weltgeschichte. Wer in ihm liest, wird der Herrschaft der Mitte nicht häufig begegnen beziehungsweise muss schon genauer hinschauen, um ihre Spuren zu entdecken. Ein solcher Versuch soll nachfolgend unternommen werden.

Dass die Geschichte von Staaten und Gemeinwesen mit einer starken Mitte weniger spektakulär ist als die jener, die zwischen den Extremen zerrissen sind, wird durch die Beschäftigung mit den sechs Dekaden bundesrepublikanischer Geschichte bestätigt. Wo man sich an Mitte und Maß orientiert, wird es den Zeitgenossen schnell langweilig. Dass dies während der 1950er und 1960er Jahre in Deutschland nicht der Fall war, hatte vor allem damit zu tun, dass man nach dem verheerenden Krieg auf Ruhe und Sicherheit aus war. In der Rückschau ist das anders. Dementsprechend richten die Deutschen, wenn sie sich mit ihrer Geschichte befassen, die Aufmerksamkeit gern auf die Zeit zuvor, in der von einer selbstbewussten, starken Mitte und einer an ethischen Maßstäben orientierten deutschen Politik nicht die Rede sein konnte. Das meist als Bereitschaft zur konsequenten Aufarbeitung der Geschichte ausgegebene Interesse an den zwölf Jahren nationalsozialistischer Herrschaft, an zwei Weltkriegen und selbst das an der Weimarer Republik kann auch als neugierige Hinwendung zu jenen Zeiten gedeutet werden, als alles noch spannend und aufregend war. Das Angebot an historischen Dokumentationen, mit denen das deutsche Fernsehpublikum versorgt wird, zeigt jedenfalls ein dramatisches Übergewicht der relativ kurzen Zeit nationalsozialistischer Herrschaft gegenüber der ungleich längeren Zeit der Bundesrepublik. Und was die Geschichte der Bundesrepublik bis 1989 selbst angeht, so wird den Terroranschlägen und Attentaten der «Roten-Armee-Fraktion» eine unverhältnismäßig große Aufmerksamkeit zuteil. Das Extreme ist spannender und aufregender als die Mitte.

Die immerwährende Beschäftigung mit Baader, Meinhof und anderen ist eine späte Bestätigung für Hegels Beobachtung, wonach die Perioden politischen Glücks die leeren Seiten der Weltgeschichte seien. Wo die Mitte für eine an Wohlstand und Frieden orientierte Politik sorgt, geschieht wenig Außergewöhnliches, und man sucht nach Abwechslung. Auch wenn heutzutage die Unterhaltungsindustrie dieses Verlangen durchaus sozialverträglich befriedigen kann und so dazu beiträgt, dass es nicht auf den Bereich des Politischen übergreift, besteht die größte Gefahr für eine von der Mitte beherrschte politische Ordnung darin, dass sich eine lähmende Langeweile in der Gesellschaft breitmacht. Insbesondere die Jüngeren werden irgendwann der Ruhe überdrüssig. Die Aktivsten und Engagiertesten unter ihnen halten im Bündnis mit den moralisch Sensiblen und denen, die auf der Suche nach ästhetischer Abwechslung sind, Ausschau nach Anregungen und Aufregungen, und sie können sich dabei der Aufmerksamkeit der Medien sicher sein. Das unverhältnismäßige Gewicht, das diese Suche so bekommt, sorgt freilich auch dafür, dass von den Rändern her eine Erregtheit in die Mitte hineingespiegelt wird, die einen unverzichtbaren Beitrag zu deren innerer Stabilisierung leistet. Die begrenzte Unruhe an der Peripherie verhindert, dass die Ruhe in der Mitte dieser gefährlich wird. Die Mitte ist somit in weitaus höherem Maße auf die sie umgebenden Extreme angewiesen, als sie wahrhaben will. Sie zapft den notorischen Erregungszustand der Peripherie an, um die Ruhe zu bewahren. Das aber heißt, dass die Mitte beschränkt bleiben muss. Wo alles Mitte ist, ist es mit der Mitte schnell vorbei. In diesem Sinne ist sie nicht nur der Hüter des Maßes, sondern muss auch selbst Maß halten. Das fällt ihr nicht immer leicht.

Nun scheint die für die Bundesrepublik seit ihrer Gründung charakteristische Expansion der Mittelschichten, denen sich schließlich weit mehr als die Hälfte aller Deutschen zugehörig fühlten, inzwischen an ein Ende gekommen zu sein, und allgemein ist von einer Trendumkehr die Rede. Kaum hatte das neue Jahrtausend begonnen, setzte eine bis heute anhaltende Debatte über die Bedrohung der Mitte ein, wobei die einen deren Überlastung durch immer höhere Transferleistungen beklagen, während die anderen vor dem drohenden Zerfall der Mitte warnen, da die Besserverdienenden die Solidarität mit jenen aufgekündigt hätten, denen der soziale Abstieg drohe. Für die einen stellt ein aus den Fugen geratener Wohlfahrtsstaat das Problem dar, für die anderen ein entfesselter Kapitalismus: Nachdem es in Europa nach dem Krieg gelungen war, mit einer Reihe von ordnungspolitischen Maßnahmen dessen zerstörerische Kräfte zu bändigen, habe man es jetzt mit einem Kapitalismus zu tun, der keinerlei Maß mehr kenne. Der Vorwurf, die Gier einiger Manager und Investmentbanker sei für die Finanz- und Wirtschaftskrise verantwortlich, wird durch die Forderung des Maßhaltens ergänzt; sie hat in der Krise Konjunktur. Aber wer soll maßhalten? Die einen richten diese Forderung an die wirtschaftliche Elite, die anderen an den Rest der Gesellschaft, insbesondere an die Transferempfänger. Die Debatte über die richtige Ordnung der Gesellschaft ist vor allem eine Debatte über das rechte Maß. Welche Rolle spielt dabei die soziopolitische Mitte? Ging man in den ersten fünf Dekaden der Bundesrepublik noch davon aus, dass eine starke Mitte in der Lage sei, dem rechten Maß in der Gesellschaft Geltung zu verschaffen, so haben sich mittlerweile Ursache und Wirkung umgekehrt – wo das Maß verloren gegangen sei, werde auch die Mitte keinen Bestand haben.

Während der Alarmismus einer gesellschaftlichen Spaltung im Wesentlichen als Hilferuf der unteren Mitte zu verstehen ist, die aus der Mitte herauszufallen und in die Unterschicht abzusinken droht, so ist die Warnung vor einer Überforderung der Leistungsträger, ihrem schrumpfenden finanziellen Spielraum infolge von Steuern und Sozialabgaben, ein Hilferuf der oberen Mitte: Die Grenze der Belastbarkeit sei erreicht, wenn nicht längst überschritten. Der immer wieder aufflammende Streit über Ausgabenkürzungen des Staates oder Steuererhöhungen, fehlende Leistungsgerechtigkeit oder mangelnde Solidarität ist ein untrügliches Zeichen dafür, dass die soziopolitische Mitte jene relative Geschlossenheit verloren hat, die der Bundesrepublik über Jahrzehnte eine bemerkenswerte politische Stabilität verlieh. Die soziale Dynamik der westlichen Gesellschaften insgesamt und Deutschlands im Besonderen hat sich umgekehrt. Statt die Mitte zu stärken, befördert sie seit einiger Zeit die soziale Polarisierung. Um diese in Grenzen zu halten, sind immer größere staatliche Transferleistungen vonnöten. Die aber lassen sich nicht finanzieren, ohne die obere Mitte noch stärker zu belasten. Diese wiederum setzt der Warnung vor der Spaltung der Gesellschaft die vor dem Ruin der Mitte entgegen, die ausgepresst und in die Zange genommen werde.

Das ist die andere Seite des Mitte-Diskurses: Wo von der Gefahr die Rede ist, man könne in die Zange genommen werden, da erscheint die Mitte nicht als ein in sich ruhendes Zentrum, da ist sie keine stolze, dominante Mitte, sondern ein Ort des Bedroht- und Gefährdetseins, der Einschließung durch einen Ring von Feinden, die den Umzingelten erdrücken und erwürgen wollen. Diese Vorstellung, die in den letzten Jahren für das Selbstbild der oberen Mitte bestimmend geworden ist, entstammt der Geopolitik und hat die geostrategischen Vorstellungen der politisch-militärischen Eliten Deutschlands zwischen Reichsgründung und bedingungsloser Kapitulation im Mai 1945 geprägt. Die Angst, eingekreist zu werden, schlug sich immer wieder in Plänen zur Führung eines «Präventivkriegs» nieder, mit dem man den Ring der (möglichen) Feinde sprengen wollte, und gelegentlich hoffte man auch, die Mittellage lasse sich nutzen, um von ihr aus eine beherrschende Position innerhalb Europas zu erlangen. Es war nicht zuletzt die geopolitische Position in der Mitte, die für die Geschichte Deutschlands – und damit Europas – im 20. Jahrhundert entscheidend geworden ist.

Mit der Überlagerung geopolitischer durch geoökonomische Fragen hat der Mitte-Diskurs eine neue Wendung genommen. Der rasante wirtschaftliche Aufstieg Chinas löste eine weitere Welle des Alarmismus aus: Europa (beziehungsweise der atlantische Raum unter Einschluss der USA), das seit den Entdeckungsreisen des 15. und 16. Jahrhunderts die Position im Zentrum der Weltwirtschaft erlangt und schrittweise ausgebaut hat, stehe im Begriff, an den Rand gedrängt und zur weltwirtschaftlichen Peripherie zu werden. Die eigenen Rohstoffe sind weitgehend erschöpft, die Bevölkerung ist im Vergleich mit den jungen, aufstrebenden Regionen überaltert, und die Fähigkeit zu dynamischer Innovation hat spürbar nachgelassen. Europa ist alt und müde geworden. Es hat die Kraft verloren, die weltwirtschaftlichen Fäden in der Hand zu behalten. Vor allem in Deutschland als dem wirtschaftlich stärksten und wichtigsten Land Europas wird diese neue Debatte über den «Verlust der Mitte» geführt. Es ist abermals eine Bedrohungsdebatte. Aber während es im frühen 20. Jahrhundert um die Frage ging, welche Gefahren die geostrategische Mittellage berge, steht heute die Angst im Vordergrund, man könne an die Peripherie geraten. Was für die Deutschen zu Beginn des 20. Jahrhunderts der Fluch der Mitte war, ist zu Beginn des 21. Jahrhunderts der drohende Verlust dieser Position geworden.

So ist die Mitte ein genuin deutsches Thema. In den letzten zwei Jahrhunderten waren die Deutschen fortwährend mit der Mitte beschäftigt. Wenn sie nicht auf der Suche nach ihr waren, trieb sie die Vorstellung um, sie müssten sich vor den mit ihr verbundenen Gefahren schützen. Und als sie zwischen 1945 und 1990 die Position in der Mitte des Kontinents verloren hatten, weil das geteilte Europa keine Mitte mehr besaß, bildete sich in der Bonner Republik eine starke gesellschaftliche Mitte heraus, wie es sie zuvor noch nie gegeben hatte, in dieser Form bei den europäischen Nachbarn nicht gab und vorerst auch in Deutschland nicht mehr geben wird. Es ist daher anzunehmen, dass die mitteversessenen Deutschen sich auf die Suche nach neuen Mitten machen werden, auch wenn im Augenblick nicht abzusehen ist, wo sie diese finden wollen oder finden können.

Die Ambivalenz der Mitte im Allgemeinen und die Folgen der Mittesuche bei den Deutschen im Besonderen sind das Thema dieses

Buches. Dabei wird es immer auch um die Verbindung von Mitte und Maß gehen. Mit Maß ist freilich kein beliebiger Maßstab gemeint, sondern «das rechte Maß», das selbst eine Mitte zwischen dem Zuviel und dem Zuwenig ist. Das Maß ist eine Verstärkung der Mitte, so wie die Mitte als der Ort gilt, an dem das rechte Maß am leichtesten und sichersten gefunden werden kann. Doch der Auffassung, die soziopolitische Mitte sei der berufene Hüter und Wahrer des Maßes, der die Extreme im Zaum hält und Exzesse verhindert, steht die Überzeugung entgegen, eine Mitte, die ihr eigenes Maß zum Maßstab für alle macht, drohe das Außergewöhnliche und Herausragende zu verhindern und alles auf Mittelmaß zu reduzieren. Dass derjenige, der diese Überzeugung am schärfsten und deutlichsten formuliert hat – der Philosoph Friedrich Nietzsche –, ein Deutscher war und zugleich am wenigsten ein Deutscher sein wollte, bestätigt bloß, was über die Mitte als speziell deutsches Thema gesagt wurde.

Die Mitte wird im Folgenden zunächst – bevor sie im letzten Kapitel als spezielles Problem der deutschen Politik der letzten hundert Jahre in den Blick gerät – in ihrem Verhältnis zu Maß, Macht und Raum erkundet. Dabei wird deutlich, dass die Mitte keineswegs nur ein deutsches Thema ist, sondern dass seit den Anfängen des politischen Denkens über ihren Nutzen und ihre Gefahren diskutiert wird. Jetzt, da es sich nicht mehr von selbst versteht, dass die Stärkung von Mittelstand und Mittelschicht der gesellschaftlichen und politischen Mitte Stabilität verleiht, lohnt sich ein Blick auf alternative Modelle, die in der Geschichte entwickelt worden sind. Das gilt in ähnlicher Weise für die Frage nach dem rechten Maß, mit der sich Theologen, Philosophen und Ökonomen von jeher beschäftigt haben, beziehungsweise nach den (meist unter dem Stichwort der «Entfesselung» diskutierten) Konsequenzen, die das Fehlen des Maßes haben kann. In der Debatte über den drohenden Verlust der Mitte – von der Weltwirtschaft bis zu Politik und Gesellschaft, vom moralischen Habitus bis zum Entwurf eines gelingenden Lebens – wird und muss die Mitte neu vermessen werden. Dazu will dieses Buch einen Beitrag leisten, indem es den Mitte-Diskursen früherer Zeiten nachgeht und sie auf ihre Brauchbarkeit für gegenwärtige wie zukünftige Herausforderungen befragt.

Berlin und Dresden, Mai 2010

1. *Mitte und Maß*

I

Noch bevor Nikolaus Kopernikus die Erde und mit ihr das Menschengeschlecht aus dem Mittelpunkt des kosmischen Geschehens verbannte und auf eine Umlaufbahn um die Sonne schickte, hat Leonardo da Vinci, als hätte er die bevorstehende Depotenzierung des Menschen ausgleichen wollen, diesen zum Maß für die Ordnung der Proportionen gemacht und dabei die menschliche Gestalt genutzt, um Quadrat und Kreis ineinanderzufügen. In seinem *Traktat über die Malerei* hat Leonardo sich auf den römischen Architekten Vitruv berufen und dessen Überlegungen zur Wohlproportioniertheit des Menschen in jener berühmten Skizze umgesetzt, die zum Symbol für das neue Selbstbewusstsein des Renaissancemenschen wurde: «Liegt […] ein Mensch mit gespreizten Armen und Beinen auf dem Rücken, und setzt man die Zirkelspitze an der Stelle des Nabels ein und schlägt einen Kreis, dann werden von dem Kreis die Fingerspitzen beider Hände und die Zehenspitzen berührt. Ebenso, wie sich am Körper ein Kreis ergibt, wird sich auch die Figur des Quadrats an ihm finden. Wenn man nämlich von den Fußsohlen bis zum Scheitel Maß nimmt und wendet dieses Maß auf die ausgestreckten Hände an, so wird sich die gleiche Breite und Höhe ergeben wie bei Flächen, die nach dem Winkelmaß quadratisch angelegt sind.»[1]

Was einer auf sich selbst gestellten Geometrie unmöglich war, gelingt, sobald der Mensch als Vermittler ins Spiel kommt: die Quadratur des Kreises. Der Mensch fügt sich hier nicht bloß in die Grundfiguren der Geometrie, sondern konstituiert sie geradezu. Sein Maß wird zum Maßstab des Schönen und Guten. Mit der Durchsetzung des kopernikanischen Weltbildes ist der Mensch zwar aus dem Aufmerksamkeitsfokus des Weltenschöpfers verschwunden, aber dafür hat er aus dem Innern seines eigenen Weltentwurfs die kosmische Ordnung neu erschaffen und sich als deren unerschütterliches Zentrum positioniert.[2] Sein Nabel wird zum Mittelpunkt des Kreises, und seine Fingerspitzen, Fußsohlen und sein Scheitel geben das Maß des Quadrats vor.

Dass der Mensch das Maß aller Dinge sei, war seit der griechischen Sophistik freilich eine Sicht, die nicht unwidersprochen geblieben ist; Platons Philosophie kann als eine einzige große Anstrengung zur Widerlegung des auf den Sophisten Protagoras zurückgehenden *homo-mensura*-Satzes begriffen werden. Wenn nämlich der Mensch das Maß aller Dinge war, wie Protagoras erklärt hatte, dann war er auch der Maßstab aller Werte, und dann gab es keine feste Position mehr, von der aus sein Denken und Handeln beurteilt werden konnte.[3] Dann war alles relativ, dann entschieden entweder die Mehrheit oder die Stärkeren, oder die Entscheidung war dem Belieben eines jeden Einzelnen anheimgestellt. Eines war schlimmer als das andere. Die große Masse, so Platon, neige zur Maßlosigkeit, und der beliebige Einzelne sei ohne Orientierung. Die Harmonie der Proportionen, wie Leonardo sie sinnfällig gemacht hat, war eine des idealen Menschen; die realen Maße der empirischen Menschen sahen allerdings ganz anders aus – nicht bloß in physischer, sondern auch in moralischer Hinsicht. Wie aber konnte man die Menschen dazu bringen, das Idealmaß zur Richtschnur des eigenen Verhaltens zu machen? Auf diese Frage gab es im Prinzip nur zwei Antworten. Die eine lautete: durch Erziehung, und die andere: durch eine institutionelle Ordnung. Natürlich ließ sich beides auch miteinander kombinieren. In jedem Fall kam es aber darauf an, den Menschen – das «noch nicht festgestellte Tier», wie Nietzsche ihn genannt hat[4] – auf ein Maß zu verpflichten, an dem er sich orientieren konnte. Die Fähigkeit des Maßhaltens hing zuallererst davon ab, dass es ein Maß gab und zugleich eine Autorität oder ein Regelsystem, die dieses Maß verbindlich machte. Beides ist freilich alles andere als selbstverständlich.

Es kommt nicht von ungefähr, dass als Autorität und Regelgeber immer wieder die Mitte – die Mitte der Gesellschaft, die Mitte zwischen den politischen Gegensätzen oder auch Personen in der Mitte des Lebens – angerufen worden ist. Anders als bei den Gegensatzpaaren von oben und unten oder rechts und links konnte man bei der Mitte nämlich davon ausgehen, dass hier die negativen Auswirkungen der Selbstbevorzugung beziehungsweise der Benachteiligung der anderen sich in Grenzen hielten. Die Position in der Mitte zwang zum Maßhalten zwischen den Extremen.

Als das antike Athen einmal mehr aus dem Gleichgewicht geraten war und die Stadt auf der Schwelle zum Bürgerkrieg stand, beauftragte man Solon, die Dinge wieder in Ordnung zu bringen. Man traute ihm dies zu, weil er als Mann der Mitte galt. In seinen Gedichten hat Solon die Wahrung der Mitte als Königsweg bei der Suche nach dem rechten Maß bezeichnet.[5] Er habe den Ausgleich zwischen Ober- und Unterschicht gesucht und ihn in der Mitte zwischen beiden gefunden:

«Denn dem Volke gab ich Befugnis so viel wie genug ist,
von seiner Ehre nichts nahm ich und tat nichts hinzu.
Doch zu denen man aufsah des Reichtums halber, die Mächt'gen,
auch die ließ ich nur das haben, was ihnen gebührt,
stellte mich hin und deckte den Schild meiner Macht über beide.
Siegen entgegen dem Recht ließ ich nicht die und nicht die.»[6]

So haben sich Mitte und Maß seit den Anfängen des politischen Denkens gegenseitig gestützt und verstärkt.[7] In der Philosophie des Aristoteles avancierte diese Wechselbeziehung schließlich zum Inbegriff der guten Ordnung in der Gesellschaft wie im Leben des Einzelnen.[8]

Welche Folgen es haben kann, wenn dem Menschen die Mitte

fehlt, haben die Ärzte Hippokrates und Galen am Typus des Melancholikers erläutert. Unvermittelt schlägt seine Stimmung von einem Extrem ins andere um – himmelhochjauchzend, zu Tode betrübt.[9] Für den Melancholiker hat die Suche nach der Mitte, die ihm vermutlich der Philosoph Theophrast als Erster nahegelegt hat, therapeutische Qualität; er kann seine genialischen Fähigkeiten nur entfalten, wenn er die extremen Gefühlslagen meidet. Der Königsweg bei der Suche nach der fehlenden Mitte ist die regulierte Lebensführung, und das entspricht so gar nicht dem Bild, das sich die Moderne unter dem Einfluss der Romantik vom Genie gemacht hat. Ob es dem Menschen gelang, seine Talente und Fähigkeiten auszubilden oder nicht, hing nach Auffassung der griechischen Mediziner davon ab, dass er seine jeweilige Mitte fand und das durch sie definierte Maß hielt.

Das schließt nicht aus, dass es auch in der Antike Exzentrikern und Außenseitern gegenüber eine Schau- und Sensationslust gegeben hat. Die «gute Gesellschaft», die sich konsequent in der Mitte hält und den Ausbruch in die Extreme vermeidet, will unterhalten werden, und sie unterhält sich am besten, wenn sie die Exzentriker in ihrer Maßlosigkeit betrachtet und dabei erkennt, wie das Ausleben des Maßlosen zu allerhand Absonderlichkeiten führt, um schließlich im großen Zusammenbruch zu enden. Die unterhaltsame Abwechslung wird zur Belehrung und Bestätigung. Aus sicherer Entfernung beobachtet man das Scheitern derer, die die Mitte nicht halten, und die Beobachtung des Scheiterns wird zur Bestätigung dafür, dass es sich lohnt, den Verlockungen des Maßlosen zu widerstehen. Moderne Gesellschaften zumal widmen dem Exzentrischen und den Exzentrikern große mediale Aufmerksamkeit: Das maßvolle Leben in der Mitte ist in seiner vernünftigen Ausgeglichenheit eher langweilig, außer wenn es durch persönliche Schicksalsschläge oder Katastrophen aus der Bahn geworfen wird. In der Gleichförmigkeit des Alltags ist die Mitte auf Abwechslung durch Außenseiter angewiesen, um nicht in jener Langeweile zu versinken, die dann dazu verführt, die ersehnte Abwechslung in eigener Maßlosigkeit zu suchen.

Zumindest unterhaltungstechnisch kommt die Mitte also nicht ohne Exzentriker und Außenseiter aus. Sie ermöglichen ihr, das Gleichgewicht zu halten. Darin zeigt sich die untergründige Ambivalenz der Mitte. Mag sie auch noch so lautstark bekunden, sie ruhe in sich selbst, so braucht sie doch die permanente Selbstbestätigung durch ein sie umgebendes Außenseitertum. Auch parteipolitisch hält bekanntlich nichts das Wählervolk der Mitte zuverlässiger zusammen als der immer wieder erneuerte Blick auf die Radikalen und Extremisten mit ihren gefährlichen Absichten. Von sich aus erstrahlt die Mitte also keineswegs in dem goldenen Licht, in das Horaz sie mit seiner berühmten Formel von der *aurea mediocritas*, der goldenen Mitte, getaucht hat.[10] Es sind die Außenseiter und Extreme, die der Mitte ihren goldenen Schimmer verleihen.

Mitunter genügt der Voyeurismus medialer Unterhaltung aber nicht, um das Ethos des Maßhaltens zuverlässig zu leben, weswegen wir kulturgeschichtlich schon früh jenen Perioden lizensierter Maßlosigkeit begegnen, in denen die Mitte der Gesellschaft von den Anstrengungen des Maßhaltens vorübergehend entbunden wird. Im neuzeitlichen Europa war und ist dies der Karneval, in dem die sonst gültigen Regeln aufgehoben sind und man sich ungestraft dem Exzess hingeben kann. Es ist aber klar – jedenfalls war es das bis vor wenigen Jahrzehnten –, dass die Welt nur für eine kurze Zeit auf den Kopf gestellt werden darf. Um die Rückkehr in die gewohnten Bahnen sinnfällig zu machen, folgten auf die Tage der Maßlosigkeit Wochen des Verzichts und der Enthaltsamkeit. Karneval und Fastenzeit gehörten zusammen. So blieb auch hier die Mitte gewahrt, wenngleich in zeitlicher Streckung.

Man darf also bezweifeln, dass Hans Magnus Enzensberger recht hat, wenn er ein Verschwinden des Außenseitertums durch das Dominantwerden des Mittelmaßes konstatiert: «Das Mittelmaß nimmt Rache an seinem Gegenspieler. Es hat die kulturelle

Opposition eingemeindet, das Außenseitertum verschluckt.»[11] Das genaue Gegenteil ist der Fall; gerade das Mittelmaß muss Außenseitertum ständig neu hervorbringen, um es mit sich auszuhalten. Dementsprechend alimentiert die Mitte Exzentriker, um sich an ihnen zu ergötzen. Von den Familienserien des Vorabendprogramms bis zu den Big-Brother-Staffeln, von den Traumschiff-Reisen bis zu den Casting-Shows, bei denen Bewerber und Jury sich in Exzentrizität wie Vulgarität gegenseitig überbieten, lassen sich dafür Beispiele zusammenstellen. Ohne Außenseitertum hat die Mitte auf Dauer keinen Bestand, und wo sie es versehentlich «verschluckt» haben sollte, muss sie es schleunigst wieder hervorbringen. Wie schon Solon die von ihm bevorzugte Mitte mitsamt ihrem Maß nur unter Verweis auf die opponierende Ober- und Unterschicht zu definieren vermochte, so kommen auch die modernen Bemühungen um die Mitte nicht aus ohne die Stabilisierungsleistung von außen. Nicht das Maß bestimmt die Maßlosigkeit, sondern erst aus der Entgegensetzung zweier Maßlosigkeiten, eines Zuviel und eines Zuwenig, bekommen wir die Vorstellung des Maßvollen.[12] Auch Aristoteles, der «Philosoph der Mitte», hat auf diese Weise die Mitte definiert.

Das ist die Paradoxie, der man bei der Suche nach der Mitte und der Beschäftigung mit den Mittesuchern immer wieder begegnet: dass die Mitte umso selbstgewisser und sicherer ist, je mehr sie von einander entgegenwirkenden Kräften flankiert wird, und dass ihre Kraft schmilzt wie Schnee in der Sonne, sobald sie die alleinige Deutungshoheit in der Gesellschaft erlangt hat. Ist die Mitte erst an der Macht, verfällt sie der Ohnmacht.[13] Das ist die politische Paradoxie der Mitte. Deshalb hat sie ein notorisch unglückliches Verhältnis zu sich selbst. Sie ist auf die anderen angewiesen, um bei sich sein zu können. Und das gilt erst recht für die der Mitte obliegende Aufgabe, Maßstäbe herzustellen und sich ums Maßhalten zu kümmern. Der Blick auf Leonardos am menschlichen Leib gewonnene Harmonie der Proportionen bestätigt das. Die Mittigkeit des Nabels wird erst erfahrbar durch den um die Extremitäten geschlagenen Kreis, und das Ebenmaß von Körperlänge und ausgebreiteten Armen wird erst sichtbar durch das danach bemessene Quadrat.

Im Unterschied zu den genuinen Theoretikern der Mitte hat der Philosoph und Soziologe Helmuth Plessner die Exzentrizität der menschlichen Existenz zum Ausgangspunkt seiner Überlegungen gemacht. Der Mensch befinde sich existenziell nicht in der Mitte, sondern müsse sich die Mitte selber schaffen; um sich ins Gleichgewicht zu bringen, brauche er künstliche Gegengewichte. Er muss, mit anderen Worten, Maßloses wollen, um sein Maß zu finden, und das wiederum hat zur Folge, dass er ein notorisch gefährliches wie gefährdetes Lebewesen ist. Es ist die Perspektive Friedrich Nietzsches, die Plessner hier einnimmt: «Daß der Mensch mit seinen natürlichen Mitteln seine Triebe nicht befriedigen kann, daß er nicht zur Ruhe kommt in dem, daß er ist, und mehr sein will, als er ist und daß er ist, daß er gelten will und zur Irrealisierung in künstlichen Formen des Handelns, in Gebräuchen und Sitten unwiderstehlich hingezogen wird, hat seinen letzten Grund nicht im Trieb, im Willen und in der Verdrängung, sondern in der exzentrischen Lebensstruktur, im Formtypus der Existenz selbst.»[14]

Plessner spricht von der «konstitutiven Gleichgewichtslosigkeit» des Menschen, die durch Kultur und Institutionen balanciert werden muss.[15] Das aber kann nicht gelingen ohne die Maßlosigkeit der auf die Hervorbringung künstlicher Welten gerichteten Tätigkeit. Ist die Mitte der Mediokren auf Außenseiter und Exzentriker angewiesen, die sie unterhalten und ihnen zugleich die Gewissheit geben, das Richtige zu tun beziehungsweise das Richtige zu sein, so machen bei Plessner die wild-unkontrollierten Anstrengungen der Exzentriker Mitte und Maß überhaupt erst möglich. Damit ist auch klar, dass der menschlichen Suche nach Maß und Gleichgewicht das fortwährende Scheitern ebenso eingeschrieben ist wie die Maßlosigkeit des Strebens. Dass die Mitte getroffen und das Maß gewahrt wird, ist eher ein Zufall als das Ergebnis einer zielgerichteten Suchbewegung.

Das Verhältnis von Mitte und Maß kann, wie dieser kursorische Umblick zeigt, auf sehr unterschiedliche Weise angegangen werden. Mitte und Maß können, wie im ptolemäischen Weltbild oder in der Proportionsstudie Leonardos, als von Natur aus gegeben angesehen werden, wobei es dann nur noch darauf ankommt, das Verborgene aufzudecken. Sie können aber auch, wie bei Plessner, als etwas Flüchtiges und Zufälliges gedacht werden, etwas, das sich erst im Nachhinein und nur hinterrücks einstellt, weswegen man es auch nicht anstreben oder anzielen kann. Genau das jedoch hat Aristoteles, auch hierin ein Vertreter der Mitte, als möglich behauptet. Im Bild der Bogenschützen, die nicht direkt auf den Mittelpunkt einer Scheibe zielen dürfen, wenn sie ihn treffen wollen,[16] hat er versucht, einen systematischen Zusammenhang zwischen dem Übers-Ziel-Hinausschießen und dem Treffen des Ziels herzustellen. Mit Blick auf die Faktizität der Welt hat er ein Stück Exzentrizität ins Zielen auf die Mitte eingebaut. Deswegen ist für Aristoteles das Treffen der Mitte und das Wahren des Maßes auch weder banal noch langweilig. Im Gegenteil: Wie das Beispiel der Bogenschützen verdeutlicht, ist dazu nur eine kleine Elite unter großen Anstrengungen fähig. Um sich ihrer zu vergewissern, braucht diese Mitte-Elite weder Exzentriker und Extremisten noch Außenseiter und Radikale. Sie ist sich selbst genug – freilich um den Preis, niemals die Mehrheit werden zu können.

Das «Rad der Geschichte» – von den großen Erzählungen als Orientierungshilfen bei der Wanderung durch die Zeit

Die Vorstellung von der Mitte als Normgeber und Stabilisator der Gesellschaft steht in unmittelbarer Konkurrenz zum Ordnungsmodell eines ständigen politischen und gesellschaftlichen Fortschritts, das die Raumvorstellungen und ihre Ordnungsmuster durch die Annäherung an ein in der Zukunft liegendes Ziel ersetzt. Das bedeutet nicht, dass in der Ordnung der Mitte keine zeitliche Entwicklung möglich wäre. Beispielsweise integriert die Mitte die unteren Schichten, indem sie ihnen den sozialen Aufstieg als Ziel vor Augen stellt, während sie den oberen Schichten Werte und Normen, Gepflogenheiten und Sitten an die Hand gibt, an denen sie sich orientieren können, um in der größeren Schicht der oberen Mitte wenn nicht unsichtbar, so doch unauffällig zu werden. Dadurch bieten sie geringere Angriffsflächen für sozialen Neid und politischen Zorn. Es sind jedoch nur kurze Zeitperspektiven, die in den Ordnungsvorstellungen der Mitte entwickelt werden, und vor allem sind sie darauf ausgelegt, große und grundsätzliche Entscheidungen zu vermeiden.

Der Fortschritt dagegen verlangt eine Entscheidung – man ist entweder für oder gegen ihn. Eine mittlere Position gibt es hier nicht, beziehungsweise sie fällt nicht ins Gewicht. Vielmehr spaltet sich die Gesellschaft in Konservative und Progressive, an deren Flügeln noch einmal radikale Fraktionen, Reaktionäre und Revolutionäre, Aufstellung nehmen. Selbst in den Reihen der Fortschrittsbefürworter und -gegner herrscht Streit: Wie schnell darf der Fortschritt vonstattengehen, und soll man ihn zusätzlich beschleunigen? Beziehungsweise wie und mit welchen Mitteln hält man ihn am besten auf? Wo die Idee des Fortschritts die Erfahrungsräume und Erwartungshorizonte[17] der Menschen bestimmt, gibt es keine Mitte, in der die einander widerstreitenden Positionen zusammenfinden könnten. Hier muss man «Farbe bekennen».

Die Geschichte der soziopolitischen Selbstbeschreibungen ist durch den regelmäßigen Wechsel zwischen der Vorstellung von der Mitte und der Idee des Fortschritts gekennzeichnet. Wenn die Idee des Fortschritts hegemonial wird, die Gesellschaft sich gleichsam in Bewegung setzt und auf die Wanderung in eine verheißungsvolle Zukunft begibt, verliert die Vorstellung von der ordnenden Kraft der Mitte an Bedeutung. Nun dominiert das Bild der Marschkolonne das gesellschaftliche Selbstverständnis.[18] An der Spitze marschiert die Avantgarde, die weiß, wo es hingehen soll, und die den zögerlichen Rest anspornt. Am Schluss hingegen befinden sich die Nachzügler, die Widerwilligen und Fußkranken, die den Fortschritt schon allein dadurch sabotieren, dass sie zurückbleiben und so das allgemeine Marschtempo verlangsamen. Zumindest sorgen sie dafür, dass sich die Kolonne immer weiter auseinanderzieht und der Zusammenhalt reißt, falls die Avantgarde das Tempo nicht zurücknimmt. Wenn aber die Marschkolonne reißt, klafft in der Mitte eine Lücke, die schnellstmöglich wieder geschlossen werden muss. Insofern hat auch unter der Hegemonie von Fortschrittsvorstellungen die Mitte eine gewisse Relevanz, aber nicht, weil sie ein gut besetzter Ort im Zentrum der Gesellschaft wäre, zu dem alles hindrängt, sondern weil sie die Lücke schließen muss, die zu entstehen droht, wenn es vorne zu schnell und hinten zu langsam geht. Wie auf diese Gefahr reagiert werden soll, ist eine Frage, über die unter den Anhängern des Fortschritts heftige Kämpfe ausgetragen werden. Während die Reformisten dafür plädieren, «die Menschen mitzunehmen», was in der Regel auf eine Verringerung des Tempos und stärkere Überzeugungsarbeit hinausläuft, plädieren die Revolutionäre dafür, mit Gewalt gegen die Nachzügler und Widerwilligen vorzugehen. Guillotine und Erschießungskommandos sollen dafür sorgen, dass die Marschkolonne wieder Tritt fasst.

Der Religionsphilosoph Jacob Taubes hat die Idee des Fortschritts mit der Erfahrung der Ortlosigkeit verbunden. Nur dort, wo es keine Orte gibt, an denen man verweilen oder gar auf Dauer bleiben will, kann sich die Vorstellung eines grenzenlosen Fortschritts voll entfalten. Inbegriff dieses Nicht-sesshaft-Seins ist die Erzählung von der Wanderung des Volkes Israel in der Wüste, wo es nach seinem Auszug aus Ägypterland umherirrt, um sich in immer neuen Prüfungen zu läutern für die Ankunft im Gelobten Land.[19] Die Unwirtlichkeit der Wüste lässt den Gedanken, man könne, von den Anstrengungen erschöpft, verweilen und womöglich sesshaft werden, gar nicht erst aufkommen. Es gibt nur ein Vorwärts oder ein Zurück, und Letzteres wird von Teilen des Volkes gefordert, wenn die Lage wieder einmal hoffnungslos und das Gelobte Land in weite Ferne gerückt zu sein scheint. Dann erinnert man sich «der Fleischtöpfe Ägyptens» und redet die Knechtschaft und Fronarbeit klein, unter der man in Ägypten gelitten hat. In solchen Augenblicken der Resignation greift Jahwe ein, muntert die Zweifelnden auf und straft die Widerständigen. Hier bildet Gott selbst die Avantgarde, indem er seinem Volk als Sturm oder Feuersäule voranzieht. Er allein weiß, wo es hingeht und was geschehen muss, damit die Ankunft möglich wird.[20]

Der Exodusbericht des Alten Testaments ist die Erzählung, die den Vorstellungen vom Fortschritt, vom Aufbruch, von der Wanderung und der verheißenen Ankunft zugrunde liegt. Oder schärfer formuliert: Die Idee des Fortschritts hängt an Erzählungen, in denen es einerseits um die Mühen des Aufbruchs und die schier endlose Zeit des Unterwegsseins geht, in denen andererseits aber auch eine lichte Zukunft und der Ort, an dem sie wartet, eindrücklich beschrieben werden. Die Erzählungen begründen, warum es sich lohnt, die Beschwerlichkeiten der Wanderung zu ertragen. Sie stellen eine Verbindung zwischen Vergangenheit und Zukunft her. Die Gegenwart spielt keine Rolle. Sie ist bloß eine Durchgangsstation. Dagegen ist in der Vorstellung von der Mitte immer die Gegenwart dominant. Zukunft und Vergangenheit haben nur insofern Bedeutung, als sie die Mitte stärken und bestätigen. Erfahrungsraum und Erwartungshorizont fallen hier in eins. Es wird erwartet, dass es so bleibt, wie es ist. In der Wüste jedoch umfasst der Erfahrungsraum bloß den aktuellen Überlebenskampf, und der Erwartungshorizont beherrscht die Hoffnungen der Menschen. Solche Fortschrittsvorstellungen sind freilich gefährdet; immer wieder brechen die Erinnerungen an die Vergangenheit in sie ein und drohen die Vorwärtsbewegung zu blockieren. Die Reaktion lauert dem Fortschritt auf. Das ist bei den Mittevorstellungen nicht oder doch viel weniger der Fall. Taubes hat darum dem Avantgarde-Gott Jahwe, der sein Volk in eine Kampfgemeinschaft verwandelt hat und sich als «Herr der Heerscharen» anreden lässt, den Gott Baal gegenübergestellt. Seine Anhänger haben einen Ort, an dem Tempel und Altäre errichtet worden sind.[21] Die Priester Baals verkörpern die religiöse Mitte der Gesellschaft; diese ist angekommen und sesshaft geworden. Sie braucht keine großen Erzählungen, mit denen sie zum Weitergehen motiviert wird; für sie genügt die Praxis regelmäßiger Opfer, in der sich die Mitte als Mitte erweist.

Aber wie vollzieht sich dieser offenbar mit einer gewissen Regelmäßigkeit stattfindende Wechsel zwischen einer Orientierung auf die Mitte und der begeisterten Beteiligung am Fortschritt? Was ist seine Ursache? Und wodurch wird diese Entwicklung vorangetrieben? Der Soziologe Albert Hirschman hat sich mit dem regelmäßigen Schwanken der Bürger zwischen Privatwohl und Gemeinwohl beschäftigt und ist dabei zu dem Ergebnis gekommen, dass sich nach Perioden großen Engagements eine zunehmende Enttäuschung beobachten lässt. Sie führt zur Abwendung der Engagierten vom Gemeinwohl und einer verstärkten Orientierung an den Privatinteressen, bis ihnen das nach einiger Zeit wieder zu wenig ist und sie zu einem gemeinwohlorientierten Engagement zurückkehren. Wenn dann die erhofften Ergebnisse abermals ausbleiben, macht sich einmal mehr Enttäuschung breit, und das Pendel schlägt erneut in Richtung Privatinteressen aus.[22] Nun erfolgen solche Enttäuschungen aber nicht schlagartig, sondern ziehen sich über längere Zeiträume hin, weswegen das Pendel nur gemächlich hin- und herschwenkt. Hirschman geht davon aus, dass in der Spanne eines Lebens ein Engagement-Enttäuschungs-Zyklus[23] allenfalls zweimal durchlaufen werden kann, und nimmt als dessen Dauer etwa vierzig Jahre an.

Das Schwanken der Bürger zwischen der Orientierung auf die Mitte oder den Fortschritt lässt sich in Analogie zu den Überlegungen Hirschmans verstehen, wobei hier auch die Hoffnung eine Rolle spielt, der nunmehr erfolgte Schritt sei nicht rückgängig zu machen und also ein wirklicher Fortschritt. Aber dann stellt sich doch wieder heraus, dass nur technologisch-industrielle Entwicklungen und deren Folgen unumkehrbar sind, während sich in politischer und moralischer Hinsicht immer wieder Rückschläge ereignen, die alle vorangegangenen Fortschritte in Frage stellen, und es wird wieder attraktiv, sich an der Mitte zu orientieren, die weitaus enttäuschungsresistenter ist als die Idee des Fortschritts. Sie setzt auf Stabilität und bleibt skeptisch gegenüber den Verheißungen der Zukunft. Gerade diese Indifferenz gegenüber der Zukunft erweist sich allerdings als politische Schwachstelle der Mitte, weil sie keinen Platz lässt für die Abgrenzungs- und Neuerungsbedürfnisse der nachfolgenden Generationen. Sie müssen auf Veränderung setzen, um eine eigene Identität zu finden. Wo die Vorstellung von der soziopolitischen Mitte dominiert, haben stets die Alten das Sagen, weil sie «immer schon» da sind, wo die Jüngeren erst hinwollen. Deren Reaktion ist naheliegend – sie hebeln die Mitte aus, indem sie die intellektuelle und mentale Ordnung der Gesellschaft wieder auf Fortschritt umstellen. Indem sie das Ideal der Mitte zerstören, entziehen sie auch den Vorherrschaftsansprüchen der Älteren die Basis. Fortschritt entwertet individuelle Erfahrung wie gesellschaftliches Wissen. Die Dominanz der Mitte hingegen legt nahe, an all dem festzuhalten, was den Alten als gut und bewahrenswert gilt. Und das ist umso mehr der Fall, je «mittiger» eine Gesellschaft ist.

Die Erzählungen, auf die der Fortschritt angewiesen ist, haben vor allem eine Frage zu beantworten: Wer garantiert, dass die Wanderung durch die Wüste einen Sinn hat und der gefährliche Weg nicht im Nirgendwo enden wird? Das ist die Befürchtung, die laut wird, wenn das Volk murrt und sich Mose Anweisungen widersetzt. Wo Gott selbst, wie bei dem in die Wüste geschickten Volk Israel, dafür einsteht, dass es ein Ans-Ziel-Kommen geben wird, fallen Gottvertrauen und Fortschrittsvertrauen in eins. Wenn die Möglichkeit des Fortschritts aber, wie seit der Aufklärung, durch eine systematische Religionskritik erst geschaffen werden muss, weil die Theologie fortschrittsfeindlich ist, schließen Fortschritts- und Gottvertrauen einander aus. Der Fortschritt muss ohne Gott auskommen. Die Antwort auf diese Herausforderung ist die Apotheose der Geschichte:[24] Die große Erzählung, die das Vertrauen in den Fortschritt stiften soll, handelt nun nicht mehr vom Wirken Gottes in der Welt, sondern vom Gang der Geschichte und den sie vorantreibenden Kräften. Die Rede vom «Rad der Geschichte» ist eine der Formeln, in denen das Vertrauen in den Gang der Geschichte seinen Ausdruck findet. Das Rad rollt durch die Zeit und zermalmt alles, was sich ihm in den Weg stellt. Nichts und niemand kann es aufhalten, nicht die Konservativen und schon gar nicht die Reaktionäre. Wer in das Rad der Geschichte greift, um es zu stoppen, bricht sich die Finger oder gleich die ganze Hand.

In den klassischen Texten der Sozialdemokratie taucht die Formel vom «Rad der Geschichte» immer wieder auf. Auch Marx und Engels haben sich ihrer im *Kommunistischen Manifest* bedient, und zwar just dort, wo sie auf Mittelschicht und Mittelstand zu sprechen kommen: «Die Mittelstände, der kleine Industrielle, der kleine Kaufmann, der Handwerker, der Bauer, sie Alle bekämpfen die Bourgeoisie, um ihre Existenz als Mittelstände vor dem Untergang zu sichern. Sie sind also nicht revolutionär, sondern konservativ. Noch mehr, sie sind reaktionär, denn sie suchen das Rad der

Geschichte zurückzudrehen. Sind sie revolutionär, so sind sie es im Hinblick auf den ihnen bevorstehenden Uebergang ins Proletariat, so vertheidigen sie nicht ihre gegenwärtigen, sondern ihre zukünftigen Interessen, so verlassen sie ihren eigenen Standpunkt, um sich auf den des Proletariats zu stellen.»[25]

Damit das Rad der Geschichte am Rollen bleibt, dürfen diejenigen, die es vorantreiben, keinerlei Affinität zu einer wie auch immer definierten Mitte haben, sondern müssen sich ganz und gar der in die Zukunft führenden Revolution verpflichtet wissen. Genau so haben Marx und Engels den Proletarier gezeichnet. Was sie als empiriegesättigte Beobachtung ausgaben, ist eine Konstruktion, in der jede Neigung, sich mit den bestehenden Verhältnissen abzufinden, ausgeschlossen wird: «Die Lebensbedingungen der alten Gesellschaft sind schon vernichtet in den Lebensbedingungen des Proletariats. Der Proletarier ist eigenthumlos; sein Verhältniß zu Weib und Kindern hat nichts mehr gemein mit dem bürgerlichen Familienverhältniß; […] Die Gesetze, die Moral, die Religion sind für ihn eben so viele bürgerliche Vorurtheile, hinter denen sich ebenso viele bürgerliche Interessen verstecken. Alle früheren Klassen, die sich die Herrschaft eroberten, suchten ihre schon erworbene Lebensstellung zu sichern, indem sie die ganze Gesellschaft den Bedingungen ihres Erwerbs unterwarfen. Die Proletarier können sich die gesellschaftlichen Produktivkräfte nur erobern, indem sie ihre eigene bisherige Aneignungsweise und damit die ganze bisherige Aneignungsweise abschaffen. Die Proletarier haben nichts von dem Ihrigen zu sichern, sich haben alle bisherige Privatsicherheit und Privatversicherungen zu zerstören.»[26]

Das Ziel eines vollständigen Umsturzes der bestehenden Verhältnisse ist für die Verfasser des *Kommunistischen Manifests* freilich nur erreichbar, wenn sich die Proletarier nicht von ihrer weltgeschichtlichen Aufgabe ablenken lassen. Diese Gefahr ist sehr real, weil überall am Wegesrand pseudosozialistische Verführer lauern. Sie versprechen dem Proletariat einen Platz in der Mitte der Gesellschaft, weil sie dessen gesellschaftszertrümmernde Gewalt in eine gesellschaftserhaltende Macht verwandeln wollen. Deswegen wiederholen Marx und Engels die Kritiken, die sie in den 1840er Jahren gegen deutsche Linkshegelianer wie französische Sozialisten geschrieben haben und von denen man eigentlich annehmen sollte, dass ihr Platz eher in Publikationen für intellektuelle Zirkel zu finden wäre als in einer politischen Programmschrift, die in den Gang der Revolution von 1848 eingreifen sollte. Die Verfasser des *Kommunistischen Manifests* nutzen jedoch auch hier die Gelegenheit, mit ihren intellektuellen Kontrahenten innerhalb der Linken abzurechnen. Nachdem sie den «reaktionären», den «kleinbürgerlichen» und den «deutschen Socialismus» kritisiert haben, wenden sie sich dem «konservativen oder Bourgeois-Socialismus» zu, als dessen führenden Repräsentanten sie Pierre-Joseph Proudhon ausgemacht haben: «Die socialistischen Bourgeois wollen die Lebensbedingungen der modernen Gesellschaft ohne die nothwendig daraus hervorgehenden Kämpfe und Gefahren. Sie wollen die bestehende Gesellschaft mit Abzug der sie revolutionirenden und sie auflösenden Elemente. Sie wollen die Bourgeoisie ohne das Proletariat. Die Bourgeoisie stellt sich die Welt, worin sie herrscht, natürlich als die beste Welt vor. Der Bourgeois-Socialismus arbeitet diese tröstliche Vorstellung zu einem halben oder ganzen System aus. Wenn er das Proletariat auffordert, seine Systeme zu verwirklichen, um in das neue Jerusalem einzugehen, so verlangt er im Grunde nur, daß es in der jetzigen Gesellschaft stehen bleibe, aber seine gehässigen Vorstellungen von derselben abstreife.»[27]

Man darf davon ausgehen, dass Marx und Engels die Kontrahenten, die sie im *Kommunistischen Manifest* attackieren, sehr bewusst gewählt haben. Von späteren Lesern ist immer wieder mit Erstaunen festgestellt worden, dass sich darin so gut wie kein Angriff auf die Bourgeoisie als den historischen Widerpart des Proletariats findet, sondern eine geradezu hymnische Darstellung ihrer Dynamik: «Die Bourgeoisie hat in der Geschichte eine höchst revolutionäre Rolle gespielt.» Sie habe «kein anderes Band zwischen Mensch und Mensch übrig gelassen, als das nackte Interesse, als die gefühllose ‹baare Zahlung›. Sie hat die heiligen Schauer der frommen Schwärmerei, der ritterlichen Begeisterung, der spießbürgerlichen Wehmuth in dem eiskalten Wasser egoistischer Berechnung ertränkt. [...] Sie hat, mit einem Wort, an die Stelle der mit religiösen und politischen Illusionen verhüllten Ausbeutung die offene, unverschämte, direkte, dürre Ausbeutung gesetzt. [...] Alles Ständische und Stehende verdampft, alles Heilige wird entweiht, und die Menschen sind endlich gezwungen, ihre Lebensstellung, ihre gegenseitigen Beziehungen mit nüchternen Augen anzusehen.»[28] Die Bourgeoisie ist zwar der Widerpart des Proletariats, aber weder bekämpft sie es, noch versucht sie es zu verwirren oder zu irritieren. Sie beutet es einfach aus. Indem die Bourgeoisie tut, was zu ihrem Wesen gehört, bahnt sie dem Proletariat den Weg. Sie will das «Rad der Geschichte» weder anhalten noch zurückdrehen. Im Gegenteil: Mit aller Macht stößt sie es voran. In ihrem Vertrauen in den Gang der Geschichte ist das Marx und Engels nur recht.

Die eigentliche Bedrohung der proletarischen Revolution geht demnach von jenen aus, die dem Proletariat falsche Ziele setzen wollen. Weil ihnen die Geschichtsgesetze verborgen geblieben sind – «Die Geschichte aller bisherigen Gesellschaft ist die Geschichte von Klassenkämpfen»[29] –, halten sie nach Mitten und Vermittlungen Ausschau. Indem sie auf Versöhnung statt Spaltung, auf Integration statt Exklusion setzen, greifen sie ins «Rad der Geschichte» und versuchen es anzuhalten oder doch zu verlangsamen. Das macht sie für Marx und Engels zu unmittelbaren Gegnern, und dementsprechend heftig werden sie im *Manifest* angegriffen.

Man hat die innersozialistischen Auseinandersetzungen später auf die politische Marginalität von Emigrantenzirkeln zurückgeführt oder auf Marx' intellektuelle Arroganz, der sich mit dem Widerspruch von Personen schwertat, denen er nur begrenzte Denkfähigkeit zugestand. Das alles mag durchaus eine Rolle gespielt haben, aber ausschlaggebend war es nicht. Es ging vielmehr um die Frage, wer über die für das Proletariat verbindliche «große Erzählung» verfügte, wer sagen konnte, wie und wohin das «Rad der Geschichte» rollte, und dabei wurde zum Feind, wer eine Erzählung ins Spiel brachte, die nicht von einem sich revolutionär vollziehenden Fortschritt ausging, sondern die schrittweise Integration der unteren Schichten in die Mitte der Gesellschaft zum Ziel hatte. Alle, die nicht auf die dialektische Bewegung über die Extreme setzten, waren für Marx und Engels Gegner. Die Bourgeoisie gehörte nicht dazu, betrieb sie doch in praktischer Hinsicht die «Arbeit der Zuspitzung».

Gegenüber solchen «starken» Zukunftsbildern blieb und bleibt die Mitte auf Distanz. Ihr entscheidender Bezug ist die Gegenwart; Zukunft wie Herkunft bieten – anders als in Marx' Geschichtstheorie[30] – für sie nur begrenzte Orientierungsmöglichkeiten. Sie lässt sich weder von der Zukunft und den mit ihr verbundenen Fortschrittsvorstellungen noch von der Vergangenheit beziehungsweise den romantischen Erinnerungen an sie ins Bockshorn jagen. Sie hält Abstand sowohl zu den Progressiven, denen die Veränderungen nicht schnell genug gehen können, als auch zu den Konservativen, die das Bestehende um jeden Preis bewahren wollen. Das die gesellschaftliche und politische Mitte bildende Bürgertum rechtfertigt sich und seine politischen Ansprüche nicht durch den Rekurs auf Vergangenheit und Herkommen, sondern durch den Verweis auf aktuelle Leistungen. Das war im Kampf um die gesellschaftliche Hegemonie durchaus naheliegend: Man mied die Tiefe der Geschichte, weil man hier gegenüber dem Adel nur den Kürzeren ziehen konnte. Wenn der Mittelstand an seine Werkstätten, Fabriken oder Ladengeschäfte deren Gründungsdatum schrieb, dann drückte sich darin der Stolz auf eine Geschichte von Jahrzehnten, nicht, wie beim Adel, von Jahrhunderten aus. Man war stolz auf eine für die Gegenwart relevante Vergangenheit, nicht auf längst versunkene Zeiten, von denen nur noch Ruinen und vergilbte Urkunden zeugten. Die Geschichte, mit der die Mitte hantiert, ist die Erzählung von der eigenen Leistung.

Spiegelbildlich gilt das auch für die Auseinandersetzung mit den Theoretikern des Sozialismus und die Bedeutung der Zukunft für das eigene Selbstbewusstsein: Weltgeschichtliche, menschheitsgeschichtliche Fragen sind für die Mitte weithin bedeutungslos. Sie hat die nächsten Jahre, die aktuellen Herausforderungen, die absehbaren Probleme im Blick, sicherlich auch eine gute Zukunft für die Kinder und Enkel, aber alles, was darüber hinausgeht, spielt für sie politisch wie mental keine große Rolle. Dementsprechend begnügt sich die Mitte, wenn es soziale oder politische Probleme zu lösen gilt, mit «kleinen Erzählungen». Gegenüber den «großen Erzählungen», denen von der Herkunft wie jenen von der Zukunft, bleibt sie auf Distanz; sie erscheinen ihr als «bloße Literatur» oder als Angelegenheit persönlicher Religiosität. So werden Zukunftserwartungen politisch entschärft. Das ist möglich, weil die Mitte immer schon «angekommen» ist. Sie wandert nicht, weder durch Wüsten noch durch Steppen, sie hat kein Ziel – sie ist am Ziel.

Geschichtspolitisch befindet sich die Mitte also in einer Frontstellung sowohl gegenüber den Parteigängern der Vergangenheit als auch gegenüber den Avantgardisten, die den Blick weit in die Zukunft gerichtet haben. Bedrohlich ist dieser Zweifrontenkrieg jedoch nur in der Auseinandersetzung um die Zukunft, während die Streitigkeiten um die Vergangenheit eher feuilletonistischen Charakter haben. Wie Marx seine eigentlichen Widersacher in jenen Theoretikern sah, die auf die Integration des Proletariats in die Mitte der Gesellschaft setzten, so muss sich die Mitte gegen eschatologische, millenarische und apokalyptische Stimmungen behaupten, die, indem sie die Gegenwart und das Bestehende entwerten, das Ordnungsdenken der Mitte zu vernichten drohen. Die Offenbarung vom Ende aller Zeiten und der Schaffung eines neuen Himmels und einer neuen Erde drängt alles an den Rand, was in der Mitte und für sie von Bedeutung ist.

Solange es sich dabei um eine religiöse Fernerwartung handelt, von der kein politischer Handlungsimpuls ausgeht, muss die Mitte solche Vorstellungen nicht weiter bekämpfen. Das ändert sich jedoch, sobald die Apokalyptiker die Stimme des Herrn vernommen zu haben meinen und aus einer religiösen Naherwartung heraus agieren.[31] Der daraus erwachsende Konflikt wird noch verschärft, wenn die eschatologische Naherwartung gnostisch grundiert ist, das weltpolitische Geschehen also als eine innerweltliche Spiegelung des großen Kampfes zwischen (bösem) Schöpfer- und (gutem) Erlösergott begriffen wird.[32] Zwei einander fundamental entgegengesetzte Kräfte ringen hier miteinander, und in diesem Ringen gibt es keine Neutralität. Wer sich nicht auf die Seite des Erlösergottes stellt, sondern auf einer Position in der Mitte beharrt, hat gegen Apokalyptiker und Progressisten Partei ergriffen. Von nun an hat politische Bedeutung, was bisher weitgehend im Verborgenen geblieben war: dass die Welt, so wie sie ist, ein Ort des Übels sei und das Bestehende bloß wert, dass es zugrunde geht.

Wenn die Deutschen im 19. und 20. Jahrhundert ein notorischer Unruhefaktor der europäischen Politik gewesen sind, dann nicht nur wegen ihrer geopolitischen Lage in der Mitte des Kontinents,[33] sondern auch wegen ihres beständigen Schwankens zwischen einer quietistischen Mitteorientierung, einem selbstgenügsamen Sicheinrichten im Bestehenden und einer apokalyptisch-eschatologischen Naherwartung, die nicht auf wenige religiöse Virtuosen beschränkt blieb, sondern im buchstäblichen Sinn die Massen ergriff.[34] Im Rückblick auf das 20. Jahrhundert wird man sagen können, dass sich die Bundesrepublik unter anderem durch ihre Resistenz gegenüber apokalyptischen Vorstellungen von der Weimarer Republik unterscheidet. Die Mitte hat in ihr für eine leidliche Indifferenz gegenüber den Verheißungen wie Verfluchungen der politischen Propheten gesorgt.

Aber womöglich hat diese Resistenz gegenüber dem «ganz Anderen» eschatologischer Zukunftsentwürfe einen Preis, der in der Durchsetzung eines «Normalismus» besteht, bei dem das Normale zur Norm erhoben und die Menschen auf statistisch ermittelte oder konventionelle Normalwerte festlegt werden. Normalismus – der stumme Zwang, möglichst so zu sein wie alle anderen auch – schützt jedoch nicht nur vor den Einflüsterungen apokalyptischer Propheten, sondern führt auch zu einer Abneigung gegen alle Formen des Riskanten. Die von dem «ganz Anderen» einer möglichen Zukunft ausgehende Faszination wird durch die normative Aufwertung des Normalen eingegrenzt, und in Verbindung damit, so die Befürchtung, mache sich eine Behäbigkeit breit, die die Innovationsfähigkeit einer Gesellschaft auf Dauer reduziere.

In seinem Essay *Mittelmaß und Wahn* hat Hans Magnus Enzensberger gegen diese Befürchtung einer Selbsterschöpfung durch Normalität und Mittelmaß geltend gemacht, gerade das Mittelmaß sei ein Standard, der nicht ohne weiteres gehalten werden könne und darum ein hohes Maß an Kraft und Dynamik erfordere. Enzensberger hat das in dem Paradox von «übertriebenem Mittelmaß» und «hyperbolischer Normalität»[35] zusammengefasst, die für die Bundesrepublik typisch seien: «Die ökonomische und psychische Existenz der meisten wird durch das Mittelmaß verbürgt, und wer da glaubt, er könne es ignorieren, erliegt einem risikoreichen Irrtum. Es handelt sich nämlich nicht um eine pure Rechengröße, einen statistischen Wert, sondern um einen Standard, der erreicht und gehalten werden muß. Wir haben es mit einem hochqualifizierten Mittelmaß zu tun, das sich auf dem Weltmarkt zu behaupten hat; deshalb muß es ebenso konkurrenzfähig sein wie seine Produkte, seine Dienstleistungen, seine Infrastruktur.»[36]

Enzensberger bezweifelt, dass sich die Mitte einer modernen Gesellschaft noch einmal in jene biedermeierliche Gemütlichkeit zurückziehen könne, wie das im 19. Jahrhundert der Fall war. Der Beschleunigungsimperativ wirkt nicht mehr, wie in den alten Gesellschaften, in Form eschatologischer Verheißungen und apokalyptischer Verfluchungen auf die soziale und politische Ordnung ein. Die globale Konkurrenz hat diese Funktion übernommen, und sie ist zu einem festen Bestandteil des Systems geworden. Wer in dieser Konkurrenz eine mittlere Position halten will, muss schnell sein, immer wieder mit Innovationen aufwarten und darf sich nicht auf seinen Lorbeeren ausruhen. Daher schwankt die moderne Gesellschaft auch nicht mehr zwischen Perioden stabiler Ruhe und solchen eschatologisch angetriebener Beschleunigung. Ihre Apokalypseresistenz ist dem Umstand geschuldet, dass die Untergangsdrohung in Form des ökonomischen Ruins permanent geworden ist.

Die Propheten werden mit der Bemerkung verabschiedet, man brauche sie nicht mehr, seitdem man den Ertrag prophetischer Drohungen in den tagtäglichen Betrieb des ökonomischen Systems eingebaut habe. Aber genügt dieser knappe Bescheid gesellschaftlicher Funktionslosigkeit, um die Propheten samt ihren Unruhe stiftenden Verfluchungen und Verheißungen abzuwehren? Das wäre wohl nur dann der Fall, wenn es in der Vergangenheit nie mehr Eschatologie und Apokalyptik gegeben hätte, als dies zum Fortbestand der Gesellschaften erforderlich war, wenn die Rolle der Propheten somit stets funktional und nie irrational gewesen wäre. Davon kann mit Blick auf die deutsche Geschichte nicht die Rede sein.

Alternativ zu einer funktionalen Betrachtung des Eschatologischen hat Dolf Sternberger in seinem Buch *Drei Wurzeln der Politik* vorgeschlagen, zwischen Dämonologik, Eschatologik und Politologik zu unterscheiden. Dabei hat er die Vorstellung von einer dämonologisch wie eschatologisch immer wieder bedrohten Mitte entwickelt, die deshalb kämpferisch und abwehrbereit sein müsse.[37] Dazu unterscheidet Sternberger zwischen dem, was den Menschen *möglich*, und dem, was ihnen *zuträglich* ist. Die Dämonologik – das Spiel mit dämonischen Mächten, als das Max Weber die Politik definiert hat[38] – ist demnach menschenmöglich, aber den Menschen nicht zuträglich. Auch wenn Sternberger den Florentiner Politiktheoretiker Machiavelli als intellektuellen Ziehvater dieser Politikvorstellung bezeichnet, geht es ihm doch wesentlich um die Verabschiedung einer Idee von Politik, die sich in Deutschland – in Reaktion auf die Niederlage im Ersten Weltkrieg – unter der Formel von der «Dämonie der Macht» ausgebreitet hatte. Die Historiker Friedrich Meinecke und Gerhard Ritter hatten Webers Überlegungen aufgegriffen und zu der Formel verdichtet, dass jedem Gebrauch von Macht etwas Dämonisches innewohne, weil man sich nie sicher sein könne, worauf das Ganze hinausläuft und ob gut Gemeintes am Schluss auch gute Wirkungen zeitigt.[39] Dieser Wurzel der Politik stellt Sternberger die Eschatologik gegenüber, als deren intellektuellen Gewährsmann er Augustinus identifiziert, wobei er sich *in politicis* aber sehr viel mehr für Karl Marx, den «Geist der Utopie» im Sinne Ernst Blochs sowie die revolutionäre Ungeduld interessiert.[40] Zwar beschreibe das als Eschaton der Weltgeschichte ausgemalte Zukunftsbild einen den Menschen überaus zuträglichen Zustand, doch dessen Erreichung sei menschenunmöglich, weswegen jeder dennoch unternommene Versuch zunächst in ethische Paradoxien münde und dann in politische Katastrophen führe. Von der Eschatologik gehe ein verführerischer Glanz aus, doch die damit verbundenen Wirkungen führten durchweg ins Unglück.

Bleibt als Letztes die von Sternberger vor allem mit Aristoteles verbundene Politologik, in der das Mögliche und das Zuträgliche vereint sind. Sie lässt sich am besten als «Praxis der Bürgerschaftlichkeit» übersetzen.[41] Ihre Orientierungspunkte sind nach Sternberger die Bewahrung des Friedens und die Suche nach der ausgleichenden Mitte – insofern sie gleichermaßen Abstand zu den Verheißungen des politischen Eschatons wie den Versuchungen des Dämonischen in der Politik hält, kann sie selbst als Mitte bestimmt werden. Dass eine umstandslose Orientierung am Frieden, gleichgültig zu welchen Bedingungen und um welchen Preis, dafür nicht genüge, sondern selbst eschatologischen Verheißungen erliege, hat Sternberger in Auseinandersetzung mit der bundesrepublikanischen Friedensbewegung der 1980er Jahre deutlich gemacht.[42] So ging für ihn die Gefährdung der politischen Mitte in Deutschland zuletzt von der Eschatologik aus, nachdem sie in der ersten Hälfte des 20. Jahrhunderts in der Dämonologik verwurzelt gewesen war. Auch für Sternbergers Mitte-Bestimmung gilt das Postulat des Aristoteles,[43] dass man die Mitte nur dann zuverlässig trifft, wenn man die veränderlichen Rahmenbedingungen im Auge behält. Deswegen lässt sich nicht ein für alle Mal angeben, wo die Mitte liegt und wie man zu ihr gelangt.

Sternbergers Sorge um eine von beiden Extremen her bedrohte Mitte – die zwischen Dämonologik und Eschatologik eingeklemmte Politologik – steht die Beobachtung gegenüber, dass sich selbst innerhalb der Organisationen, die sich zunächst für einen eschatologisch aufgeladenen Fortschritt entschieden haben, nach einiger Zeit eigene Mitten bilden. So tauchte in der marxistisch geprägten deutschen Sozialdemokratie während der Revisionismusdebatte zu Beginn des 20. Jahrhunderts die Vorstellung einer Mitte beziehungsweise eines Zentrums auf, das sich zwischen der von Eduard Bernstein erhobenen Forderung nach einer Revision zentraler Grundannahmen der Marx'schen Theorie und dem von Rosa Luxemburg geforderten Festhalten an der Revolutionsperspektive positionierte. Bebel und Kautsky haben das auf die Formel gebracht, die SPD sei «eine revolutionäre, aber keine Revolution machende Partei».[44] Nachdem sich in der Partei politische Flügel gebildet hatten, war es naheliegend, dass sich alle, die keinem dieser Flügel zugerechnet werden wollten, als Mitte beziehungsweise Zentrum definierten. Obendrein war dieses Zentrum erforderlich, um die immer stärker auseinanderstrebenden Flügel zusammenzuhalten und eine Spaltung der Partei zu verhindern.

Kautsky hat als Gewährsmann dieser Mitte Marx selbst in Anspruch genommen, als er in Abgrenzung gegen den rechten wie den linken Flügel der Partei erklärte, von Trier, Marx' Geburtsort, aus betrachtet, liege das Großherzogtum Luxemburg zur Linken und das Großherzogtum Baden zur Rechten. Ersteres stand für die revolutionäre Fraktion mit Rosa Luxemburg an der Spitze, letzteres für die revisionistisch-reformistischen Gruppen, die im liberalen Baden besonders stark waren und dort dem Budgetentwurf der Regierung zugestimmt hatten.[45] Um die Debatte darüber zu entdramatisieren, ob man, wie Rosa Luxemburg vorschlug, den Gang der Geschichte beschleunigen oder sich, wie die Revisionisten um Bernstein forderten, an die veränderten Verhältnisse anpassen sollte, bemühte Kautsky die Geographie: Trier, und damit das marxistische Zentrum, lag in der Mitte zwischen Luxemburg und Baden, und daran konnten und sollten sich Parteitagsdelegierte wie einfache Mitglieder orientieren, wenn sie sich nicht verlaufen wollten.

Ausgangspunkt für Bernsteins Revisionismus[46] war im Übrigen dessen Beobachtung, dass entgegen der Marx'schen Prognose die Mittelklassen nicht verschwanden, sondern sich der alte Mittelstand teilweise hielt und daneben ein neuer im Entstehen war. Die Polarisierungsthese sei also falsch; wer auf ihrer Grundlage Politik betreibe, gehe in die Irre. Bernstein schlug deswegen vor, das revolutionäre Endziel aufzugeben und sich stattdessen mittelfristigen Zielen und tagespolitischen Erfordernissen zuzuwenden. Dafür hat er die berühmt gewordene Formel geprägt, wonach für die Sozialdemokratie der Weg das Ziel sein müsse. Das löste in der SPD eine heftige Debatte aus, in deren Verlauf sich Rosa Luxemburg als Bernsteins schärfste Kritikerin profilierte. In ihrer Schrift *Sozialreform oder Revolution* bestritt sie, dass Bernsteins empirische Beobachtungen zum Fortbestand der Mittelschicht ausreichten, um das Marx'sche Theorem einer finalen Krise des Kapitalismus und damit auch die Perspektive der Revolution aufzugeben. «Der Kampf des Mittelbetriebes mit dem Großkapital», wandte sie ein, «ist nicht als eine regelmäßige Schlacht zu denken, wo der Trupp des schwächeren Teiles direkt und quantitativ immer mehr zusammenschmilzt, sondern vielmehr als ein periodisches Abmähen der Kleinkapitale, die dann immer wieder rasch aufkommen, um von neuem durch die Sense der Großindustrie niedergemäht zu werden. Von den beiden Tendenzen, die mit dem kapitalistischen Mittelstand Fangball spielen, siegt in letzter Linie – im Gegensatz zu der Entwicklung der Arbeiterklasse – die *herabdrückende* Tendenz.»[47] Damit kam Luxemburg Marx' Sichtweise am nächsten, nur dass sie nicht mehr darauf vertraute, das «Rad der Geschichte» werde sich von selbst bewegen, sondern Sozialdemokraten und Gewerkschaften dazu aufrief, es mit Protest- und Streikaktionen in Gang zu halten oder gar zu beschleunigen. Deswegen weist sie auch Bernsteins Warnung vor einem «zu frühen» Ergreifen der Staatsgewalt zurück: Da «die Überführung der Gesellschaft aus der kapitalistischen in die sozialistische Ordnung» eine langwierige Auseinandersetzung mit Vorstößen und Rückschlägen sei, werde das Proletariat zwangsläufig einige Male «zu früh» nach der Macht greifen, um sie zuletzt auf Dauer zu erringen.[48]

So taucht auch in der Revisionismusdebatte der deutschen Sozialdemokratie immer wieder die Frage auf, wie sicher man sich bei der politischen Wanderung der Ziele und Perspektiven sein könne. Bernstein riet dazu, die revolutionären Zukunftsentwürfe des gelobten Landes zu verabschieden und sich auf den unmittelbar bevorstehenden Weg zu konzentrieren. Luxemburg vertrat dagegen die Auffassung, dass sich hinter dem Verzicht auf die großen Perspektiven nur politischer Opportunismus verberge. Kautsky schließlich suchte den Gegensatz zu schlichten, indem er das «Entweder-oder», auf das Bernstein und Luxemburg zusteuerten, durch ein entschiedenes «Sowohl-als-auch» ersetzte und dazu aufforderte, zwischen der Orientierung am Endziel und dem Blick auf die Erfordernisse des politischen Tageskampfes zu vermitteln. Man kann dies als das politische Paradox des sozialdemokratischen

Zentrums bezeichnen, an dem es schließlich scheiterte: Dass man an der Überzeugung, das Verschwinden der Mitte werde eine Polarisierung der Gesellschaft und damit letztlich die Revolution zur Folge haben, nur festzuhalten vermochte, indem man in der eigenen Organisation eine Mitte bildete, die sich durch politisches Zuwarten auszeichnete. Man hielt die Mitte, indem man auf den selbstläufigen Gang der Geschichte vertraute. Die «große Erzählung» hatte hier nur noch die Funktion, von der Notwendigkeit eigenen revolutionären Handelns zu entbinden.

Was heißt «Mitte der Gesellschaft» – und wer gehört dazu?

Spätestens seit sich der klassische Mittelstand des 18. und 19. Jahrhunderts, für den persönlicher Besitz die Grundlage der Zugehörigkeit zur Mitte bildete, in ein Ensemble mittlerer Schichten aufgelöst hat, stellt die gesellschaftliche Mitte keine in sich geschlossene soziale oder politische Einheit dar. Das zeigt sich auch in den terminologischen Unterscheidungen, die bis in die Alltagssprache hinein Verbreitung gefunden haben, etwa wenn von «alten» und «neuen» Mittelklassen oder von der «oberen» und der «unteren» Mittelschicht die Rede ist. Mit dem Übergang der statischen Gesellschaft Alteuropas in die dynamischen Gesellschaften der Moderne ist die Mitte pluralistisch und heterogen geworden. Aus einem Stand hat sie sich in ein Ensemble von Schichten und Milieus verwandelt, in denen es kein einheitliches Ethos mit entsprechenden Werten und Normen mehr gibt, sondern materialistische und postmaterialistische, pflichtorientierte und hedonistische Grundeinstellungen nebeneinander existieren.[49]

Ungeachtet der Pluralität moderner Mittelschichten lässt sich dieser Wandel auch als eine Umstellung von Exklusion auf Inklusion beschreiben. Während der klassische Mittelstand auf klare Abgrenzungen nach oben und vor allem nach unten Wert legte,[50] ist für das Ensemble mittlerer Schichten in der modernen Gesellschaft charakteristisch, dass sie den Wünschen nach sozialem Aufstieg ein Ziel bieten und diese zugleich verstärken. Die Voraussetzung dafür ist, dass alle, die über entsprechende Fähigkeiten verfügen, uneingeschränkten Zugang zur gesellschaftlichen Mitte haben. Um es in einem Bild auszudrücken: Der alte Mittelstand war ein Raum, in den man nur durch lange Gänge mit engen Türen hineingelangen konnte, wobei die Durchgänge von zahllosen Türwächtern bewacht wurden; das Mittelschichtenensemble moderner Gesellschaften dagegen gleicht eher einem Fahrstuhl, der auf den verschiedenen Stockwerken hält, dessen Türen breit und komfortabel sind und die sich bei jedem Halt automatisch öffnen.

Die Folge dieses Wandels war ein permanentes Wachstum der gesellschaftlichen Mitte, bis sich ihr schließlich mehr als die Hälfte der Bevölkerung zugehörig fühlte. So bezeichneten sich im Jahre 1990 in den alten Bundesländern 60 Prozent der Bevölkerung als Angehörige der Mittelschicht, und ein Jahrzehnt später waren es sogar 61 Prozent.[51] Diese Selbstzurechnungen werden durch entsprechende sozialstatistische Daten bestätigt: Während im Jahre 1925 etwa ein Drittel der deutschen Bevölkerung den Mittelschichten zugehörte, war es im Jahre 1960 schon fast die Hälfte.[52] Die Bedeutung dieser Daten ist am ehesten zu ermessen, wenn man sie mit den sozialstrukturellen Konstellationen des 18. und frühen 19. Jahrhunderts vergleicht, als zwischen 70 und 80 Prozent der Bevölkerung der Unterschicht angehörten, darüber eine Mittelschicht, die allenfalls ein Viertel der Bevölkerung umfasste, und über der wiederum eine ganz schmale Oberschicht.[53] Man hat diese Gesellschaften im Bild einer *Pyramide* veranschaulicht. Für deren Beschreibung und Analyse spielt die Mitte keine große Rolle; die Pyramide ist durch Basis und Spitze definiert, und der Mitte kommt nur die Funktion zu, beides miteinander zu verbinden. Das ist ganz anders bei der *Zwiebel*, die in den 1960er Jahren in der Bundesrepublik die Pyramide als sozialstrukturelles Beschreibungsmodell abgelöst hat.[54] Basis und Spitze sind hier von nachgeordneter Bedeutung, während der Umfang der Mitte die spezifische Gestalt der Zwiebel festlegt. Jenseits der Bilder und Metaphern hieß das, dass in den Zwiebelgesellschaften nicht mehr Unter- und Oberschicht, sondern die Mittelschichten Erscheinungsform und Selbstbild der Gesellschaft prägen.

Wesentliche Grundlage für die Umstellung der gesellschaftlichen Selbstbeschreibung von der Pyramide auf die Zwiebel war eine Einkommensentwicklung, die vom Ersten Weltkrieg bis in die frühen 1970er Jahre einem deutlichen Trend zur Angleichung folgte.[55] Freilich lässt sich die gesellschaftliche Mitte nicht allein über «harte» sozialstrukturelle Daten wie Einkommen und Vermögen bestimmen; es kommen immer auch subjektive Komponenten und «weiche» Faktoren wie die gesellschaftlich vorherrschenden Deutungsmuster mit ins Spiel. In der oberen, vor allem aber der unteren Mitte sind die Übergänge fließend, und mehr als das verfügbare Einkommen entscheidet hier die subjektive Selbsteinschätzung auf der Grundlage solcher Deutungsmuster darüber, ob man sich der gesellschaftlichen Mitte zurechnet oder nicht.

Aufschlussreich ist dabei ein Vergleich zwischen West- und Ostdeutschland: Während sich 11 Prozent der Westdeutschen im Jahre 1996 der oberen Mittelschicht und der Oberschicht zurechneten, war dies bei den Ostdeutschen nur 1 Prozent; und während sich im Westen 55 Prozent der Mittelschicht und bloß 33 Prozent der Unter- und Arbeiterschicht zugehörig fühlten, waren es in Ostdeutschland 39 Prozent für die Mittelschicht, aber beachtliche 59 Prozent für die Unter- und Arbeiterschicht.[56] Nun ist zwar unbestreitbar, dass wenige Jahre nach der Vereinigung die sozioökonomischen Daten der alten und neuen Bundesländer noch deutliche Unterschiede aufwiesen und sich nach den vereinigungsbedingten

Beschäftigungseinbrüchen im Osten soziale Unsicherheit ausgebreitet hatte, aber das reicht kaum aus, um derart gravierende Unterschiede in der sozialen Selbsteinschätzung zu erklären, die im Osten nach wie vor eher zum Bild einer Pyramide mit breiter Basis und schmaler Spitze passte. Offenbar muss man von einem «Rückkopplungseffekt» der Gesellschaftsbilder auf die individuelle Selbstpositionierung ausgehen: In der sich als «nivellierte Mittelstandsgesellschaft» (Schelsky) verstehenden (alten) Bundesrepublik war es naheliegend, sich der gesellschaftlichen Mitte zuzurechnen, auch wenn man keinen Dienstleistungsberuf ausübte und nicht über die sozialen Sicherheiten verfügte, die für die Mittelschichten eigentlich charakteristisch sind. Das war nicht zuletzt eine Folge der Verbürgerlichung der Arbeiterschaft im Westen beziehungsweise einer «Abkühlung des proletarischen Klassenbewusstseins der Arbeiter».[57] Im Prozess der «Vermittelschichtung» Westdeutschlands hatten die Facharbeiter, die vom sogenannten Wirtschaftswunder in besonderer Weise profitierten, ihr Klassenbewusstsein aufgegeben und sich zur Mitte hin orientiert. Die SPD als politische Partei der organisierten Arbeiterschaft war diesen Weg mit-, wenn nicht vorangegangen.[58] In der DDR hingegen wurde das proletarische Klassenbewusstsein zur Staatsideologie erklärt, mit der Folge, dass im zweiten deutschen Staat die Vorstellung einer Arbeitergesellschaft dominierte. Nach dem Untergang der DDR hat sich das nach wie vor auf die gesellschaftliche Selbstpositionierung der Menschen ausgewirkt.

Die Mitte ist also ein sozialer Ort mit weichen Rändern und fließenden Übergängen. Das ist freilich seit der Umstellung von ständischer Exklusion auf schicht- oder milieubezogene Inklusion kein Manko, sondern eine Voraussetzung für den Zusammenhalt moderner Gesellschaften. Im buchstäblichen Sinn ist die Mitte zu deren Zentrum geworden, um das sich alles dreht und auf das hin fast alles gedacht und gemacht wird. Aber die Ausdehnung der gesellschaftlichen Mitte hatte zur Folge, dass sie nicht mehr die Einheitlichkeit des Wertebezugs und der Weltauffassung aufweist, die sie hatte, als sie noch weitgehend mit dem Bürgertum identisch war. Das Besitzbürgertum legte die sozialen Standards und das Bildungsbürgertum die verhaltensrelevanten Normen und Werte fest. Dieser Mechanismus sorgte bis ins 20. Jahrhundert hinein dafür, dass die gesellschaftliche Mitte trotz einer wachsenden Pluralität und Heterogenität der Mittelschichten bürgerlich geprägt war[59] und dass diese sich gegenüber den Unterschichten abgrenzen ließen.

Nach dem Zweiten Weltkrieg kam es in Deutschland wie in ganz Westeuropa zu einer «Entbürgerlichung» der gesellschaftlichen Mitte. Statt über bürgerliche Werte definierte sie sich zunehmend über Konsum.[60] Dabei entwickelte sich ein Trickle-down-Effekt von der oberen zur unteren Mitte, der schließlich bis in die Unterschicht hinein spürbar war. Die Konsumorientierung wirkte wie eine beständig laufende Integrationsmaschine. Dabei waren es vor allem langlebige, qualitativ hochwertige Konsumgüter, die die neugewonnene Zugehörigkeit zu den Mittelschichten symbolisierten: zunächst das Auto beziehungsweise die Automarke, dann das Eigenheim oder die Eigentumswohnung. So erfolgte mit der Ausweitung des Konsums beziehungsweise der Verfügbarkeit bestimmter Güter in immer größeren sozialen Kreisen die erwähnte Umstellung von Exklusion auf Inklusion gleichsam von selbst.

Was hier infolge der begrifflichen Kontrastierung wie eine Zäsur erscheint, war eher ein langsamer, für die Beteiligten oft unmerklicher Übergang. Zum einen hatte schon die «alte» Mittelschicht – im Unterschied zur Selbstabschließung des Adels – immer eine Reihe von Eintrittsmöglichkeiten offengelassen, von denen persönliche Leistung und Einheirat die wichtigsten waren. Zum anderen sind die bürgerlichen Werte und Normen, die zuvor als Schleusenwächter gedient haben, mit der Expansion der Mittelschichten und der wachsenden Bedeutung, die dem Konsum als Merkmal der Zugehörigkeit zu ihnen zukam, keineswegs schlagartig verschwunden. Nach wie vor gelten in der gesellschaftlichen Mitte Werte wie Ordnung und Fleiß, Strebsamkeit und Disziplin als unabdingbar, wenn auch nicht mit derselben Unbedingtheit, mit der sie bis in die 1960er Jahre hinein eingefordert wurden. Sie sind vielmehr von konsumistisch-hedonistischen Einstellungen und Erwartungen überlagert, sodass ein Potpourri der Werte und Haltungen entstanden ist, das die Mitte nach allen Seiten hin offen hält. Die «feinen Unterschiede» (Bourdieu), mit denen sich die bürgerliche Mitte vormals gegen den Rest der Gesellschaft abgegrenzt hat, treten kaum noch in Erscheinung. Dennoch bilden Fleiß und Strebsamkeit sowie der Wille zum Erfolg durch eigene Leistung nach wie vor das Zentrum im moralischen Wertekatalog der gesellschaftlichen Mitte; verschwunden ist jedoch die bedingungslose Bindekraft dieser Werte, beziehungsweise es ist innerhalb einer nach allen Seiten ausgreifenden gesellschaftlichen Mitte eine innere Mitte mit darum gelagerten Kreisen abnehmender Bindekraft des bürgerlichen Tugendkatalogs entstanden. Diese «Mitte der Mitte» nimmt für sich in Anspruch, der eigentliche Hüter der Werte und Verhaltenserwartungen zu sein, die mit der Expansion der Mitte undeutlich geworden sind. Sie glaubt noch das Maß zu kennen, das Teilen der gesellschaftlichen Mitte verlorengegangen ist.[61]

Die Historiker Paul Nolte und Dagmar Hilpert haben diese und ähnliche Beobachtungen zu der Feststellung zusammengefasst, die bürgerliche Mitte habe nach dem Zweiten Weltkrieg nicht mehr die norm- und verhaltensbildende Kraft zurückgewonnen, die sie bis Anfang der 1930er Jahre besessen habe.[62] Nicht die vielberedete Epochenzäsur «1968» ist demnach für den Bedeutungsverlust bürgerlicher Werte in den mittleren Schichten ausschlaggebend, sondern dieser begann bereits in der Zwischenkriegszeit, als das bürgerliche Selbstbewusstsein durch Kriegsniederlage, Inflation und politische Instabilität schwer erschüttert war, und beschleunigte sich während der Nazi-Zeit. Die nach dem Zweiten Weltkrieg erfolgte Abkehr vom kontinentaleuropäischen Modell der gesellschaftlichen Mittebildung und die Hinwendung zum sehr viel stärker konsum- als verhaltensorientierten US-amerikanischen Modell[63] konnte auch darum so schnell und problemlos vonstattengehen, weil sich die vormalige Mitte in der Zeit des Nationalsozialismus moralisch desavouiert hatte.

Der Konturverlust der gesellschaftlichen Mitte enthebt jedoch nicht der Notwendigkeit, die Mitte der Gesellschaft von ihrer Umgebung abzusetzen und sie so, wenn auch eher schemenhaft, sichtbar zu machen. Nolte und Hilpert haben dies versucht, indem sie ein sozioökonomisches und ein soziokulturelles Viereck entworfen haben, die, wenn man sie in versetzter Form in die als Kreis vorgestellte Gesellschaft einzeichnet, deren Mitte umreißen. Durch das sozioökonomische Viereck[64] wird deutlich, dass in der Mitte vor allem Dienstleistungsberufe anzutreffen sind; dass es sich bei den Mittelschichten im Wesentlichen um Erwerbsklassen und nicht um Besitzklassen handelt, wobei allerdings Immobilienbesitz eine gewisse Sicherheit darstellt; dass neben dem Einkommen Bildungsabschlüsse eine wichtige Rolle spielen; dass schließlich die Expansion des Wohlfahrtsstaates mit der Ausdehnung der Mittelschichten in der Bundesrepublik Hand in Hand ging. Zwar trägt die Mitte die Hauptlast bei der Finanzierung des Wohlfahrtsstaates, aber sie profitiert auch von ihm: Nach den großen Enteignungen durch Krieg und Inflation hat der Wohlfahrtsstaat die Aufgabe übernommen, die im alten Mittelstand Eigentum und Familienbesitz erfüllten; die Einführung der dynamischen Rente im Jahre 1957 sowie soziale Sicherungsgarantien bei vorübergehender Arbeitslosigkeit bieten eine relative Sicherheit des Lebensstandards in Risikosituationen und für die Zeit nach dem Ausscheiden aus dem aktiven Berufsleben. Nolte und Hilpert bezeichnen die Rentenversicherung daher als «sozialstaatlichen Katalysator der nivellierten Mittelstandsgesellschaft».[65] Schließlich sind in diesem Zusammenhang noch die Wohneigentum fördernden Steuervergünstigungen sowie die familienfreundlichen Komponenten des Steuerrechts zu nennen. Vor allem mit Hilfe steuerpolitischer Instrumente hat der Staat zur Stärkung der Mitte beigetragen. Die «obere» und «mittlere» Mitte sorgte durch etwas höhere Steuern und Sozialabgaben dafür, dass die «untere» Mitte ein relativ gesichertes Leben führen konnte.[66] Solange die daraus resultierenden finanziellen Belastungen ein gewisses Maß nicht überschritten, fand dies in der gesellschaftlichen Mitte auch politische Unterstützung. Die so erlangte soziale und politische Stabilität war der Nutzen, der die finanziellen Belastungen erträglich machte.

Wohnen und Lebensform, Werte und Lebensstil bilden die Bezugspunkte in dem soziokulturellen Viereck, durch das Nolte und Hilpert das sozioökonomische Viereck ergänzt haben.[67] Dabei zeigt sich die gesellschaftliche Mitte bis in die späten 1960er, frühen 1970er Jahre hinein als Bannerträger der Familie, aber auch einer ausgeprägten Individualität, wobei es ihr auf bemerkenswerte Weise gelang, die Spannungen zwischen beidem auszutarieren. Charakteristisch für die Mitte ist weiterhin eine starke Neigung zu gesellschaftlichem und politischem Engagement, aus dem sich eine «moralische Ökonomie der Mittelschichten» entwickelt hat.[68] Die Mittelschichten verstehen sich als der politische Träger des Gemeinwohlgedankens und bringen diesen immer wieder demonstrativ gegen den als solchen bezeichneten Egoismus der anderen sozialen Schichten zur Geltung.[69] Und viertens wird die Religion in bedeutenden Teilen der gesellschaftlichen Mitte als Form ethischer Selbstvergewisserung geschätzt, sehr viel stärker jedenfalls als in der Unterschicht.

Entgegen den Prognosen von Karl Marx, der von einem Zerriebenwerden der gesellschaftlichen Mitte zwischen den Mahlsteinen der Bourgeoisie und des Proletariats ausging,[70] hat die gesellschaftliche Mitte im Modernisierungsprozess eine Integrationsfunktion für soziale Aufsteiger übernommen. Infolgedessen ist sie nicht verschwunden, sondern ständig gewachsen. Lorenz von Stein und Hermann Schulze-Delitzsch haben gegen Marx recht behalten, als sie die Auffassung vertraten, das Industriesystem werde keineswegs zum Verfall des Mittelstandes und zum Verschwinden der Mittelschichten führen, sondern im Gegenteil eine Ausweitung mittelständischer Lebensweisen zur Folge haben. Die moderne Gesellschaft, so die beiden Theoretiker einer aktiven Sozialpolitik, werde mit Hilfe staatlicher Eingriffe dafür sorgen, dass nicht die Mittelschicht ins Proletariat absinken, sondern die Arbeiterschaft in die Mittelschicht aufsteigen werde.[71]

Letztlich ist der Marxismus im 20. Jahrhundert an der robusten Elastizität der Mittelschichten gescheitert, die für eine überlegene Attraktivität der Marktwirtschaft gegenüber der Staatsplanungswirtschaft gesorgt hat. Aber wird die gesellschaftliche Mitte diese mit Elastizität gepaarte Robustheit im 21. Jahrhundert behalten? Es gibt eine sich schnell ausbreitende Überzeugung, die das bezweifelt und von einer dramatisch angewachsenen Bedrohung der gesellschaftlichen Mitte durch die Globalisierung der Wirtschaft und den Rückbau der sozialstaatlichen Sicherungssysteme warnt.

Die bedrohte Mitte

In den 1980er Jahren bereits hat die Publizistin Barbara Ehrenreich in den USA eine wachsende Bedrohung der Mittelschichten ausgemacht. Ihre Aufmerksamkeit galt vor allem jener «neuen Mittelklasse [...], deren wirtschaftlicher und sozialer Status eher auf Bildung als auf Kapitalbesitz oder sonstigen Vermögenswerten basiert».[72] Ehrenreichs Definition nach gehörten in den USA höchstens 20 Prozent der Bevölkerung der neuen Mittelklasse an, und diese war von einer schnell um sich greifenden Angst vor dem sozialen Absturz geplagt. «Die Kluft zwischen den Besitzenden und den Besitzlosen – nicht nur zwischen Reichen und Armen, sondern auch zwischen Mittelklasse und Arbeiterklasse – ist heute größer als jemals seit dem Ende des Zweiten Weltkriegs; die Einkommensverteilung in Amerika ist mittlerweise fast so extrem wie in Indien.»[73] Die Spaltung der Gesellschaft werde vor der Mittelklasse nicht haltmachen, wobei Ehrenreich freilich das alte marxistische Polarisierungstheorem dahingehend abmilderte, dass der Absturz nicht ins Proletariat, sondern in die Schicht der abhängigen Angestellten führe: «Letzten Endes wird die Existenz der neuen Mittelklasse als einer eigenen Klasse möglicherweise in Frage gestellt werden. Ein Teil bewegt sich nach oben, um sich mit der Unternehmenselite zu vereinen, die sie jetzt schon zuverlässig ernährt. [...] Währendessen driftet ein anderer Teil dieser Klasse – weniger mutig und vielleicht mehr auf Unabhängigkeit bedacht – langsam in den Angestelltenstatus ab.»[74] Mit dieser Entwicklung verband Ehrenreich allerdings nicht die Hoffnung, die gesellschaftliche Spaltung werde eine neue Gesellschaftsordnung herbeiführen, sondern nur die trübe Aussicht auf den Zerfall der neuen Mittelklasse, deren Angehörigen der soziale Abstieg drohe. Um das zu verhindern, forderte die nach eigenem Bekunden «demokratische Sozialistin» Ehrenreich eine Rückbesinnung auf Werte wie Solidarität, Zusammengehörigkeitsgefühl und philanthropische Hilfsbereitschaft, die Amerika einst groß und stark gemacht haben.

Ehrenreichs Diagnosen galten längere Zeit als spezifisch für die USA und deren Entwicklung, Ergebnis der radikalliberalen Wirtschaftspolitik unter Ronald Reagan und eines, gemessen an europäischen Maßstäben, ungenügenden Ausbaus des Sozialstaats.[75] Für Europa waren zu Beginn der 1990er Jahre, als Ehrenreich ihr Buch veröffentlichte, ganz andere Herausforderungen zentral. Vor allem ging es um den Aufbau neuer Mittelschichten in den ehemaligen Ostblockstaaten, wo die gesellschaftliche Mitte nach dem Zweiten Weltkrieg enteignet und vertrieben worden war. In den westlichen Nachbarstaaten herrschte die Überzeugung, eine stabile Gesellschaftsordnung sei nur mit leistungsfähigen Mittelschichten zu gewährleisten.

Während in Russland und den Nachfolgestaaten der Sowjetunion zweigeteilte Gesellschaften mit einer obszön reichen Oberschicht und breiten Unterschichten entstanden, deren Angehörige in oftmals bitterer Armut lebten, gelang es einigen mitteleuropäischen Staaten mit westeuropäischer Hilfe, eine gesellschaftliche Mitte zu entwickeln, die den Unterschichten eine realistische Aufstiegsperspektive bot. Rückblickend lässt sich sagen, dass überall dort, wo die Westeuropäer Einfluss auf die Transformationsprozesse im ehemaligen Ostblock hatten, besonderes Augenmerk auf die Entwicklung der gesellschaftlichen Mitte gelegt wurde, während sich unter dem Einfluss amerikanischer Berater eher zweigeteilte Gesellschaften ohne Mitte ausgebildet haben.

Am Ende des 20. Jahrhunderts jedoch griff die Vorstellung einer schwerwiegenden Bedrohung der gesellschaftlichen Mitte auch auf Europa über, und sie fand ihren Niederschlag in einer schnell wachsenden Literatur über die Spaltung der Gesellschaft.[76] Diese gesellschaftliche Spaltung wird jedoch nicht als Vorzeichen einer bevorstehenden Revolution angesehen, sondern bloß als Verfall der (guten) alten Ordnung, deren vormalige soziale Stabilität nunmehr bis weit in die Linke hinein gewürdigt wird.[77] Die Folge dessen ist eine Umstellung linker Zukunftsbilder von Fortschritt auf Dekadenz und ein Wandel des politischen Selbstverständnisses der Linken: Sie begreift sich nicht mehr als Beschleuniger des Fortschritts, sondern als letztes Bollwerk gegen den Abbau des Sozialstaats. Die großen Erzählungen vom Aufbruch in eine neue Zeit sind dahin, und mit deren Verschwinden ist die Linke konservativ geworden. Dagegen sind viele der herkömmlich als konservativ geltenden Parteien und Gruppierungen zu überzeugten Beschleunigern einer von ihnen als Fortschritt begriffenen Entwicklung geworden. Diese Umkehr des jeweiligen Verhältnisses zum Gang der Geschichte, die auf den politischen Flügeln stattgefunden hat, hat auch die Mitte nicht unberührt gelassen. Sie muss sich ebenfalls politisch neu orientieren.[78]

Von einigen Splittergruppen am äußersten Rande abgesehen, die sich nach wie vor einer revolutionären Rhetorik bedienen, ist die politische Linke ein konservatives Parteienensemble geworden, das in seiner gemäßigten Variante für die Verteidigung des Wohlfahrtsstaats und in den radikaleren Fraktionen gegen die Globalisierung kämpft. Weil sie einen solchen Kampf aber nicht mit den vorherrschenden Trends der sozioökonomischen Entwicklung verbinden kann, versucht sie diese einzudämmen oder aufzuhalten. Das politische Selbstverständnis der Linken läuft auf die Bewahrung des Gegenwärtigen, teilweise sogar die Wiederherstellung von Vergangenem gegenüber aktuellen Entwicklungen hinaus. Ausdruck dieses Zukunftsverlustes der Linken ist die Ersetzung des Proletariats durch das Prekariat als Referenz der politischen Ziele.

Das Proletariat war, auch wenn oder gerade weil es unterdrückt und ausgebeutet wurde, ein politischer Träger der Zukunft, und zwar sowohl bei der revolutionären als auch bei der reformerischen Variante der Linken – im einen Fall, weil seine Unterdrückung zum radikalen Umsturz der bestehenden Verhältnisse führen würde, im anderen Fall durch den allmählichen Aufstieg der Arbeiterschaft in die Mitte der Gesellschaft. Das Prekariat hingegen hat per definitionem keine Zukunft.[79] Das politische Ziel der Linken ist nicht sein Sieg, sondern seine Abschaffung. Was aber käme danach? Solange diese Frage unbeantwortet bleibt, können sich die dem Prekariat Zugehörigen beziehungsweise Zugerechneten beliebig entweder auf dem rechten oder dem linken Flügel des politischen Spektrums ansiedeln.

In ihrer Ablehnung der vorherrschenden Entwicklung und einer rückwärtsgewandten Orientierung unterscheiden sich Linke und Rechte kaum noch voneinander. Sie sehen die Vergangenheit lediglich in einem jeweils anderen Licht: Die Rechte akzentuiert das Nationalstaatliche am Wohlfahrtsstaat, die Linke das Wohlfahrtsstaatliche am Nationalstaat. So war im letzten Jahrzehnt eine überraschende Paradoxie zu beobachten: Je lautstarker sich die politischen Parteien in der gesellschaftlichen Mitte positionierten, desto verunsicherter zeigte sich diese Mitte hinsichtlich ihrer sozialen Zukunft wie politischen Orientierung.

Die Krise der politischen Linken, ihre Wandlung von der Avantgarde zur Nachhut, die den Wohlfahrtsstaat zu verteidigen versucht, ist aufs Engste mit der soziopolitischen Krise der gesellschaftlichen Mitte verbunden. Diese findet ihren Ausdruck in der allenthalben zu hörenden Klage, die gesellschaftliche Mitte drohe unter der Last der Steuerabzüge und Sozialabgaben zusammenzubrechen,[80] oder aber in der komplementären Warnung vor der Spaltung der Gesellschaft, weil die obere die untere Mitte im Stich lasse, indem sie sich den erforderlichen Steuerbelastungen mit allerhand Tricks und Fluchtbewegungen entziehe.

Ein Ausdruck dessen war die im Sommer 2009 von Peter Sloterdijk angestoßene Debatte über einen «kleptokratischen Staat» und die «Enteignung per Einkommenssteuer», die auf eine Verteidigung der oberen Mittelschicht gegen die – wie Sloterdijk meinte – ausufernden Ansprüche der unteren Mitte und der Unterschicht hinauslief. Sloterdijk plädierte für «eine Revolution der gebenden Hand» durch die «Abschaffung der Zwangssteuern» und ihre «Umwandlung in Geschenke an die Allgemeinheit».[81] Er verband seinen Vorschlag mit der freilich völlig unrealistischen Erwartung, «dass der öffentliche Bereich deswegen [keineswegs] verarmen» müsse. An dieser Erwartung, die Sloterdijk mit einem zu erwartenden Sieg des Stolzes über die Gier begründete,[82] setzte dann die Kritik durch den Frankfurter Philosophen Axel Honneth an, der hinter Sloterdijks Vorschlägen das Projekt eines «antifiskalischen Bürgerkriegs» vermutete.[83] In ihrem Kern drehte sich die zwischen Sloterdijk, Honneth und anderen geführte Debatte[84] um das Selbstverständnis der gesellschaftlichen Mitte. Einige Beobachter gingen indes davon aus, dass sich das sozialstrukturelle Bild der Gesellschaft zunehmend von der Zwiebel auf eine *Sanduhr* umstelle: Wo einst die dickste und breiteste Stelle der Gesellschaft war, werde in Zukunft die dünnste und schmalste sein.[85] Es sei dahingestellt, ob diese Diagnosen zutreffen und die daraus abgeleiteten Prognosen eintreten werden. Jedenfalls ist die Mitte seit Beginn des neuen Jahrtausends defensiv und pessimistisch gestimmt und tendiert zu einem Rückzug aus dem öffentlichen Engagement in den Nahbereich der Familie.[86]

Dabei sind die empiriegesättigten Befunde zur Lage der gesellschaftlichen Mitte keineswegs so, dass sich aus ihnen der Alarmismus der meisten Publikationen so ohne weiteres rechtfertigen ließe. Paul Nolte und Dagmar Hilpert etwa haben auf der Grundlage eines historischen Vergleichs festgestellt, dass zwar «die gesellschaftliche Mitte mit ihren Steuer- und Beitragszahlungen die Hauptlast des Wohlfahrtsstaates» trage, sie sich aber «nicht nur an seine Lasten, sondern auch an seine Vorzüge» gewöhnt habe. Freilich seien die sozialen Gefährdungen und die damit verbundenen Risiken des Statusverlusts inzwischen deutlich größer geworden. «Es ist eher dieser Verlust an Sicherheit als ein realer Abstieg, der hinter manchen neuen Bedrohungs- und Angstgefühlen in der Mitte der Gesellschaft steht.»[87] Die Soziologen Hradil und Schmidt kommen zu einem ähnlichen Ergebnis («Die groben Arbeitsmarktdaten signalisieren, dass die Sorgen der gesellschaftlichen Mitte weitgehend unberechtigt sind»[88]), fügen aber hinzu, dass sich in der gesellschaftlichen Mitte «markt- und nachfragebezogene Aufspaltungstendenzen [zeigen], die sich in zunehmenden Auf- *und* Abstiegen in mittleren bis gehobenen Lagen manifestieren».[89] Das klingt zunächst nach Normalität. Stellt man jedoch in Rechnung, dass der Erfahrungsraum der alten Bundesrepublik über viele Jahrzehnte von der Erfahrung kollektiven Aufstiegs geprägt war (und der Abstieg einiger weniger auf wirtschaftliche Fehlkalkulation oder moralisches Fehlverhalten zurückgeführt wurde), so bedeutet der inzwischen zu beobachtende, nicht auf wenige Ausnahme beschränkte «unverschuldete» Abstieg eine deutliche Veränderung im Erwartungshorizont der Menschen. Diese Entwicklung wird durch die mit den Hartz-Reformen erfolgte Umstellung von Statussicherung auf Risikobegrenzung noch verstärkt. Die persönliche Unsicherheitserfahrung ist gewachsen.[90] Hradil und Schmidt haben aber noch auf einen Aspekt hingewiesen, der das Gesamtbild deutlich verändert. Demnach hat seit den 1990er Jahren die Differenz zwischen Brutto- und Nettoeinkommen bei den Mittelschichten ungleich stärker als im gesellschaftlichen Durchschnitt zugenommen.[91] «Dies sorgte dafür, dass von den beträchtlichen Brutto-Einkommensverbesserungen der gut qualifizierten gesellschaftlichen Mitte im Vergleich zu den Einkommensverbesserungen der Erwerbstätigen insgesamt nicht viel übrig blieb.»[92]

Wahrscheinlich unterschätzen die zuletzt angeführten Beurteilungen aufgrund der eher weit gefassten Definition der Mitte jedoch den sozialen Sprengstoff, der sich hier angesammelt hat. Die vergleichende Protestforschung hat gezeigt, dass mehr als die tatsächliche Lage die Erwartungsenttäuschung der Menschen für deren politisches Agieren ausschlaggebend ist. Außerdem entwickelt sich der soziale Konflikt *innerhalb* der gesellschaftlichen Mitte[93] und keineswegs, wie manche vermuten, zwischen den mittleren Schichten und der Unter- beziehungsweise der Oberschicht. Wenn die meisten Parteien in Deutschland dies ignorieren und so tun, als handle es sich bei der Mitte um eine in sich geschlossene soziale Formation, drängt sich die Frage auf, ob dies ein Zeichen von Realitätsverweigerung ist oder ob dem eine – möglicherweise hochriskante – politische Strategie zugrunde liegt, der Versuch nämlich, über eine besorgniserregende Entwicklung hinwegzutäuschen: War die gesellschaftliche und politische Stabilität der Bundesrepublik Deutschland während der letzten sechs Jahrzehnte wesentlich dadurch gewährleistet, dass sich die obere *und* untere Mittelschicht als «die Mitte der Gesellschaft» begriffen, so ist diese Form der Stabilität inzwischen gefährdet.

Tatsächlich haben sich in der gesellschaftlichen Mitte zwei Bedrohtheitserfahrungen entwickelt, deren Bearbeitung sich wechselseitig ausschließt. Auf der einen Seite, in der Regel in der oberen Mittelschicht, steht der Eindruck einer Überlastung mit Abgaben und Abzügen. Hier wird vor allem die von Hradil und Schmidt thematisierte Schere von Brutto- und Nettoeinkommen beklagt. Es breitet sich das Empfinden aus, dass die soziale Sicherheit zu sehr auf Kosten der individuellen Freiheit ausgebaut worden sei, und mit der Kritik an einer überhöhten Staatsquote geht die Forderung nach einem Rückbau der sozialen Sicherungssysteme einher.[94] Ein solcher Rückbau aber hat andererseits einen Zuwachs von Unsicherheit vor allem in der unteren Mittelschicht zur Folge, weil diese weit mehr als die obere Mittelschicht auf ein Sozialsystem angewiesen ist, das die Absicherung gegen Lebensrisiken mit einem gewissen Maß an Statussicherheit verbindet. Es sind beziehungsweise waren die sozialen Sicherungssysteme des Wohlfahrtsstaates, die am unteren Rande der Mittelschichten jenes Empfinden von Statussicherheit hervorgebracht haben, das mehr als das tatsächliche Einkommen ein Merkmal für die Zugehörigkeit zur gesellschaftlichen Mitte ist. Wo dieses Sicherheitsempfinden in Frage gestellt wird,[95] ist die Zugehörigkeit zur Mitte bedroht. Es kommt daher nicht von ungefähr, dass in Deutschland erstmals seit Jahrzehnten die Zahl derer, die sich der gesellschaftlichen Mitte zurechnen, rückläufig ist: Waren es im Jahre 2000 noch 61 Prozent, so sank dieser Anteil 2004 auf 54 Prozent.[96]

Spaltung der Gesellschaft heißt zu Beginn des 21. Jahrhunderts nicht wesentlich, dass sich die Ränder immer weiter voneinander entfernen, also die Reichen immer reicher und die Armen immer ärmer werden (was durchaus der Fall ist, obwohl mit dem Arbeitslosengeld II eine Untergrenze festgelegt wurde), auch nicht, dass einem wachsenden Anteil der Gesellschaftsmitglieder die Möglichkeiten entzogen werden, aktiv am gesellschaftlichen Leben teilzunehmen,[97] sondern vor allem, dass die Mitte selbst sich spaltet. Die Bedrohung der Mitte kommt von innen, nicht von außen. Erst die Spaltung der Mitte führt dazu, dass das Auseinanderdriften der Ränder und der Ausschluss einer zunehmenden Zahl von Menschen vom gesellschaftlichen Leben dramatisch erscheinen.

Das verlorene Maß

Angesichts der engen Verbindung von Mitte und Maß nimmt es nicht wunder, dass, wo die Mitte in Gefahr ist, auch ein Verlust des Maßes droht. Die Frage, was dabei den Anfang macht, ist müßig. Wenn die von der Mitte gesetzten Maßstäbe nicht mehr gelten, wird auch der Vormachtanspruch der Mitte geschwächt, und umgekehrt reduziert das Auseinanderdriften der gesellschaftlichen Mitte deren Fähigkeit, Maßstäbe zu definieren. Die «Gierdebatte», die kritische Auseinandersetzung mit den Einkünften von Bank- und Fondsmanagern, hat jedoch gezeigt, dass die Maßstäbe der Mitte nicht gänzlich verschwunden sind. Unter Rückgriff auf die klassische Vorstellung von Tugend und Laster[98] sind maßlose Einkommenserwartungen als unmoralisch angeprangert worden. In der Gierdebatte hat die Mitte bewiesen, dass sie ihren Anspruch auf Definition des Angemessenen noch nicht aufgegeben hat und die Orientierung an ihren Maßstäben zumindest moralisch einklagt, auch wenn sie nicht (mehr) in der Lage ist, ihnen in Form von gesetzlichen Bestimmungen oder mit politischen Maßnahmen Geltung zu verschaffen. Immerhin: Parteien, die entsprechenden Erwartungen der Mitte nicht genügen, verlieren dort an politischer Unterstützung.

Der Kapitalismus ist eine Gesellschaftsordnung, die von sich aus kein Maß kennt. Maß und Maßstab müssen von außen an ihn herangetragen und gegen seine Dynamik durchgesetzt werden. Aber mit der Zeit wäscht die sozioökonomische Praxis die sich auf

Tradition oder Moral berufenden Maßstäbe aus, sie wirken antiquiert, und schließlich sind sie nur noch für die Lebenspraxen abtretender Generationen von Bedeutung. Wer vorankommen und wachsen, selbst wer sich bloß im Konkurrenzkampf behaupten will, sollte sich nicht länger an ihnen orientieren. Schon die Forderung des legendären Wirtschaftsministers Ludwig Erhard, es gelte in einer stürmischen Wirtschaftsentwicklung «Maß zu halten», hatte etwas Altfränkisch-Verzopftes und wurde bald mehr parodiert als ernst genommen.[99] Das Ethos des Kapitalismus verlangt eher, bis an die Grenzen zu gehen und herauszuholen, was herauszuholen ist, als sich freiwilligen Selbstbeschränkungen zu unterwerfen und sich so Marktchancen entgehen zu lassen. Dabei waren Erhards Appelle – auch wenn er sie häufiger an die Gewerkschaften als an die Unternehmerverbände richtete – eine Konsequenz seiner ordoliberalen Grundüberzeugungen, wonach die Dynamik des Kapitalismus gebändigt werden müsse, um nicht in Selbstzerstörung zu enden. Im Unterschied zu Joseph Schumpeter, der von der «kreativen Zerstörung» als Mechanismus kapitalistischer Selbstregeneration sprach und darin ein Mittel gegen das Altern und Ermüden der kapitalistischen Wirtschaft sah,[100] hielten die Ordoliberalen die ungebremste Dynamik des Kapitalismus für eine Gefahr, die – falls es nicht gelang, ihr gegenzusteuern – zu dessen Selbstzerstörung führen werde. Aber woher sollten geeignete Maßstäbe kommen, und wer sollte die Grenzen ziehen?

Wilhelm Röpke, einer der führenden Köpfe des Ordoliberalismus, ist in seinem Buch *Maß und Mitte* (1950) die Antwort auf diese Frage letztlich schuldig geblieben. Röpke setzte auf die vernünftige Einsicht der Akteure, die angesichts der Folgen von Maßlosigkeit – etwa bei der Entwicklung immer größerer Betriebe[101] – aus wohlverstandenem Eigeninteresse schon dazu tendieren würden, Maß zu halten. Das ist angesichts der Fusionspolitik der letzten Jahrzehnte eine empirisch wenig überzeugende Erwartung.

Dagegen hat der katholische Sozialphilosoph Josef Pieper als Voraussetzung fürs Maßhalten die Rückorientierung auf die vierte Kardinaltugend (lat. *temperantia*, griech. *sophrosyne*) vorgeschlagen. Mit «Mäßigung» und «Mäßigkeit» sei deren Bedeutung im Deutschen nur unzureichend wiedergegeben; dass es hier um die innere Ordnung des Menschen zum Zwecke seiner Selbstbewahrung gehe, bringe der Doppelbegriff «Zucht und Maß» besser zum Ausdruck.[102] Die Kräfte nämlich, mit denen es die *temperantia* zu tun habe, Gier und Sucht, seien von selbstzerstörerischer Gewalt. Allein aus dem Selbst des Menschen oder der Gesellschaft sei keine hinreichend starke Gegenkraft zu gewinnen. Als Beispiele für den Verlust des Maßes in der modernen Gesellschaft nannte Pieper Genusssucht und Geldgier.[103] Beide sind grenzenlos und kennen weder Maß noch Ziel. Aber auch die der Sucht und Gier entgegengesetzte Askese kann, wie Pieper wusste, maßlos sein und ist kaum geeignet, als allgemeine Orientierung zu dienen.[104] Also schlug er in Anlehnung an Thomas von Aquin vor, Mensch und Gesellschaft an einem gestuften Ordnungsgefüge auszurichten, das seinen Grund und Halt im Glauben an Gottes Schöpfungswerk habe. Darin seien auch die Maßstäbe enthalten, denen gemäß der Mensch erzogen werden solle. Der weiter voranschreitende Prozess der Säkularisierung (West-)Europas und die tendenzielle Entchristianisierung Nord- und vor allem Ostdeutschlands[105] lassen freilich an der Bindewirkung solcher Vorstellungen zweifeln. Der Dynamik kapitalistischer Gesellschaften hat der von Pieper ins Spiel gebrachte Thomismus letztlich nichts entgegenzusetzen.

Aber genügt es, so die im Anschluss an Röpke und Pieper zu stellende Frage, auf eine durch Lebenserfahrung gespeiste individuelle Einsicht in die segensreiche Wirkung der Mäßigung zu setzen und darauf zu vertrauen, dass diese, gegebenenfalls durch kleine literarische Erzählungen und Sinnsprüche in Szene gesetzt, schon wirksam werde? Johann Peter Hebels Kalender- und Schatzkästleingeschichten zeugen ebenso von solchem Vertrauen wie die Lehrgedichte des Malerpoeten Wilhelm Busch. Während Hebels kleine Geschichten direkt auf Mäßigung und Maßhalten abzielen,[106] präsentiert Busch seine Botschaft auf dem Umweg eines katastrophalen Scheiterns der Halt- und Maßlosen, der Nimmersatte und Gernegroße, aber auch all derer, die sich mit ihrem bescheidenen Mittelmaß nicht abgefunden haben. Buschs Erzählungen sind Geschichten vom Scheitern in einer Welt, in der schon das Streben nach ein wenig Genuss und kleinem Glück als übermütig wahrgenommen wird. Was man aus diesen Erzählungen lernen kann, ist vorausschauende Resignation: Durch den «Ausgang der Geschicht'» belehrt, erspart man sich die Kosten und Schmerzen eines «Lernens am eigenen Leibe» und verzichtet von vornherein darauf, zu hoch hinauszuwollen. Der erzählerisch vermittelte Blick auf die Kosten individuellen Begehrens soll zum Sichdreinfinden in eine weitgehend statische Ordnung führen. Das Maß mahnt zu Selbstbescheidung.

Diese statische Ordnung der Gesellschaft gibt es seit dem späten 19. Jahrhundert nicht mehr, und die Erzählungen, die von ihr berichten, haben nur noch unterhaltenden Charakter. Mit den Imperativen einer dynamischen Konsumgesellschaft stimmen sie ohnehin nicht überein. Längst sind sie durch das *trivial pattern* der großen Karriere und des noch größeren Glücks abgelöst worden. Aus ihnen ist die Vorstellung klugen Maßhaltens und vorsorglicher Mäßigung nicht zu gewinnen, ebenso wenig wie die Actionfilme des Kinos noch irgendeinen Bezug zum menschlichen Maß, zu den Fähigkeiten des Menschen, vor allem aber seiner Verletzlichkeit aufweisen. Die in Trivialliteratur wie Blockbustern übermittelte Botschaft lautet, nichts sei unmöglich, wenn man es nur entschieden wolle und kompromisslos anstrebe. Eine Vorstellung vom Maß des Menschen, wie sie im Humanismus von der Antike bis ins 20. Jahrhundert zu finden ist,[107] wird man hier vergeblich suchen. Parallel dazu hat auch die Idee, dass jene Verfassung die beste sei, welche die politischen Leidenschaften mäßige und die

Gegensätze nach dem Grundsatz der Mischung dämpfe,[108] an Relevanz verloren. Nach dem «Wettstreit der Systeme» während des Ost-West-Konflikts gilt nun auch für die politische Ordnung die Forderung, sie dürfe einer global ausgetragenen Wirtschaftskonkurrenz keine Steine in den Weg legen. Mäßigung wirkt da eher störend.

Der im Grunde konservativen Sorge um den Verlust des sozialen und ethischen Maßstabs – für die typisch ist, dass sie die Ursachen der Maßlosigkeit weniger in der sozio-ökonomischen als in der kulturellen Entwicklung sucht und eher politische Versprechen als wirtschaftliche Anreize für diese Maßlosigkeit verantwortlich macht – steht eine «linke» Diagnostik des Maßverlustes gegenüber, die dafür die Imperative eines vollentwickelten kapitalistischen Wirtschaftssystems verantwortlich macht. Ihr zufolge haben inzwischen Verlockung und Verführung die frühkapitalistischen Kontrollmechanismen der Überwachung und normativen Regulierung abgelöst,[109] mit der Konsequenz, dass es kein Maß mehr gibt, an dem man sich – weil dies die meisten tun – orientieren kann. Die in entwickelten Gesellschaften lange zu beobachtende Tendenz zum Normalismus ist demnach verschwunden;[110] stattdessen ist die Orientierung am Übermaß zur Norm geworden.

Nicht das Eschaton, sondern der Exzess bedroht unter spätkapitalistischen Bedingungen Mitte und Maß. Eine permanente Revolutionierung der Anreize und die kontinuierliche Produktion von Überschüssen sind «normal». Aber wenn der Überfluss zur Norm wird, ist auch die Praxis der Grenzüberschreitung alltäglich, also banal. In der Folge, so der Soziologe Zygmunt Bauman, werde individuelle Freiheit als die Fähigkeit zur Bewältigung des Übermaßes definiert. Wo jedoch der Exzess zu einem Gebot der Vernunft geworden ist, lässt sich nicht mehr definieren, was Verschwendung ist. Gesellschaften, die jedes Maß verloren haben, überfordern die Menschen, und das führt zum Rückzug vieler aus der Gesellschaft in eine wiederentdeckte oder neuerfundene Gemeinschaft.[111] Eine maßlos gewordene Freiheit – und hier treffen sich linke Kapitalismus- und konservative Kulturkritik – ist für die Menschen unerträglich.

Aber hat nicht längst eine Gegenbewegung eingesetzt, die unter dem Etikett «neue Bürgerlichkeit» erneut Maßstäbe setzt, um nach den jüngsten Krisen des Kapitalismus wieder Orientierung zu geben?[112] Doch worin soll die neue Bürgerlichkeit nach dem Ruin der alten bestehen? Und woher sollen solche robusten Maßstäbe kommen, die der kapitalistischen Dynamik trotzen können? Einmal mehr wird die Zivilgesellschaft als rettender Halt angerufen, und die neuen Formen des bürgerschaftlichen Engagements, also die Betätigung in gemeinwohlorientierten Organisationen und Initiativen, gelten als Nachweis einer neuen Bürgerlichkeit. Bemerkenswert ist dabei, dass die neue Bürgerlichkeit weder in der Sphäre der Arbeit noch in der des Konsums, sondern in einer Bereitschaft zu politischem und gesellschaftlichem Engagement ausgemacht wird, das mit einem Verzicht auf Freizeit zu begleichen ist. Nun hat die Freizeit während der letzten Jahrzehnte einen immer größeren Platz in der Lebensführung eingenommen und ist zum Ort der sozialen Distinktion wie der Generierung von Sozialkapital geworden.[113] Aber die «Erlebnisgesellschaft»[114] ist immer noch von nachgeordneter Bedeutung gegenüber der Arbeits- und der Konsumgesellschaft. Das ist für die erhoffte «neue Bürgerlichkeit» alles andere als eine starke Position.[115]

Freilich lässt sich Bürgerlichkeit, verstanden als eine an Maß und Mitte orientierte Weltsicht, auch mit Blick auf das Verhältnis von Wert und Preis definieren.[116] Bürgerlich ist demnach eine Sicht, in der die ökonomischen Kräfte nicht alles sind und es daneben auch noch soziale und moralische Werte gibt, die ein eigenes Gewicht haben. Daraus erwächst ein Maß, das nicht mit der Preisbildung für die Waren des Marktes identisch ist, sondern an dem umgekehrt der Wert eines Preises gemessen werden kann. Der Kapitalismus zersetzt jedoch, wie von Marx beschrieben, diese Wertorientierung und ersetzt sie durch eine bedingungslose Orientierung am Preis. Er verwandelt die Bürger in Kunden und Konsumenten. Wo von einer neuen Bürgerlichkeit die Rede ist, muss die Frage beantwortet werden, wie die Kunden in Bürger zurückverwandelt werden können.[117] Wie also wird der Wert gegenüber dem Preis wieder zur Geltung gebracht? Der honorige Bürger weiß, dass alles, was Wert hat, auch seinen Preis hat; er lässt sich daher nicht auf den Unterbietungswettbewerb des «geilen Geizes» ein und ist auch bereit, sich in der aggressiven Werbung der Discounter für die Wertschätzung einer honorigen Form des Einkaufs als «blöd» bezeichnen zu lassen. Obendrein besteht ein Distinktionsgewinn darin, die Discounter elektrischer und elektronischer Geräte zu meiden und Fachgeschäfte aufzusuchen, wo nicht geiler Geiz, sondern kompetentes Personal anzutreffen ist. Eine solche Distinktion kann sich freilich nur die obere Mitte leisten, während die untere Mitte den Weg in die Discounter geht. Über ein honoriges Kaufverhalten ist kaum das Maß der Mitte – eine Wertschätzung von Produkt und Leistung, die den Unterbietungswettbewerb begrenzen könnte –, sondern bloß jene Distinktion zu gewinnen, die zur weiteren Aufspaltung der Mitte beiträgt.

Und wie stellt sich die Frage nach Maß und Maßstäblichkeit in der modernen Arbeitswelt dar? In der fordistischen Arbeitswelt, in der Zeit der großen Fabriken mit standardisierten Produkten, war das Normalarbeitsverhältnis das Maß der Arbeit. Es war auf eine gesellschaftlich allgemein geltende Wochenarbeitszeit angelegt, tendenziell unbefristet, und die Wirksamkeit einer Kündigung konnte vor einem Arbeitsgericht überprüft werden. Außerdem wurde es mit einem Lohn vergütet, von dem man leben konnte. Das Normalarbeitsverhältnis gewährleistete ein hohes Maß an Sicherheit der Lebensplanung.[118] Mit seiner allmählichen Ablösung durch zeitlich befristete Projekte, durch Leiharbeit und durch die Entstehung eines Niedriglohnsektors sind Maß und Mitte der Arbeitsgesellschaft in die Krise geraten. Ein dauerhaft hoher Sockel von Langzeitarbeitslosen stellt die Normalität des Arbeitslebens in Frage;[119] die in einem Projekt Beschäftigten haben keinen Anspruch darauf, nach dessen Ende in ein neues Projekt übernommen zu werden;[120] und ein schnell anwachsender Niedriglohnbereich sorgt dafür, dass die Erwartung, man könne von seiner Arbeit leben, nicht mehr selbstverständlich ist.[121] Der Maßstab des Normalarbeitsverhältnisses mag in den Köpfen der Menschen noch vorhanden sein, in der realen Arbeitswelt verliert er zusehends an Bedeutung.

Noch folgenreicher ist freilich der Bedeutungsverlust des Leistungsbegriffs in den letzten Jahren. Auch wenn das Leistungsprinzip den nach wie vor einzigen Maßstab darstellt, mit dem die Statusvergabe in modernen Gesellschaften öffentlich gerechtfertigt werden kann, so erfolgt doch eine allmähliche Umstellung von «Leistung» auf «Erfolg». Diese Umstellung ist freilich ein heikles Unternehmen, und sie wird nur langsam und vorsichtig vollzogen, weil Erfolg nach wie vor als Leistung ausgegeben oder mit ihr gleichgesetzt werden muss.[122] Erfolg kann auch das Ergebnis von Zufällen oder einer besonderen Skrupellosigkeit sein, wohingegen Leistung einen bestimmten Arbeitseinsatz mit Maßstäben und Wertvorstellungen kombiniert. Man kann die schrittweise Ersetzung von Leistung durch Erfolg an den Börsen beobachten, wo die Wahrnehmung von Gelegenheiten über Gewinn und Verlust entscheidet, aber auch an den Casting-Shows, mit denen das Fernsehen das Publikum unterhält. In ihnen wird die Vorstellung lanciert, alles komme darauf an, die sich bietende Gelegenheit beim Schopfe zu ergreifen und entschlossen zu nutzen. Nicht die in langjähriger, mühsamer Vorbereitung erworbenen Fähigkeiten oder eine kontinuierlich erbrachte Leistung sind demnach für soziale Position und Einkommen ausschlaggebend, sondern entscheidend ist die Performanz des Augenblicks. Insofern ist die Casting-Show die volkstümliche Erzählung vom Geschehen an der Börse, gewissermaßen das ideologische Versatzstück des Casino-Kapitalismus,[123] dem so ein ästhetisch ansprechender und obendrein unterhaltsamer Schleier übergeworfen wird: Wer die Chance nutzt, wenn sie sich bietet, hat das Glück verdient. So wird der Erfolg des Augenblicks in das Ergebnis einer kompetitiv erbrachten Leistung umerzählt. Und wer dem Sieger der Casting-Show den Erfolg gönnt – warum sollte der dem Börsentycoon die Milliarden missgönnen?

Nach der Umstellung von einer Leistungs- auf eine Gelegenheitsökonomie gibt es keine Kriterien mehr, anhand deren die Angemessenheit von Status und Einkommen beurteilt werden kann.[124] In einer «Wirtschaftskultur der Zufälligkeit» (Neckel) fehlt jeder Maßstab. Während sich die Philosophie in den vergangenen drei, vier Jahrzehnten stärker als je zuvor auf Begriff und Konzept der Gerechtigkeit konzentriert und im Anschluss an die Theorie von John Rawls eine gleichermaßen grundlegende wie differenzierte Vorstellung von Gerechtigkeit entwickelt hat,[125] haben sich die modernen Gesellschaften inzwischen weitgehend von meritokratischen Prinzipien entkoppelt. Während sich in den sechs Dekaden vom Ende des Ersten Weltkriegs bis in die Mitte der 1970er Jahre, präziser bis zum Ölpreisschock, die Einkommen in den entwickelten kapitalistischen Gesellschaften einander immer weiter angenähert haben,[126] streben sie seit zwei, drei Jahrzehnten wieder auseinander. Während wachsende Bevölkerungsgruppen von ihrer Arbeit nicht mehr leben können und trotz Ganztagsarbeit auf Transferleistungen angewiesen sind,[127] sind die Wohlstandsgewinne der letzten beiden Jahrzehnte ausschließlich im oberen und obersten Einkommensbereich eingestrichen worden. In der Folge hat die Vorstellung von *Gewinnern* und *Verlierern*, die aus der normativen Selbstbeschreibung moderner Gesellschaften zeitweilig verschwunden war, wieder größere Bedeutung erlangt.[128] Die Mitte zerfällt in Gewinner und Verlierer. Oder anders formuliert: Solange die Mitte die Vorstellungswelten der Gesellschaft beherrschte, relativierte sie das Gewinner-Verlierer-Modell; ihre Hegemonie enthielt das Versprechen, dass sich die zufälligen Gewinne und Verluste in der Gesamtbilanz ausglichen und für Aufstieg und Abstieg in der Gesellschaft letzten Endes die individuelle Leistung den Ausschlag gab. Diese wiederum lieferte den Maßstab, um den herum sich die gesellschaftlich vorherrschende Idee der Verteilungsgerechtigkeit bilden konnte. Die von einigen politischen Parteien ausgegebene Parole, wonach sich Leistung wieder lohnen müsse, hat angesichts der jüngsten Entwicklung einen durchaus zynischen Unterton. Sie beruft sich auf einen Maßstab, der durch die kapitalistische Dynamik zertrümmert worden ist. Die Folge ist, dass Leistung kurzerhand mit Einkommen gleichgesetzt wird. Das zu Messende wird selbst zum Maßstab. Die Bedrohung der Mitte und der Verlust des Maßes gehen Hand in Hand.

Vom Nutzen und Nachteil der Mitte für die Gesellschaft

So wie Mitte und Maß gleichzeitig in die Krise geraten sind und die Spaltung der Gesellschaft beide zu schwächen droht, haben sie sich während ihres Aufstiegs wechselseitig in die Hände gespielt: Die gesellschaftliche Mitte begriff sich als Maßstab der Gesellschaft, und das Maß hatte in der gesellschaftlichen Mitte einen Träger, der weder – wie die Intellektuellen als kritische Beobachter gesellschaftlicher Verhältnisse – aus einer exzentrischen Position heraus urteilte[129] noch auf Maßstäbe und Normen außerhalb der Gesellschaft zurückgreifen musste. Ein solches Maß bedarf keiner aufwendigen Begründung, sondern hat Bedeutung und Gewicht allein durch seine Position in der Mitte der Gesellschaft. Es bezieht seine Stärke aus der logisch eigentlich unzulässigen Inversion von Norm und Normalität, erhält dadurch aber eine Bindewirkung, die alle anderen normativen Selbstbindungen übertrifft. Weil diese Common-Sense-Bindungen der Mitte weder moralisch avanciert noch intellektuell anspruchsvoll sind, sind sie den Intellektuellen unter den Philosophen suspekt geblieben.

Die Mitte ist freilich nicht nur der Ort der klaren und einfachen Normen, sondern hier findet auch die Vermittlung der für das gesellschaftliche Selbstverständnis zentralen Werte statt. Infolge ihrer Common-Sense-Orientierung misst die Mitte den Werten eine größere Bedeutung bei als den Normen.[130] Diese stärkere Gewichtung von Werten gegenüber Normen verschafft der Mitte das Selbstbewusstsein, das vonnöten ist, um sich gegenüber der Kritik wie den Suggestionen der Ränder und Extreme zu behaupten, ist aber ebenso für die Behäbigkeit verantwortlich, mit der eine ihrer selbst gewisse Mitte auf alles Innovative und Herausfordernde reagiert. Hier liegt eine der Ursachen für den Konservatismus, den man der Mitte nicht zu Unrecht nachsagt: Werte haben auch deswegen eine größere Verpflichtungskraft als Normen, weil sie nicht bloß kognitiv, sondern auch emotional auf die Menschen einwirken und mitunter habituell werden; das kann in Situationen, in denen es weniger auf kritische Reflexion als auf richtiges Handeln ankommt, von großem Vorteil sein, aber sobald Veränderungen anstehen und es darum geht, neue Herausforderungen kognitiv zu verarbeiten, wirkt die Wertepräferenz wie eine Sperre, und die Gesellschaft reagiert behäbig und unwillig, wo sie zukunftsoffen sein müsste.

Die Werte der Mitte sind zugleich die Grundlage, auf der die bürgerlichen wie die bürgerschaftlichen Tugenden eingeübt werden. Lange waren dies Fleiß, Sparsamkeit, Ordnungs- und Familiensinn, Vaterlandsliebe, Opferbereitschaft, Selbstdisziplin, Pflichtbewusstsein, Leistungsbereitschaft und all das, was zum moralischen «Inventar» des klassischen Nationalstaats gehörte.[131] Diese Tugenden der Mitte waren ein Versprechen an die Angehörigen der Unterschicht, dass, wer sie übernehme, gute Chancen habe, sozial aufzusteigen. Die Offenheit und Zugänglichkeit der Mitte verhinderte, dass sich die Unterschicht mit ihrer Situation abfand und resignierte oder aber sich eine Besserung ihrer Lage nur durch den gewaltsamen Umsturz vorstellen konnte, also ein rebellisches und gewaltbereites Potential ausbildete, mit dem Politiker, wenn sie auf dem normalen Karriereweg gescheitert waren, ihr Glück versuchen konnten. Der große Beitrag, den die Mitte zur Stabilität von Gesellschaften leistet, resultiert nur zur Hälfte aus ihrem Eigengewicht; zum anderen Teil entspringt er der Tatsache, dass sie den Angehörigen der Unterschichten eine realistische Aufstiegsperspektive bietet.

Aber die Bereitschaft der Mitte, sich für soziale Aufsteiger zu öffnen und diese aufzunehmen, ist nicht immer in gleichem Maße gegeben: In Prosperitätsperioden mit allgemeinem Wohlstandswachstum ist sie deutlich größer als in Perioden der Stagnation. Wenn sich die Mittelschichten durch die allgemeine Entwicklung bedroht fühlen, zeigen sie eine starke Tendenz zur Selbstabschließung. Als Erstes wird der Fahrstuhl des sozialen Aufstiegs durch Strickleitern ersetzt, also das Maß der für den Aufstieg erforderlichen Eigenanstrengung erhöht, dann werden die Strickleitern hochgezogen, und diejenigen, die diesen Aufstieg als Letzte geschafft haben, werden als Wächter eingesetzt, die ein weiteres Nachrücken verhindern sollen. Gerade diese «Letzten» sorgen dann mit großer Zuverlässigkeit dafür, dass «keiner mehr reinkommt».

Vor allem hier zeigen sich die ambivalenten Effekte von Bildungs- und Ausbildungszertifikaten als Zugangsvoraussetzungen zur gesellschaftlichen Mitte. Prinzipiell gilt, dass Bildungskapital leichter zu erwerben ist als ökonomisches Kapital. Außerdem wird es über individuelle Leistung erworben und lässt sich nicht wie ökonomisches Kapital vererben. Insofern sind Bildungs- und Ausbildungszertifikate die angemessene Grundlage für die Verteilungsgerechtigkeit einer individualistischen Gesellschaft, in der – dem Grundsatz nach – nicht Herkunft, Familienzugehörigkeit oder elterliches Vermögen über Status und Einkommen entscheiden, sondern die von jedem Einzelnen erbrachte Leistung.

Das aber wird gerade in der gesellschaftlichen Mitte, in der sich eigentlich die engagiertesten Verfechter dieser Grundsätze finden müssten (und in bestimmten Entwicklungsperioden auch tatsächlich finden), als bedrohlich empfunden. Dementsprechend werden raffinierte Schließungsmechanismen ersonnen, die sicherstellen sollen, dass zumindest die eigenen Kinder nicht der vollen Konkurrenz ausgesetzt sind und die Ausbildung erhalten, die erforderlich ist, um den Status zu sichern. Das beginnt bei den Voraussetzungen für den Zugang zu Bildungsinstitutionen, die in der Regel nur Mittelschichtangehörige mitbringen, und reicht bis zur Gründung von Privatschulen, die sich, mit einer opulenten Finanzausstattung versehen, sogleich als Eliteschulen präsentieren, um dadurch von vornherein die Konkurrenzfähigkeit aller anderen Bildungseinrichtungen zu bestreiten. Wenn es in der Mitte eng wird, wird die Konkurrenz, der man sonst gerne das Wort redet, begrenzt. Die Mitte schließt sich ab, indem sie die Agenturen für Bildungs- und Ausbildungszertifikate auf soziale Selbstreproduktion programmiert. Damit entzieht sie sich einem Teil der Aufgaben, die sie für die Gesellschaft zu erfüllen hat. Sie wird für die Konkurrenzfähigkeit der Gesellschaft dadurch zum Problem. Aber wer hat die Fähigkeit, die Mitte in dieser Situation zur Raison zu bringen? Eine Politik, die auf die Zustimmung der Mitte angewiesen ist, wohl kaum.

Das ist das Dilemma, in das die gesellschaftliche Mitte ständig gerät: dass das Gebot, sich am Gemeinwohl zu orientieren, mit dem sie bevorzugt argumentiert, für sie auch in deutlich höherem Maße gelten muss als für die übrige Gesellschaft. Will die Mitte ihre gesellschaftliche Aufgabe als Integrationszentrum und Aufstiegsmotor erfüllen, so muss sie bereit sein, dafür die Zukunftschancen der eigenen Kinder hintanzustellen, was konkret bedeutet, keinerlei Einrichtungen zu installieren, die diesen einen Vorteil beim Wettstreit um Positionen verschaffen. Privatschulen und Privatuniversitäten bieten nicht unbedingt dadurch Vorteile, dass sie eine bessere Ausbildung ermöglichen als staatliche Einrichtungen, sondern weil sie exklusive Kontakte und Verbindungen stiften. Der Verzicht auf solche Vorteile ist eine harte Anforderung, von deren Geltung die meisten sich insgeheim auszunehmen bestrebt sind. Es ist für die Mitte freilich kennzeichnend, dass sie – im Gegensatz zur Oberschicht – die Maßnahmen, mit denen sie sich einen Vorteil zu verschaffen sucht, nicht offen und für alle sichtbar treffen kann, sondern sie als gerecht und gemeinwohldienlich ausgeben muss. Die Mitte hat infolgedessen eine notorische Neigung zur Bigotterie. Wenn sie offen zeigen würde, dass es ihr vor allem darum geht, die eigenen Kinder und Enkel vor sozialem Abstieg zu bewahren, und dass sie sozialen Aufstieg nur dort zulassen will, wo sich zufälligerweise Lücken ergeben oder eine Position seit längerem frei ist, würde sie ihr eigenes Integrationsprogramm dementieren und einen sozialen Egoismus zur Schau stellen, der allen Selbstrepräsentationen der Mitte widerspricht und mit ihren Aufgaben in der Gesellschaft unvereinbar ist.

Aber die gesellschaftliche Mitte hat nicht nur Integrationsaufgaben gegenüber der Unterschicht und muss deren Angehörigen Aufstiegsperspektiven bieten, sondern sie dient auch als Bindeglied zu den gesellschaftlichen Eliten, mit denen sie gemeinsam der Träger von Kunst und Kultur, Bildung und Wissenschaft ist. Im 19. Jahrhundert haben die Mittelschichten um diese Gemeinsamkeit gekämpft und dabei der Oberschicht erfolgreich den Eliteanspruch streitig gemacht. Die Verwandlung von Teilen der alten Oberschicht aus Elite in bloße Prominenz ist nicht zuletzt eine Folge dieses Angriffs der Mittelschichten. Die Mitte ist also keineswegs so konservativ, wie es gelegentlich den Anschein hat. Aber sie hält die Angriffsposition nicht lange durch und neigt dazu, sich mit Teilerfolgen zufriedenzugeben. Gerade das zeichnet sie aus: dass diejenigen, die ihr angehören oder sich ihr zurechnen, die gesellschaftliche Hegemonie nicht bedingungslos anstreben. Die Mitte ist eine für die Oberschicht bequeme Reserveelite; sie steht bereit, drängt aber nicht permanent nach. Sie ist nicht auf Kampf und Sieg aus, sondern mit einer fairen Teilhabe zufrieden. Selbstverständlich gilt das nicht für alle ihr Angehörenden, sondern charakterisiert die Schicht als Ganzes. Einzelne aber sind in die gesellschaftliche Oberschicht leicht aufzunehmen, ohne dass diese sich bedroht fühlen muss. Im Gegenteil: Die Mitte ist eine Regenerationsressource der Oberschicht, von der sie profitiert.

Die Mitte ist ein Stabilitätsanker der Gesellschaft – oder kann dies zumindest sein, wenn sie bestimmten Anforderungen genügt. Sie ist aber ebenso ein hochbewegliches Ruder, das der Gesellschaft Anpassungsfähigkeit und Veränderungsbereitschaft verschafft. Das macht die Pointe bei der Beantwortung der Frage nach Nutzen und Nachteil der Mitte für die Gesellschaft aus: dass die Mitte als bloße Mitte eher wenig ist, dass sie aber fast alles sein kann, wenn sie bestimmten Anforderungen genügt; dass Gesellschaften in sich verändernden Umwelten umso besser bestehen, je mehr ihre Mitte die beschriebenen Aufgaben erfüllt. Das aber heißt, dass das Versagen oder der Verlust der soziopolitischen Mitte sehr viel schwerwiegendere Folgen hat, als dies bei allen anderen Schichten und Klassen der Fall ist.

2. *Mitte und Macht*

I

Die politische Mitte einer Gesellschaft kann als statisches Maß, aber auch als permanenter Prozess dynamischer Vermittlung begriffen werden, und entsprechend unterschiedliche Vorschläge und Anregungen sind in der Geschichte des politischen Denkens zur Herstellung einer robusten politischen Ordnung gemacht worden. Im ersten Fall geht es darum, die politische Mitte, von der aus die Gesellschaft zusammengehalten wird, so stark zu machen, dass sie stärker ist als die Ränder und Extreme. In der Regel läuft das auf eine breite Mittelschicht hinaus, die dem Einfluss der Extreme politische Grenzen setzt. Mit entsprechender Macht ausgestattet, sorgt sie dafür, dass die zentripetalen Kräfte der Gesellschaft größer sind als die zentrifugalen: Der Anteil der Armen in der Bevölkerung darf ein bestimmtes Maß nicht überschreiten, und nicht die Reichen, sondern die wohlhabende Mitte soll das Ideal eines gelingenden Lebens abgeben. Indem die Mitte zum Gravitationszentrum der Gesellschaft wird, soll sie zugleich den politischen Einfluss der Extreme auf der Rechten wie der Linken unterbinden. Dabei wird in der Regel davon ausgegangen, dass es sich bei den Rechten um Parteigänger der Reichen und den Linken um Parteigänger der Armen handelt.

Um zu verhindern, dass die Armen politischen Einfluss bekommen, empfahl bereits Aristoteles, sie vom Bürger- und vom Wahlrecht auszuschließen. Als diese Art der Mittestärkung im 19. Jahrhundert unter zunehmenden Legitimationsdruck geriet, entwickelte sich alternativ dazu die sozialstaatliche Integration. An die Stelle des politischen Ausschlusses trat die soziale Pazifizierung der Unterschichten. Es wurde eine Grenze der Armut gezogen, die nicht unterschritten werden sollte. Wo dies doch der Fall war, griff die Solidargemeinschaft der Sozialversicherten oder der Staat selber ein. Im Idealfall wurden die für die staatliche Hilfe erforderlichen Finanzmittel durch die progressive Besteuerung der Reichen aufgebracht, sodass ein sozialer Ausgleich um die Mitte herum stattfand, der diese stärkte. Auf diese Weise sollte die Teilhabe der unteren Schichten am politischen Prozess ermöglicht werden, ohne dass die politischen Extreme an Einfluss gewannen.

Die Vorstellung einer dynamischen Mitte dagegen sucht die Gegensätze nicht auszugleichen, sondern gerade in ihrer Exzentrizität für die politische Balance fruchtbar zu machen. Das Ideal der Mitte wird in die Vorstellung einer Balance der Extreme überführt. Das kann etwa dann erforderlich werden, wenn die Rechts-Links-Unterscheidung nur noch teilweise als Parteigängerei von Reich und Arm begriffen werden kann, sondern durch entgegengesetzte Vorstellungen von Vergangenheit und Zukunft geprägt ist, die Rechte also reaktionär wird, indem sie ein idealisiertes Bild früherer Verhältnisse zum Maßstab politischen Handelns macht, und die Linke sich als gesellschaftliche Avantgarde versteht, die den Gang der Geschichte vorantreiben will.[1] Vorstellungen eines sich in der Geschichte vollziehenden Fortschritts sollen hier in das Ordnungsmodell der Mitte eingebunden werden, und das ist nur in der Konzeption einer dynamisch balancierten Mitte möglich. In der Regel läuft die Polarisierung in eine politische Rechte wie Linke auch darauf hinaus, dass Interessen- durch Wertekonflikte verdrängt oder zumindest überlagert werden. Der politische Kampf gewinnt an Schärfe, da die Reaktionäre und Avantgardisten es ablehnen, sich in eine Ordnung der Mitte einbinden zu lassen. In einer solchen Situation greift die Mitte zu schärferen Instrumenten der Selbstbehauptung, von der Exilierung bis zur Exekution. Die Köpfe, die das Maß der Mitte überragen oder sich ihm widersetzen, müssen entfernt werden. Die Mitte fürchtet die Herausragenden wie die Widerspenstigen und will sie auf ihr eigenes Maß zurechtstutzen. Das Ideal der Mitte verwandelt sich dann in die Vorherrschaft der Mediokren.

Nicht selten hat sich dieses Entfernen als ein Abschlagen der Köpfe konkretisiert,[2] häufig hat man sich aber auch damit begnügt, diejenigen, die sich nicht in die Mitte integrieren ließen, zu verbannen oder zu vertreiben. Im klassischen Athen war das Scherbengericht, der Ostrazismus, eine Institution zur (zeitlich begrenzten) Exilierung der das mittlere Maß Überragenden; in den Faktionskämpfen mittelalterlicher Städte sollte die politische Mitte durch die Verbannung der unterlegenen Partei wiederhergestellt werden; und während der Französischen Revolution wurden die öffentlichen Exekutionen nicht etwa als ein Beitrag zur Beschleunigung des politischen Fortschritts verstanden, sondern als ein Instrument zur Sicherung der Mitte gegen politische Reaktionäre und soziale Avantgardisten. Maximilien Robespierre begriff die Mitte als soziale Schicht und politische Tugend zugleich und war davon überzeugt, die Revolution könne nur Erfolg haben, wenn beides dauerhaft zusammengebracht werde. Als Mittel zu diesem Zweck war ihm schließlich auch der massenhafte Gebrauch der Guillotine recht.[3]

Doch die Inanspruchnahme dynamischer Faktoren bei der Herstellung einer stabilen Mitte war und blieb ein Widerspruch in sich, weil man, um eine solche Ordnung zu schaffen, permanent auf außerordentliche Maßnahmen zurückgreifen musste und dadurch das Ideal der guten Ordnung in Misskredit brachte. In der Formel *ordre et progrès* hat der französische Soziologe Auguste Comte beides zusammenzubringen versucht. Auch die in Mexiko seit Jahrzehnten regierende «Partei der institutionalisierten Revolution» ist ein solches Projekt der Verbindung statischer und dynamischer Elemente. Aber die Erinnerung an die Mittel, mit denen die Ordnung einst hergestellt wurde, wirkt wie eine Aufforderung an alle, die sich irgendwie zu kurz gekommen fühlen, es mit denselben Methoden noch einmal zu versuchen. So kommen die Gemeinwesen, die auf eine statische Mitte setzen, aber in Ausnahmefällen den «Rückgriff» auf dynamische Faktoren erlauben, nicht zur Ruhe. Vielmehr gleichen sie, wie Dante einmal über seine Heimatstadt Florenz gesagt hat, einer Kranken, die sich beständig von der einen auf die andere Seite wälzt, weil sie so die Schmerzen meint lindern zu können.[4]

Um dieses unentschiedene Hin und Her zwischen statischem Ideal und dynamischen Faktoren zu vermeiden, entwarfen einige Politiktheoretiker, Machiavelli etwa und die an ihn anschließenden Mischverfassungstheoretiker, ein Verfassungsmodell, das auf keinen sozialen Träger angewiesen ist, sondern bei dem die Mitte durch das Zusammenwirken hochbeweglicher Elemente hergestellt wird. Die politischen und sozialen Extreme müssen hier weder in die Mitte integriert noch aus der Ordnung des Systems ausgeschlossen werden; vielmehr werden sie so miteinander in Beziehung gesetzt, dass sie sich gegenseitig balancieren. Das war die Grundidee des antiken und frühneuzeitlichen Modells der Mischverfassung, wie sie der griechische Historiker Polybios erstmals beschrieben hat.

Der Versuch, die politischen Gegensätze für die Stabilisierung des Gemeinwesens zu nutzen, hat eine Reihe von Vorteilen. Die Balancierungstheoretiker stellen zunächst die Nachteile heraus, die mit einer starken Mitte verbunden sind: Die politische Programmatik der auf die Mitte ausgerichteten Parteien weist einen starken Zug zur Konturlosigkeit und Verwaschenheit auf, und wenn mehrere Parteien um die Mitte konkurrieren, hat dies den Verlust politischer Alternativen zur Folge. Wo sich die politischen Gegensätze verschleifen, wird kaum noch über Alternativen nachgedacht, und ein bequemes Sicheinrichten im Gegenwärtigen macht sich breit, als würde und könnte alles bleiben, wie es ist. Risikobereitschaft,

Neugier und Innovationsfähigkeit schwinden. Wo Zukunft nur als verlängerte Gegenwart gedacht wird, kann jede Veränderung zur Katastrophe werden. Kurz, Gesellschaften, in denen alles zur Mitte strebt, entwickeln keine oder nur unzureichende Alternativen zum Bestehenden und können nicht auf unerwartete Veränderungen reagieren.

Bei dynamischen Mitten, wie sie in der Mischverfassungskonzeption vorgesehen sind, relativiert sich dieses Problem zumindest. Durch die permanente Konkurrenz der miteinander verbundenen Verfassungselemente und ihrer sozialen Trägerschaften werden die negativen Effekte der statischen Mitte begrenzt. Aber ist die so konstruierte Verfassung stabil genug, um ohne eine starke Mittelschicht auszukommen und die sozialen und politischen Fliehkräfte zu bändigen? Zwei Herausforderungen sind hier besonders zu beachten: zum einen die Gefahr, dass sich die verfassungstechnisch balancierten Teile der Gesellschaft immer weiter voneinander entfernen und das Gemeinwesen schließlich zerfällt. Und zum anderen das genaue Gegenteil dessen: dass die balancierte Konkurrenz in einen innergesellschaftlichen Krieg umschlägt und sich Faktionen und Parteien bilden, die einander vertreiben oder vernichten wollen.

In den antiken und mittelalterlichen Städten brachen solche Parteienkämpfe immer wieder aus und brachten einige dieser Städte an den Rand des Abgrunds. Dabei stand keineswegs immer der Gegensatz zwischen Arm und Reich im Zentrum; oftmals erwuchs der Bürgerkrieg aus einem Konflikt der führenden Familien, von denen jede die Erste sein und in der Stadt das Sagen haben wollte. Diesen Konflikten – denen Ehrgeiz und Pleonexie, der Drang zum Mehrhabenwollen, zugrunde lagen – sollte durch die Stärkung der sozialen Mitte oder durch ausgefeilte Vermittlungsmechanismen die Spitze genommen werden. Die bis weit ins 18. Jahrhundert hinein zu beobachtende Ausrichtung der politischen Theorie auf die Mitte hin ist nicht zuletzt dem Umstand geschuldet, dass sich keiner der an den Rändern positionierten politischen Akteure überzeugend als Träger einer zielgerichteten Entwicklung präsentieren konnte. Das änderte sich erst mit dem Aufkommen von Fortschrittsvorstellungen. Zuvor gab es nur die geschichtsphilosophischen Modelle der Dekadenz oder des Kreislaufs. Entweder man beschrieb die Menschheitsgeschichte als einen unaufhaltsamen Niedergang, oder man war überzeugt, nach dem Durchschreiten einer Reihe von Stationen werde alles wieder von vorne beginnen. In beiden Fällen war es ratsam, sich eher an der Mitte als an der Peripherie zu orientieren: weil eine auf die Mitte ausgerichtete Ordnung dem Niedergang länger trotzen konnte oder aber weil die Mitte den zentrifugalen Kräften weniger ausgesetzt war als jene Verfassungsformen, die durch ihre Präferenz fürs Extreme auf der äußeren Umlaufbahn des Zyklus angesiedelt waren.

Anhänger wie Gegner einer föderativen Verfassung in den USA, mit deren Inkrafttreten die Einzelstaaten wichtige Befugnisse an die Regierung in Washington abgeben sollten, konnten auf diese breite Tradition der Verfassungsdebatte zurückgreifen. Außerdem befanden sie sich in der historisch seltenen Lage, nicht durch eine eigene Verfassungsgeschichte festgelegt zu sein, sondern aus der Fülle der Angebote nach ihren Erfordernissen und Vorstellungen auswählen zu können.

Unter dem Pseudonym «Publius» vertrat Alexander Hamilton im 9. und 10. *Federalist*-Artikel die Auffassung, ein Gemeinwesen vermeide umso zuverlässiger Faktionsbildung und Revolutionen, je größer die Zahl seiner Bürger und der Umfang seines Territoriums sei.[5] Damit widersprach er den Anti-Federalists, die von der Bundesverfassung eine Stärkung der Extreme und eine verstärkte Parteibildung befürchteten. Sie beriefen sich dabei auf Montesquieu und Aristoteles, die die Überlebensfähigkeit einer Republik in Relation zu ihrer geringen Bevölkerungszahl und territorialen Überschaubarkeit gesehen hatten. Wenn Aristoteles und Montesquieu recht hätten, so Hamilton, dann wären schon Staaten wie Virginia, Massachusetts oder Pennsylvania zu groß, um als Republiken funktionieren zu können.

Zwei Methoden gebe es, «die negativen Auswirkungen solcher Faktionen abzustellen: zum einen die Beseitigung der Ursachen, zum anderen die Beherrschung der Konsequenzen».[6] Da bei der Beseitigung der Ursachen die Heilmittel jedoch schlimmer seien als die Krankheit selbst, bleibe nur die Beherrschung der Konsequenzen – und dabei kam Hamilton zu einem überraschenden Ergebnis. Man müsse die Faktionen vermehren und abermals vermehren, damit sie sich wechselseitig in Schach hielten: «Aber die vorherrschende und permanente Ursache für die Existenz unterschiedlicher Faktionen liegt in der vielfältigen und ungleichen Einkommensverteilung. Die Besitzenden und die Besitzlosen haben schon immer getrennte gesellschaftliche Interessen gebildet. Zwischen Gläubigern und Schuldnern besteht derselbe Unterschied. Grundbesitzer, Manufakturbesitzer, Vertreter von Handel und Finanzen und viele kleinere Interessengruppen entstehen in zivilisierten Nationen zwangsläufig und spalten die Gesellschaft in verschiedene Klassen, die durch unterschiedliche Gefühle und Meinungen motiviert sind. Diese vielfältigen und widersprüchlichen Interessen zu regulieren, ist die vordringliche Aufgabe moderner Gesetzgebung, die auch Parteigeist und Interessengegensätze in die nötigen und normalen Funktionen eines Regierungssystems einbeziehen muß.»[7]

Als Anhänger einer dynamischen Mitte stand Hamilton der Vorstellung von der Dominanz einer Mittelschicht skeptisch gegenüber, ebenso aber auch der Idee einer steuernd-ausgleichenden Rolle der Politiker. Er fürchtete, eine dominierende Mittelschicht könne selbst zur Faktion werden und ihre eigenen Interessen zu Lasten der anderen durchsetzen,[8] und dem Vorschlag, «aufgeklärte Staatsmänner könnten diese unvereinbaren Interessen ausgleichen und dem öffentlichen Wohl unterordnen», stellte er den lapidaren Bescheid entgegen: «Es werden nicht immer aufgeklärte Staatsmänner am Ruder sein.»[9]

Anders als oft vermutet, handelt es sich bei den Theoretikern der politischen Mitte also keineswegs um eine in sich geschlossene, kohärente Gruppe, sondern unter ihnen herrscht eine bunte Vielfalt. Diese Theoretiker haben recht unterschiedliche Vorstellungen davon entwickelt, wie eine robuste politische Mitte hergestellt und gesichert werden könne. Die einen haben eher auf Stabilität und Stärke, die anderen mehr auf Elastizität und Anpassungsfähigkeit gesetzt.

Die Mitte an die Macht!
Aristoteles, Rousseau und Kant

Aristoteles ist *der* Philosoph der Mitte. Kein anderer hat mit vergleichbarer Intensität über die Frage nachgedacht, was die Mitte sei, wo sie liege und wie man sie finden könne – und das nicht nur in Ethik und Politik, sondern auch in der analytischen Wissenschaft.[10] Die Mitte nimmt bei ihm die Position ein, die in anderen Philosophien der Norm oder dem Ideal zukommt.[11]

In der *Nikomachischen Ethik* führt Aristoteles die Idee der Mitte über die Bestimmung der Extreme ein: Die Mitte *(mesotes)* liegt zwischen einem Zuwenig *(elleipsis)* und einem Zuviel *(hyperbole)*; indem sie das Schlechte des Zuviel und des Zuwenig meidet, trifft sie das Gute des rechten Maßes. Die Tugend der Tapferkeit etwa ist die Mitte zwischen Feigheit und Tollkühnheit, und die Tugend der Freigebigkeit ist die Mitte zwischen Geiz und Verschwendung. Sowohl in der Ethik als auch in der Politik müsse man also versuchen, die jeweilige Mitte zwischen den Extremen anzusteuern. Das ist jedoch keineswegs einfach, denn die Mitte lässt sich weder mit arithmetischen noch mit geometrischen Methoden auffinden; sie liegt mal näher bei dem einen, mal näher bei dem anderen Extrem: «So ist der Tapferkeit nicht die Tollkühnheit am gegensätzlichsten, die ein Übermaß ist, sondern vielmehr die Feigheit, die ein Mangel ist; der Besonnenheit steht umgekehrt nicht die Stumpfheit ferner, die ein Mangel ist, sondern die Zügellosigkeit als das Übermaß.»[12] Ob es gelingt, die Mitte zu treffen, hänge obendrein von den jeweiligen Neigungen der Menschen ab. Wenn wir wissen, wohin wir von Natur aus tendieren, so Aristoteles' Rat, sollten wir das entgegengesetzte Extrem ansteuern.

In diesem Zusammenhang gebraucht Aristoteles das Bild des Bogenschützen. Will dieser die Mitte einer Zielscheibe treffen, darf er sie nicht direkt anvisieren, denn er muss zunächst das Eigengewicht des Pfeiles ausgleichen. Er muss gleichsam über das Ziel hinausschießen, um es zu treffen. Außerdem muss er die Windverhältnisse berücksichtigen, also entweder rechts oder links am Ziel vorbei anlegen. – Es sind eine Fülle von Komponenten ins richtige Verhältnis zueinander zu bringen. Aristoteles tritt damit von Anfang an einer Gleichsetzung von Mitte und Mittelmaß entgegen. Das Bild des Bogenschützen macht vor allem deutlich, dass es nicht darum geht, mit weniger Fähigkeiten und Anstrengungen durchs Leben zu kommen. Im Gegenteil: «Überall ist es mühsam, die Mitte zu treffen. So trifft auch nicht jeder Beliebige, sondern nur der Kundige die Mitte des Kreises.»[13] Das Ethos der Mitte entbindet den Menschen nicht von der Pflicht, nach Höchstleistungen zu streben, vielmehr ist es selbst ein Höchstes.[14]

Gleichzeitig will Aristoteles aber keine Elitenethik entwickeln, die auf Ausnahme- und Übermenschen zugeschnitten ist, sondern das tatsächliche Verhalten der Menschen untersuchen und die Frage beantworten, wie dieses verbessert werden kann. Es geht ihm um die Masse der Bürger und keineswegs bloß um einige Tugendvirtuosen, die von den vielen bewundert, aber nicht nachgeahmt werden können. Deswegen muss er, nachdem er zunächst das Treffen der Mitte als die höchste Kunst dargestellt hat, die Anforderungen an ein solches Leben wieder auf ein Maß zurückführen, mit dem ein Normalbürger seiner Zeit umgehen konnte. Dadurch wird die aristotelische Ethik praktikabel, büßt dabei aber den Exzellenzanspruch ein, der sie zunächst vor dem Verdacht der Mittelmäßigkeit geschützt hat: «Da es nun mühselig ist, genau die Mitte zu treffen, so muß man in zweitbester Fahrt, wie es heißt, das geringste der Übel wählen. [...] Wir müssen also beobachten, wozu wir von uns aus am geneigtesten sind. Denn der eine von uns ist es seiner Natur nach zu diesem, der andere zu jenem. Dies zeigt sich an der Lust und dem Schmerz, den wir empfinden. Da muß man sich selbst in das Gegenteil hinüberziehen. Denn wenn wir uns vom Verfehlen sehr weit entfernen, werden wir zur Mitte gelangen, so wie jene es machen, die gekrümmtes Holz gerade richten.»[15]

Aristoteles will menschliches Fehlverhalten dadurch minimieren, dass er Faustregeln zur Ausrichtung auf die Mitte ausgibt, und er ist zuversichtlich, damit einiges bewirken zu können. Die Empfehlung, nicht seinen Neigungen und Trieben nachzugeben, ist für ihn ein Anfang, den er mit dem Geradebiegen gekrümmten Holzes veranschaulicht. Mehr als zweitausend Jahre später hat Immanuel Kant dieses Bild wieder aufgegriffen: «Aus so krummen Holze, als woraus der Mensch gemacht ist, kann nichts ganz Gerades gezimmert werden», schreibt er in seiner *Idee zu einer allgemeinen Geschichte in weltbürgerlicher Absicht*.[16] Der Pflichtenethiker Kant hat die Orientierung an der Mitte zwar als politische Leitlinie akzeptiert und sich ihrer, wie noch zu zeigen sein wird, auch selbst bedient, aber für die Bestimmung des ethischen Sollens war ihm derlei zu vage. Im Unterschied zu Kant, dessen Pflichtenethik solche Unterscheidungen nicht zuließ, hat Aristoteles, wie sich bei genauerer Betrachtung zeigt, in seiner Ethik mit zwei Vorstellungen der Mitte gearbeitet: einer starken, die sich an eine Elite wandte und bei der es darum ging, exakt in die Mitte des Ziels zu treffen, und einer schwachen, bei der praktische Lebensregeln zur Vermeidung der Extreme jedermann in die Lage versetzen sollte, sich dem Ideal wenigstens so weit wie möglich anzunähern.

Wie in der Ethik, so hat Aristoteles auch in der Politik auf die Mitte gesetzt. Bei der Charakterisierung der *Politie*, wie er die entsprechende Verfassung nannte, hat er sämtliche Aspekte der Mitte berücksichtigen wollen: Nicht nur soll hier die Mittelschicht die Macht ausüben – was sie nur kann, wenn die Stadt von mittlerer Größe ist –, sondern auch klimatologische und ökologische Gesichtspunkte gelte es zu beachten. So sei die beste Lage für eine Stadt die Mitte zwischen heißen und kalten Regionen, in denen sich die Extreme der Despotie und der Anarchie entwickelten. Erstere sei bei Persern und Ägyptern anzutreffen, Letztere bei den barbarischen Völkern des Nordens; politische Freiheit gebe es dagegen nur in den klimatisch gemäßigten, den mittleren Zonen, ebendort, wo die Griechen ihre bürgerschaftliche Verfassung entwickelt haben.[17]

Was in klimatischer Hinsicht bei der Suche nach der Mitte möglich ist, lässt sich jedoch nicht ohne weiteres auf Ökonomie und Ökologie übertragen. Wie soll die Mitte zwischen einer am Meer gelegenen Handelsstadt und einer im Landesinneren angesiedelten Ackerbürgerstadt gefunden werden? Der einzige Ausgleichsmechanismus, der hier greift, ist die Vergabe des Bürgerrechts. Aristoteles rät, in Bauern- und Handwerkerstädten großzügiger damit umzugehen als in Seehandelsstädten, da Handwerker und Bauern sich zunächst um die Angelegenheiten ihres Hauses sorgten und nur in die Volksversammlung kämen, um über für sie wichtige Fragen abzustimmen. Tagelöhner hingegen, die in allen Hafen- und Handelsstädten in großer Zahl anzutreffen seien, sowie Seeleute, die sich in den stürmischen Jahreszeiten an Land aufhielten und keine rechte Beschäftigung hätten, neigten dazu, an den Volksversammlungen teilzunehmen, zumal dann, wenn ihnen dafür Diäten ausgezahlt würden, wie dies in der radikalen Demokratie üblich war.[18] Außerdem war Aristoteles der Überzeugung, eine gute Ordnung lasse sich nur mit einer mittelgroßen Anzahl von Bürgern verwirklichen.[19] Schon daher lag es nahe, nicht alle Bewohner einer Stadt mit dem Bürgerrecht auszustatten, sondern nur jene, die im weiteren Sinne der Mittelschicht angehörten. Sie soll zum Träger der politischen Ordnung werden, und wo sie es war, war die politische Ordnung Aristoteles' Auffassung nach gut.

Auch hier definiert Aristoteles die Mitte durch Abgrenzung gegen die Extreme, gegen großen Reichtum und bittere Armut, und auch hier lässt die Mitte sich nicht abstrakt mit arithmetischer Präzision bestimmen. Sie ist erheblich komplexer als das Mittel aus Reichtum und Armut, also das Durchschnittseinkommen, das die Statistiker für unsere Gesellschaften alljährlich berechnen. Da die von den Extremen ausgehenden Kräfte in jedem Gemeinwesen unterschiedlich wirken, muss die das Gleichgewicht haltende Mitte gegenüber der arithmetischen Mitte verschoben sein, wenn sie ihre Aufgabe erfüllen soll. So müsse in Städten, die von ihrer sozioökonomischen Struktur her zu den Extremen tendierten, die Mitte durch die limitierte Vergabe des Bürgerrechts gestärkt werden. Dabei sah Aristoteles allerdings nie im Reichtum, sondern stets in der Armut ein die Mitte bedrohendes Extrem. Er ging freilich davon aus, dass auch innerhalb der Mittelschicht selbst Fliehkräfte wirkten: «Denn in diesem Punkt gibt es viele Schwierigkeiten, weil die Menschen zu einem von beiden Extremen neigen, die einen zur Ärmlichkeit, die anderen zum Luxus.»[20] Das bürgerliche Leben,[21] das Aristoteles entwirft, ist also ebenso gefährdet wie das Ethos der Mitte, denn hier wie dort wirken dieselben Fliehkräfte, die der menschlichen Natur innewohnen.

Je stärker die Mittelschicht in einer Stadt ist, desto zuverlässiger ist deren politische Ordnung gegen Umsturzversuche geschützt. «Daß also die Mitte am besten ist, ist klar», schreibt er in der *Politik*.[22] «Denn sie allein führt zu keinen Revolutionen, und wo die Mittleren zahlreich sind, da gibt es bei den Bürgern am wenigsten Aufstände und Streitigkeiten. Aus demselben Grunde sind auch die großen Staaten freier von Revolutionen, weil auch da die Mitte zahlreich ist. Bei den kleinen dagegen kann leicht der Zerfall in zwei Parteien eintreten, so daß keine Mitte bleibt, sondern alle nur arm oder reich sind.» Unter der Hand verwandelt sich damit das ethische Ideal der guten Ordnung, in dem die Bürger zusammenleben, um gemeinsam ihre Glückseligkeit zu verwirklichen, in ein Mittel, mit dem Umstürze und Revolutionen vermieden werden können. Der später von Nietzsche geäußerte Verdacht, dass die Dominanz der Mitte auf Mediokrität hinauslaufe, dürfte hier einen Anhaltspunkt finden. Auch in seiner Verfassungstheorie hat Aristoteles eine starke und eine schwache Variante der Mitte entwickelt, wobei Erstere auf die Verwirklichung menschlicher Glückseligkeit *(eudaimonia)*, Letztere dagegen bloß auf Umsturz- und Aufstandsvermeidung ausgerichtet ist.

Aristoteles ist also bei der Konstruktion der ethischen wie der politischen Mitte parallele Wege gegangen. In beiden Fällen hat er zunächst die Mitte als Ideal begriffen, das zu erreichen die menschlichen Fähigkeiten nahezu übersteigt; anschließend hat er diese Anforderungen jedoch wieder relativiert und Wege beschrieben, die zumindest in die Nähe der Mitte führen sollen.[23] Im Falle der Verfassung bleibt vom Ideal eines guten Lebens letztlich kaum mehr übrig als ein hohes Maß an politischer Stabilität: Die Herrschaft der Mittleren macht Umstürze und Revolutionen schon deshalb äußerst unwahrscheinlich, weil dazu die Reichen und die Armen ein Bündnis eingehen müssten, und eine solche Koalition hält Aristoteles für ausgeschlossen. «Niemals werden die einen den andern dienen wollen, und sie werden auch niemals eine Verfassung finden [...], die den Interessen beider Teile besser gerecht würde als ebendiese. Denn untereinander abwechselnd herrschen werden sie nicht wollen wegen des gegenseitigen Mißtrauens. Am zuverlässigsten ist aber immer der Schiedsrichter, und der steht in der Mitte.»[24]

Eher beiläufig hat Aristoteles hier einen Aspekt ins Spiel gebracht, der die pragmatische Rückseite des normativen Ideals bildet: Weil sich Reiche und Arme misstrauen, sind sie auf einen Dritten als Schiedsrichter angewiesen. Der sollte sinnvollerweise weder der einen noch der anderen Klasse angehören und gleichzeitig ein vitales Interesse daran haben, dass keine von beiden die Oberhand gewinnt, denn das würde seine eigene Position gefährden. Also ist es naheliegend, die gesellschaftliche Mitte zum politischen Schiedsrichter und damit zum Regenten über die beiden einander unversöhnlich gegenüberstehenden Klassen zu machen.

Entgegen einer verbreiteten Auffassung, die in Jean-Jacques Rousseau den geistigen Ziehvater der Französischen Revolution, zumal deren radikaler Bestrebungen sieht,[25] ist Rousseau den politischen Vorschlägen des Aristoteles in vieler Hinsicht gefolgt. Das beginnt bei der Frage nach der optimalen Größe des Gemeinwesens: «Wie die Natur dem Wuchs eines normalen Menschen Grenzen gesetzt hat, über die hinaus sie nur Riesen und Zwerge hervorbringt», schreibt er im *Contrat Social*,[26] «so steht es auch mit dem Optimum der Grenzen und Ausdehnung des Staates, damit er nicht zu groß wird, um noch gut regiert zu werden, und nicht zu klein, um sich selbst erhalten zu können. In jedem politischen Körper gibt es ein Maximum an Kraft, das er nicht überschreiten darf, und von dem er sich oft entfernt, weil er sich vergrößert.» Oder, wie es an anderer Stelle heißt: «Je größer der Staat, desto mehr nimmt die Freiheit ab.»[27] Das ist ganz aus aristotelischem Geist heraus gedacht.

Im Unterschied zu Aristoteles hat Rousseau jedoch nicht den Versuch unternommen, eine mittlere Verfassung zwischen Demokratie und Oligarchie zu konstruieren, sondern sich auf die Frage konzentriert, wie sich sowohl in der Demokratie als auch in der Aristokratie die Mitte finden lässt und wie sie gestärkt werden kann, damit die jeweilige Verfassungsform stabiler wird. Entsprechend muss eine Demokratie nach Rousseau drei Voraussetzungen erfüllen, wenn sie Bestand haben soll: Sie kann nur in einem kleinen Staat verwirklicht werden, wo das Volk leicht zu versammeln ist; sie ist auf «eine große Biederkeit der Sitten» angewiesen; und es muss eine möglichst große «Gleichheit in Stand und Vermögen» herrschen.[28] Um diese sozialen und moralischen Voraussetzungen der Demokratie zu sichern, muss das Aufkommen des Luxus in der Gesellschaft verhindert werden. Immer wieder hat Rousseau seine Präferenz für die soziale Mitte in der Form einer scharfen Luxuskritik geäußert: «Denn entweder ist der Luxus die Folge von Reichtum, oder er macht ihn notwendig. Er verdirbt den Reichen wie den Armen, den einen durch Besitz und den anderen durch Habgier.»[29]

Rousseau übersetzt die Mittezentrierung im Fall der Demokratie in das Projekt einer umfassenden sozialen Egalität. Anders als bei Aristoteles soll die Mitte bei ihm nicht als Schiedsrichter dienen, sondern beide Extreme zum Verschwinden bringen. Sie muss bis an die sozialen Ränder des Gemeinwesens ausgedehnt werden. Dieser Forderung sind einige Strömungen des Sozialismus gefolgt, unter anderem der von Marx als «reaktionär und utopistisch zugleich» kritisierte kleinbürgerliche Sozialismus.[30] Marx hat Rousseau in diesem Zusammenhang zwar nicht namentlich erwähnt, aber er hat in ihm zweifellos den intellektuellen Protagonisten einer kleinbürgerlichen Politik der Mitte gesehen – und wo sich Rousseau über die Demokratie geäußert hat, war er das auch.

Die verfassungspolitische Komplementärform zur Demokratie ist für Rousseau die Aristokratie, bei der weder eine «Biederkeit der Sitten» noch eine Gleichheit der Vermögen angenommen werden kann. Was hier an sozialer und moralischer Mitte fehlt, muss durch die Selbstdisziplin derer wettgemacht werden, die der herrschenden Schicht angehören. Sie müssen höheren Anforderungen genügen als die Regierenden in der Demokratie, die alle der Mitte entstammen, mit weniger Befugnissen ausgestattet sind und deren Amtszeit obendrein begrenzt ist. In der Demokratie hängt die

Zentrierung des Gemeinwesens stärker von der Aufrechterhaltung von Sitte und Sozialstruktur als von der Exzellenz einer Person ab. Das ist in der Aristokratie genau umgekehrt: «Wenn diese Regierungsform eine gewisse Ungleichheit der Vermögen zuläßt, so liegt der Grund übrigens darin, daß im allgemeinen die Verwaltung der Staatsgeschäfte denen übertragen wird, die ihnen am besten ihre Zeit widmen können, und nicht, wie Aristoteles behauptet, weil die Reichen immer bevorzugt werden. Es ist im Gegenteil wichtig, daß manchmal eine entgegengesetzte Wahl dem Volk den Beweis liefert, daß das Verdienst eines Mannes wichtiger ist als der Reichtum.»[31] In der Aristokratie muss das asketische Ethos der Elite die fehlende soziale Mitte ersetzen. Gerät dieses Ethos in Verfall, wird die gesamte Verfassung dezentriert.

Was die Herstellung und Sicherung der Mitte angeht, misst Rousseau im Vergleich zu Aristoteles den moralischen Faktoren insgesamt ein größeres Gewicht bei als den ökonomischen. Aristoteles ging davon aus, dass die Gesellschaftsordnung einer Stadt mit verfassungstechnischen Mitteln unter Kontrolle zu bringen war. Rousseau ist diesbezüglich, wie seine immer wieder geäußerte Klage über Niedergang und Verfall zeigt, eher skeptisch. Deswegen muss er zusätzlich zu den institutionellen Arrangements der Verfassung moralische und emotional-voluntative Faktoren aufbieten, um die Mitte zu stabilisieren.[32] Anders als bei Aristoteles soll die Mitte auch nicht den Umsturz, sondern die Dekadenz verhindern. Mit einem Mix aus institutionellen Vorkehrungen, moralischen Dispositionen und politischer Willenskraft will Rousseau gegen die geschichtliche Tendenz zu Niedergang und Verfall angehen. In dieser Frage konnte Robespierre auf dem Höhepunkt der Revolution tatsächlich an Rousseau anknüpfen, als er mit Hilfe des *terreur* die Franzosen zu guten Republikanern erziehen wollte, die den Verlockungen des Luxus ebenso widerstehen wie der Sittenlosigkeit und dem Verrat.[33]

Sah Rousseau die Bedrohung der republikanischen Mitte vor allem in Reichtum und Luxus, so legte Immanuel Kant den Akzent auf eine zuverlässige Abgrenzung nach unten, insofern bei ihm der Bürgerstatus nicht nur durch Freiheit und Gleichheit, sondern auch durch wirtschaftliche Selbständigkeit *(sibisufficientia)* gekennzeichnet ist. Zwar taucht die Forderung wirtschaftlicher Selbständigkeit auch bei Rousseau auf, aber bei ihm ist sie eine Inklusionskategorie, während sie bei Kant zu einem Exklusionsmechanismus wird. Rousseau macht es der Mitte zur Aufgabe, sozioökonomische Entwicklungen aufzuhalten, welche die wirtschaftliche Selbständigkeit der Bürger untergraben, Kant hingegen nimmt diese Prozesse hin beziehungsweise ignoriert sie, insofern sie von den sozioökonomischen Strukturen ausgehen und nicht das Ergebnis politischer Regelungen sind. Die Folge dessen ist, dass Kant als politischer Theoretiker weitaus liberaler ist als Rousseau.

Wer den Anforderungen der *sibisufficientia* nicht genügt, also nicht für seinen Lebensunterhalt sorgen kann, ohne in ein wirtschaftliches Abhängigkeitsverhältnis zu treten, dem steht nach Kant auch kein volles Bürgerrecht zu. In § 46 seiner *Metaphysik der Sitten* definiert er Selbständigkeit als ein für den Bürgerstatus unverzichtbares Attribut, nämlich «seine Existenz und Erhaltung nicht der Willkür eines andren im Volke, sondern seinen eigenen Rechten und Kräften, als Glied des gemeinen Wesens verdanken zu können».[34] Damit hat Kant den Status eines *citoyen*, eines Staatsbürgers, an den eines *petit bourgeois*, eines Kleinbürgers, gebunden und dadurch die abhängig Beschäftigten vom aktiven Bürgerrecht ausgeschlossen.[35]

Für Kant ist die ökonomische Selbständigkeit der Bürger unverzichtbar dafür, dass die republikanische Ordnung die Mitte hält.[36] Freilich hat er der Abhängigkeit des Bürger- vom Eigentümerstatus die Schärfe genommen, indem er zwischen aktiven und passiven Staatsbürgern unterschied. Aktiver Staatsbürger ist demnach nur, wer «nicht bloß Teil des gemeinen Wesens, sondern auch Glied desselben [ist], d.i. aus eigener Willkür in Gemeinschaft mit anderen handelnder Teil desselben sein will».[37] Wer diese Qualität nicht aufweist, ist bloß ein Schutzgenosse: «Der Geselle bei einem Kaufmann, oder bei einem Handwerker, der Dienstbote (nicht der im Dienste des Staates steht); der Unmündige *(naturaliter vel civiliter)*; alles Frauenzimmer, und überhaupt jedermann, der nicht nach eigenem Betrieb, sondern nach der Verfügung anderer (außer der des Staates) genötigt ist, seine Existenz (Nahrung und Schutz) zu erhalten, entbehrt der bürgerlichen Persönlichkeit, und seine Existenz ist gleichsam nur Inhärenz.»[38] Konkret hieß das für Kant, dass vor dem Gesetz alle im Staat frei und gleich sind, dass aber die Befugnis, Gesetze zu formulieren und über deren Inkraftsetzung zu beschließen, nur dem zukam, der «sein eigener Herr *(sui iuris)*» war. Der Sache nach lief das darauf hinaus, dass die soziale Mitte gegenüber dem unteren Rand der Gesellschaft privilegiert wurde.[39]

Rousseau und Kant haben die Mitte aus unterschiedlichen Richtungen als gefährdet angesehen: Rousseau durch zügellosen Reichtum und frivolen Luxus, Kant stärker durch Mittellosigkeit und soziale Abhängigkeit. Dass dies im Falle Kants keine Anbiederung bei den Reichen und Mächtigen war, sondern es ihm ausschließlich um die Stärkung der Mitte als sozialer Ort der Vernünftigkeit ging, zeigt seine schroffe Absage an den Anspruch der Großgrundbesitzer, mehrere Stimmen oder Stimmen mit größerem Gewicht abzugeben, weil sie ja, so die Rechtfertigung, für die von ihnen wirtschaftlich Abhängigen politisch mitverantwortlich seien. Das aber widersprach für Kant dem Gleichheitsgebot, und also wandte er gegen dieses Ansinnen (das im Übrigen in Preußen bis 1918 politische Realität war) ein, die Größe des Grundbesitzes hindere vielmehr die Landarbeiter, selbständige Kleinbauern zu werden (wie das in der Französischen Revolution geschah, als aus Leibeigenen Parzellenbauern wurden[40]). «Der große Gutsbesitzer», hält Kant in seiner kleinen Schrift *Über den Gemeinspruch* fest, «vernichtet nämlich so viele kleinere Eigentümer mit ihren Stimmen, als seinen Platz einnehmen könnten [...].»[41] Kants Vorschläge zielen nicht auf die Mehrung der Schutzgenossen, sondern auf die der aktiven Bürger, womit er sich wiederum der idealen Republik Rousseaus annähert, in der keiner so reich sein soll, dass er sich einen Knecht leisten kann, und keiner so arm, dass er sich als Knecht verdingen muss.

Kants Republik der selbständigen Kleineigentümer ist ein kleinbürgerliches Gemeinwesen: Das aktive Bürgerrecht hängt an Voraussetzungen, die für das Kleinbürgertum typisch sind – lokaler Besitz und die Ausrichtung der wirtschaftlichen Tätigkeit an lokalen Märkten.[42] Dass unter solchen Umständen die Vernunft die Oberhand behält und nicht durch die Engstirnigkeit einer kleinbürgerlichen Weltsicht gefährdet wird, glaubte Kant durch den Repräsentativcharakter der Verfassung und die Gewaltenteilung sicherstellen zu können. Wo dagegen Gesetzgebung und Gesetzesvollzug nicht getrennt sind, herrsche die Despotie. Insofern hatte Kant auch nichts dagegen einzuwenden, dass die Regierungsgewalt in den Händen einiger weniger liegt, solange diese sich als Diener des allgemeinen Willens verstehen. So verwies er denn anerkennend auf den Preußenkönig Friedrich II., der «wenigstens *sagte*: er sei der oberste Diener des Staates».[43] Kants politische Schlussfolgerung lautet: «Man kann daher sagen: je kleiner das Personal der Staatsgewalt (Zahl der Herrscher), je größer dagegen die Repräsentation derselben, desto mehr stimmt die Staatsgewalt zur Möglichkeit des Republikanismus, und sie kann hoffen, durch allmähliche Reformen sich dazu endlich zu erheben.»[44] Im Unterschied zu Aristoteles und Rousseau ging Kant also davon aus, dass es am besten sei, wenn die Mitte nicht selbst regiert, sondern sich vertreten lässt. Sie herrscht durch ihren Einfluss auf die Gesetzgebung, verzichtet aber auf die direkte Machtausübung.

Auch Kant ging es also um die soziale und politische Mitte, wenn er die wirtschaftliche Selbständigkeit auf die größtmögliche

Zahl der Menschen ausgedehnt wissen wollte. Während Aristoteles seine Mittepräferenz letztlich damit begründete, dass sie Revolutionen zu verhindern versprach, vertraute Kant auf einen Prozess beständiger Reformen, der mit der Zeit die Verhältnisse dem Ideal annähern werde. Damit hat er die konservative Einfärbung der Mittepräferenz bei Aristoteles ebenso vermieden wie den pessimistischen Grundton, der die Überlegungen Rousseaus durchzieht. Folglich interessierte Kant sich auch nicht dafür, welche Maßnahmen geeignet sind, um dem Zerfall der Mitte entgegenzuwirken. Für ihn stand fest, dass sie wachsen werde, und er sah seine Aufgabe darin, die Hindernisse zu beseitigen, die dem entgegenstanden. Insofern hat er die Vorstellung der Mitte mit der Idee eines geregelten Fortschritts verbunden. Eine äußere Bedrohung oder einen inneren Verfall der Mitte hatte er nicht auf seiner philosophischen Tagesordnung.

Mischverfassung oder Beamtenherrschaft: Polybios, Cicero, Machiavelli und Hegel

Was aber ist zu tun, wenn es die sozioökonomischen Konstellationen eines Staates nicht zulassen, dass die mittleren Schichten zum politisch bestimmenden Faktor werden, sondern Arm und Reich, Vollberechtigte und Minderberechtigte, Patrizier und Plebejer einander *unvermittelt* – und das heißt in der Regel feindselig – gegenüberstehen? Diese Frage stellte sich den griechischen Politiktheoretikern der mittleren Stoa, die mit Verwunderung beobachteten, dass Rom der aristotelischen Verfassungstheorie in keiner Weise genügte und dennoch immer stärker und mächtiger wurde. Obwohl eine dominierende Mittelschicht fehlte, hatten sich in der Stadtrepublik am Tiber sehr viel weniger Rebellionen und Umstürze ereignet als in vergleichbaren griechischen Städten. War Rom nur eine Ausnahme oder der empirische Beleg dafür, dass Aristoteles sich irrte? Rom war, zumal seit seinem Sieg über Karthago, für die griechischen Verfassungstheoretiker eine Provokation. Der Philosoph und Historiker Polybios hat sich dieser Herausforderung gestellt und in seinen *Historien* den Versuch unternommen, den römischen Sonderweg zu erklären.

Polybios durchdenkt die Probleme politischer Stabilität von der Annahme eines mit Naturnotwendigkeit erfolgenden Wandels her, der allerdings vorhersehbar ist, weil er einem Kreislauf der Verfassungen *(politeíon anakýklosis)* folgt, bei dem eine gute immer von der zugehörigen schlechten Verfassungsform verdrängt wird, während zugleich die Zahl der Personen, die an der Macht beteiligt sind, zunimmt. So degeneriert die Monarchie zur Tyrannis, die gestürzt und durch eine Aristokratie ersetzt wird. Aber die Aristokratie ist ebenfalls nicht von Dauer; sie verfällt zur Oligarchie, in der nicht mehr die Besten, sondern die Reichsten das Sagen haben. Die Oligarchie wiederum wird durch das Volk zu Fall gebracht, das nun selbst die Regierungsgeschäfte übernimmt. Dadurch entsteht die Demokratie, die Herrschaft der am meisten Befähigten und Besonnenen aus dem Volke. Sie können sich jedoch ebenfalls nicht auf Dauer an der Macht halten – die Demokratie wird durch die Ochlokratie abgelöst, die Herrschaft des Pöbels, der sich das Gemeinwesen zur Beute macht, um seine zügellose Gier nach Wohlleben und Wollust zu befriedigen. Das geht natürlich auf Dauer nicht gut; erneut reißt ein Einzelner die Herrschaft an sich und errichtet wieder eine Monarchie, die dann abermals zur Tyrannis degeneriert. «Dies ist», meint Polybios,[45] «der Kreislauf der Verfassungsformen, der mit Naturnotwendigkeit sich vollzieht und durch den die Verfassungen sich wandeln und miteinander wechseln, bis der Kreis sich geschlossen hat und alles wieder am Ausgangspunkt angelangt ist.» Die Kraft eines Gemeinwesens, das diesen Kreis mehrfach durchlaufen hat, ist jedoch irgendwann verbraucht. Es scheidet aus der Geschichte aus, geht unter oder wird von einem anderen Gemeinwesen aufgesogen.[46]

In Polybios' Verfassungskreislauf spielen die Mittelschichten keine Rolle. Was die Geschichte vorantreibt, sind Revolutionen und moralische Degeneration. Dadurch, dass sich die Geschichte zu einem Kreis geschlossen hat, ist allerdings eine Mitte entstanden, die von keiner sozialen oder politischen Gruppe besetzt ist, sondern bloß den imaginären Angelpunkt der Entwicklung darstellt. Nun drängt sich die Frage auf, ob es einen Unterschied macht, wenn der Verfassungskreis auf einer äußeren oder einer inneren Umlaufbahn durchschritten wird. Je reiner eine Verfassung ausgeprägt ist, desto weiter ist ihre Umlaufbahn vom imaginären Mittelpunkt entfernt; je stärker in die jeweilige Verfassung Elemente der anderen Verfassungen eingebaut sind, desto näher liegt die Umlaufbahn am Mittelpunkt. Die Vermutung liegt nahe, dass die zentrifugalen Kräfte umso stärker wirken, je weiter man sich vom Dreh- und Angelpunkt entfernt. Dort haben die Verfassungswechsel eine weit zerstörerischere Wirkung, wodurch die Kraft des Gemeinwesens auch schneller verbraucht wird, als wenn der Verfassungsdurchlauf auf einer inneren Bahn absolviert wird. Wie also schafft man es, weiter nach innen zu kommen und dadurch die Wirkung der Fliehkräfte zu begrenzen?

Geht man davon aus, dass die zentrifugalen Kräfte dort am stärksten wirken, wo die reinen Verfassungstypen ausgebildet werden, bietet sich die Konstruktion einer Mischverfassung an, mit der man gleichsam auf die Nabe des sich drehenden Rades gelangt. Genau das schlägt Polybios vor. Er glaubt entdeckt zu haben, dass die Römer diesen Weg gegangen sind. Indem die Mischverfassung die zentralen Elemente aller anderen Verfassungsformen in sich vereint – nicht nur der guten, sondern auch der Verfallstypen –, wird dem naturnotwendigen Wandel Rechnung getragen, aber gleichzeitig werden die Fliehkräfte reduziert, welche bei der Aufeinanderfolge der reinen Verfassungstypen entstehen. Man schlägt dem

Geschichtsgesetz ein Schnippchen, indem man ihm huldigt und es gleichzeitig überlistet.

Die Pointe von Polybios' Mischverfassung besteht also darin, dass sie ohne eine starke und doch immer gefährdete Mittelschicht auskommt. Die Verfassung ist so konstruiert, dass sich die Antagonisten gegenseitig in Schach halten. Der erste, der das begriffen habe, war, Polybios zufolge, der Gesetzgeber Lykurg. Indem er Sparta eine gemischte Verfassung gab, habe er dafür gesorgt, dass es sich nicht, wie die anderen griechischen Städte, in Aufständen und Revolutionen verschliss.[47] Auf diese Weise habe Lykurg den Übermut der Könige durch die Macht des Volkes gebändigt und die Neigung des Volkes zu Anarchie und Zügellosigkeit durch den Rat der Alten, der das aristokratische Element der Mischverfassung darstellt.

Was in Sparta durch einen Gesetzgeber eingeführt worden sei, habe sich in Rom gleichsam von selbst entwickelt: Man lernte aus Erfahrungen, die man gesammelt hatte, passte die politische Ordnung den jeweiligen Erfordernissen an, führte neue Institutionen ein und näherte sich so schrittweise dem an, was in Sparta durch einen kundigen Gesetzgeber eingeführt worden war. Dadurch sei Roms Verfassung denen aller anderen bekannten Städte überlegen, und das habe die Stadt am Tiber zur führenden Macht im Mittelmeerraum werden lassen.[48] Durch die Kombination von Konsuln, Senat und Volkstribunen habe es Monarchie, Aristokratie und Demokratie verfassungstechnisch miteinander verbunden und die selbstzerstörerischen Elemente des Verfassungskreislaufs gebannt. Infolgedessen bedürfe Rom auch keines starken Mittelstands – die Verfassung selbst sei die Mitte und zwinge die einander widerstreitenden Kräfte der Stadt zur Kooperation.

Marcus Tullius Cicero hat Polybios' verfassungstheoretische Überlegungen weitergeführt. «In einem auffälligen, geradezu periodischen Kreislauf vollziehen sich Wandel und Wechsel der Staatsform»[49], schreibt er in *De re publica.* Es sei die Aufgabe des Staats*denkers,* diesen Kreislauf zu analysieren, während es dem Staats*lenker* obliege, das gewonnene Wissen einzusetzen, um bedrohlichen Veränderungen entgegenzuwirken. In der Krise der römischen Republik hat sich Cicero zugetraut, beide Aufgaben miteinander zu verbinden – und ist daran gescheitert.

Wie Polybios sah Cicero in der Robustheit und Leistungsfähigkeit der römischen Verfassung die Ursache für die erfolgreiche Expansion Roms. In *De re publica* resümiert Scipio – den Cicero seine eigenen Leitideen vortragen lässt – das Ergebnis einer Debatte über die Vorzüge und Nachteile von Demokratie, Aristokratie und Monarchie und stellt dabei die Mischverfassung als die beste Staatsform vor: «Über die beste Staatsform dachte ich hinlänglich auf die Frage des Laelius geantwortet zu haben. Denn ich hatte zunächst die drei annehmbaren Grundformen dargelegt und ihnen die drei verderblichen Entartungen gegenübergestellt. Ich zeigte, dass keine der drei Urformen für sich allein genommen die beste sei, dass vielmehr die aus ihnen gehörig gemischte Form den Vorzug verdiene.»[50] Im Unterschied zu Polybios war Cicero freilich nicht der Auffassung, dass sich diese Ordnung der Mitte gleichsam hinter dem Rücken der Akteure immer wieder selbst erneuere. Vielmehr ging er davon aus, dass es kluger und kenntnisreicher Politiker bedürfe, um Fehlentwicklungen zu korrigieren und dafür zu sorgen, dass die Dinge weiterhin «rundlaufen». Die in der aristotelischen Tradition den mittleren Schichten zugedachte Funktion kommt hier dem Staatsmann zu, der über die richtige Mischung der Verfassungselemente wacht. Es war nicht zuletzt dieses ciceronische Modell, dem Alexander Hamilton im 10. Federalist-Artikel widersprach.[51]

Indem er die Bedeutung des versierten Politikers herausstellte, hat Cicero aber auch den intellektuellen Coup des Polybios rückgängig gemacht, der mit Blick auf Rom die heikle Aufgabe des Gesetzgebers auf die schrittweise Akkumulation von Erfahrung verlagert hatte. Dadurch wurde die politische Ordnung vom reformerischen Eingriff herausragender Einzelner unabhängig. Bei Cicero kehrt der große Einzelne in die Politik zurück, und das Mittel, mit dem er die Verfassung in Ordnung hält, ist das der Rhetorik. In seiner Schrift *De oratore* hat Cicero den politischen Redner zum eigentlichen Wahrer des Gleichgewichts ernannt. Dazu genügt es freilich nicht, einige rhetorische Tricks zu beherrschen; nur wenn der Redner in Philosophie, Recht und Geschichte beschlagen ist,[52] kann er die Mitte finden und die Fülle von Aufgaben übernehmen, die mit der Kontrolle und Wartung der Mischverfassung verbunden sind. Vermutlich sah sich Cicero vorzugsweise selbst in dieser Rolle.

Zu Beginn des 16. Jahrhunderts hat Niccolò Machiavelli diese Überlegungen aufgegriffen und aus ihnen ein Modell der guten Verfassung entwickelt, mit dem er das politisch zerrüttete Florenz stabilisieren wollte. Machiavelli hoffte, durch eine Verfassungsreform den Rebellionen und Aufständen, Exilierungen und bewaffneten Rückeroberungen in der Arnostadt ein Ende setzen zu können. Statt sich in solchen Kämpfen aufzureiben, sollte Florenz seine Kräfte bündeln und nach außen wenden, um Italien von den französischen, spanischen und deutschen Eroberern zu befreien.[53]

Das von Machiavelli favorisierte Modell der Mischverfassung folgt im Wesentlichen den Vorgaben des Polybios.[54] Im Unterschied zu seinen antiken Vorläufern interessierte Machiavelli sich jedoch weniger für die Ordnung des Kreislaufs, sondern mehr für die in die Verfassung eingelagerten permanenten Konflikte. Bei Machiavelli übernehmen sie die Aufgabe, die im aristotelischen Verfassungsmodell der Mittelschicht zukam: Sie wirken – freilich gebändigt, damit sie das Gemeinwesen nicht zerstören – der menschlichen Neigung zur Dekadenz entgegen. Deswegen legt Machiavelli größeren Wert auf die Revitalisierungsfunktion der Konflikte als auf die Stabilität der Verfassung, der sonst das Hauptaugenmerk der Mitte-Theoretiker galt. Über die englische Machiavelli-Rezeption sind diese Überlegungen dann in die «Neue Welt» gelangt, wo sie in der Unabhängigkeitserklärung eine wichtige Rolle gespielt haben[55] und sich schließlich auch in Hamiltons Federalist-Artikel wiederfanden.

Machiavelli kommt allerdings nicht um die Beantwortung der Frage herum, wie es möglich ist, einer solchen Verfassung Geltung zu verschaffen, zumal in einer Krise, die von den Kreislauftheoretikern als Verstärkung der gesellschaftlichen Zentrifugalkräfte begriffen worden ist. Dass sich die auseinanderstrebenden Gruppierungen von sich aus auf eine Ordnung einigen könnten, darin vielleicht durch kluge Redner nach ciceronischem Vorbild angeleitet, war in Machiavellis Augen unwahrscheinlich. Hatte die Gewalt erst einmal in die politischen Angelegenheiten Einzug gehalten, war mit rhetorischen Mitteln kein Staat mehr zu machen. Vielmehr bedürfe es eines politischen Reformers, der sich gegen seine Rivalen mit allen Mitteln durchzusetzen habe. «Dieser» heißt es in den *Discorsi*, «muß allein die Macht ausüben, und sein Geist muß alle Einrichtungen des Staates bestimmen. Deshalb muß ein weiser Gesetzgeber [...] danach streben, die uneingeschränkte Macht zu bekommen.»[56] Die dafür erforderlichen Techniken und Praktiken hat Machiavelli in seinem *Principe* beschrieben.

Die Machtübernahme durch einen Einzelnen ist für ihn freilich nicht das letzte Wort. Da der weise Gesetzgeber «nicht sich, sondern dem Allgemeinwohl, nicht seiner Nachkommenschaft, sondern dem gemeinsamen Vaterland» diene, habe er vor allem dafür zu sorgen, dass der Staat dem Wirken einer wohlorganisierten Mischverfassung überlassen werden könne. Und so fährt Machiavelli in den *Discorsi* fort: «Er [der Gesetzgeber] muß jedoch so klug und charaktervoll sein, daß er die unumschränkte Macht, die er an sich gerissen hat, nicht auf einen anderen vererbt. Da die Menschen mehr zum Bösen als zum Guten neigen, könnte sein

Nachfolger die Macht, die dieser zum Guten gebraucht hat, zu ehrgeizigen Zwecken mißbrauchen. Mag ferner auch ein einzelner die Fähigkeit haben, eine Verfassung zu geben, so ist diese doch nicht von langer Dauer, wenn ihre Erhaltung nur auf den Schultern dieses einzelnen Mannes ruht; ist ihre Erhaltung aber der Sorge vieler anvertraut, so wird sie dauern.»[57]

Die von Machiavelli bevorzugte Mitte, die er im Anschluss an Polybios als kluge Mischung der Verfassungselemente versteht, ist also nicht nur auf Konflikt und Dynamik ausgelegt, sondern auch immer wieder auf das Eingreifen herausragender Einzelner angewiesen, die gegen den Widerstand der an ihren je eigenen Interessen orientierten Schichten und Faktionen die Ordnung reformieren und so dafür sorgen, dass das Spiel der Kräfte im Sinne des Gemeinwohls funktioniert. In der Begrifflichkeit der Kreislauftheoretiker heißt das, dass die Reformer zentrifugale in zentripetale Kräfte verwandeln. Im Unterschied zu Cicero traute Machiavelli das aber keinem Redner zu, sondern wollte dafür alle Machtmittel – Grausamkeit und Betrug eingeschlossen – bereitgestellt wissen. Dementsprechend avancierte bei ihm ein Diktator auf Zeit zum Stellvertreter der Mitte, bis diese wieder in Ordnung gebracht ist. In der dynamischen Konzeption der Mitte, wie sie von Cicero und Machiavelli ausformuliert worden ist, kommen der Politik und den Politikern viel größere Aufgaben zu als in der statischen Mitte bei Aristoteles oder Kant. Umgekehrt könnte man auch sagen, dass die herausgehobene Rolle der Mittelschicht bei Aristoteles und Kant dazu dient, den unberechenbaren Einfluss der Politik zu begrenzen und eine Ordnung zu entwerfen, die in hohem Maße vor der Willkür der Politik geschützt ist.

Stärker noch als Machiavelli hat Hegel auf die Extreme gesetzt, die in seiner Philosophie der Weltgeschichte zu den Motoren des Fortschritts geworden sind. Zwar entstehen bei diesem Fortschritt stets neue Mitten, aber sie zerfallen auch wieder beziehungsweise bekommen durch das Auftauchen von Gegenpositionen selbst den Status eines Extrems. Auf diese Weise ist die unberechenbare Willkür der Politik in die Theorie einbezogen, und zugleich sind ihre destruktiven Effekte begrenzt. Wie bei den Kreislauftheoretikern dreht sich die geschichtliche Bewegung um eine imaginäre Mitte, aber bei Hegel schraubt sie sich währenddessen aufwärts, und so nimmt die Geschichte eine spiralförmige Gestalt an. Physisch erfahrbar ist die geschichtliche Entwicklung nur in der sich um die Mitte windenden Bewegung, wo nach Hegels Auffassung auch die politischen Kämpfe stattfinden. Die Mitte ist das Auge des Zyklons.

Unter dem Eindruck der Französischen Revolution hatte der junge Hegel für kurze Zeit gehofft, dass es zur Wiedergewinnung einer substanziellen Sittlichkeit im gesellschaftlichen Leben kommen werde, wie es sie seiner Auffassung nach in der klassischen Antike gegeben hatte.[58] Doch der von den Jakobinern unternommene Versuch, mit den Mitteln des Terrors gute Bürger zu erziehen, belehrte ihn eines Besseren: Der direkte Weg in die republikanische Mitte war versperrt. In seiner Frankfurter Zeit rezipierte Hegel dann die englischen und schottischen Nationalökonomen und bekam bei der Lektüre ihrer Schriften eine Vorstellung davon, wie über die Akzeptanz der Gegensätze ein dynamisches Gleichgewicht entstehen kann.[59] Die Möglichkeit der Vermittlung ist demnach an die ungeheure Macht des Negativen gebunden. Der Zerfall der Mitte erfolge mit Notwendigkeit; deswegen sei es sinnlos, ihn aufhalten zu wollen. Hegel hat eine genaue Vorstellung vom repressiven Charakter einer Mitte, die sich gegen die Dynamik der Geschichte sperrt; er setzt dagegen auf die Perspektive der Freiheit, die aus dem Spiel der Gegensätze erwächst.

Im Aufbau des dritten Teils seiner *Rechtsphilosophie*, dem «System der Sittlichkeit», hat Hegel seine eigene intellektuelle Entwicklung vom zeitweiligen Anhänger der Revolution über den Leser ökonomischer Schriften zum Staatsphilosophen in den aufeinanderfolgenden Stationen der Familie, der bürgerlichen Gesellschaft und des Staates wiederholt, und dabei zeigt sich, dass er am Schluss über die Permanenz immer neuer Vermittlungen hinaus doch noch eine stabile Mitte gefunden zu haben glaubt: den Staat mit dem Monarchen als symbolischer Mitte.

Am Anfang jedenfalls steht die Familie, die Hegel als «unmittelbare Substanzialität des Geistes» bezeichnet, insofern sie eine «sich empfindende Einheit» ist, bei der das Selbstbewusstsein ihrer Mitglieder daraus erwächst, dass sie sich der Familie zugehörig fühlen.[60] Aber die Einheit der Familie, deren Mitte in der Gesinnung liegt, kann der Auflösung nicht entgehen – der natürlichen durch den Tod der Eltern und der sittlichen durch die gelingende Erziehung der Kinder. Die Familie tritt «auf natürliche Weise, und wesentlich durch das Prinzip der Persönlichkeit in eine *Vielheit* von Familien auseinander, welche sich überhaupt als selbständige konkrete Personen, und daher äußerlich zueinander verhalten».[61]

Mit der Vielheit der Familien entsteht die bürgerliche Gesellschaft, in der sich die Person als besonderer Zweck weiß.[62] Die dabei gewonnene Freiheit der Akteure entwickelt neben den konstruktiven allerdings auch zerstörerische Energien: «Die bürgerliche Gesellschaft bietet in diesen Gegensätzen und ihrer Verwirklichung das Schauspiel ebenso der Ausschweifung, des Elends und des beiden gemeinschaftlichen physischen und sittlichen Verderbens dar.»[63] Das ist im Prozess der Vervielfältigung der Bedürfnisse und der Mittel zu ihrer Befriedigung jedoch unvermeidlich. Damit sich der Mensch schrittweise aus seiner Abhängigkeit von der Natur befreien kann, müssen sich sowohl die konstruktiven als auch die destruktiven Energien ungehindert entfalten können.[64] Im Denkduktus der Dialektik bringt Hegel zum Ausdruck, was Adam Smith als die Funktion der Marktmechanismen beschrieben hat – die dialektische Vermittlung wird in der bürgerlichen Gesellschaft zur dynamischen Mitte: «In dieser Abhängigkeit und Gegenseitigkeit der Arbeit und der Befriedigung der Bedürfnisse schlägt die *subjektive Selbstsucht* in den *Beitrag zur Befriedigung der Bedürf-*

nisse aller anderen um, – in die Vermittlung des Besonderen durch das Allgemeine als dialektische Bewegung, so daß, indem jeder für sich erwirbt, produziert und genießt, er eben damit für den Genuß der übrigen produziert und erwirbt.»[65] Diese Vermittlungsleistung muss niemand bewusst erbringen; sie ergibt sich aus der bürgerlichen Gesellschaft und ihren Mechanismen.

Das selbstläufige Spiel der gesellschaftlichen Vermittlung über den Markt hat für Hegel jedoch seine Grenze am Extrem der Verschwendung, und zwar dort, wo durch die Unvernunft eines Einzelnen viele andere ins Unglück gerissen werden. Hier greift die Gesellschaft steuernd und erziehend ein: «Die allgemeine Macht übernimmt die Stelle der Familie bei den *Armen*, ebenso in Rücksicht ihres unmittelbaren Mangels als der Gesinnung der Arbeitsscheu, Bösartigkeit und der weiteren Laster, die aus solcher Lage und dem Gefühl des Unrechts entspringen.»[66] Auch wenn dies den Freiheitsprinzipien der bürgerlichen Gesellschaft widerspricht, hält Hegel es für notwendig, den Extremen der Armut und des Elends zu steuern, damit die in ihnen wirkenden Gegensätze nicht gar zu mächtig werden. Dennoch sei nicht zu vermeiden, dass die Dynamik der bürgerlichen Gesellschaft auf der einen Seite eine «Anhäufung der Reichtümer» und auf der anderen Seite «Abhängigkeit und Not» hervorbringt. In § 244 der *Rechtsphilosophie* beschreibt Hegel die Folgen: «Das Herabsinken einer großen Masse unter das Maß einer gewissen Subsistenzweise, die sich von selbst als die für ein Mitglied der Gesellschaft notwendige reguliert, – und damit der Verlust des Gefühls des Rechts, der Rechtlichkeit und der Ehre, durch eigene Tätigkeit und Arbeit zu bestehen, – bringen die Erzeugung des *Pöbels* hervor, die hier wiederum die größte Leichtigkeit, unverhältnismäßige Reichtümer in wenige Hände zu konzentrieren, mit sich führt.»[67]

Hegel sieht also, wie die Enteignung beziehungsweise der wirtschaftliche Ruin der Handwerker und kleinen Händler eine Klasse entstehen lässt, die, um zu überleben, ihre Arbeitskraft zu Bedingungen veräußern muss, die zur Akkumulation immer größerer Vermögen bei den Besitzern der Produktionsmittel führt. Die gesellschaftliche Mitte wird zwischen den Extremen von Reich und Arm zerrieben. Ein aristotelisch oder rousseauistisch geprägter Politiktheoretiker hätte hier dazu geraten, mit geeigneten Maßnahmen auf diese Entwicklung zu reagieren: entweder durch veränderte Zugangsmöglichkeiten zum Bürgerstatus oder aber durch Eingriffe in den sozioökonomischen Prozess, also durch das, was Marx später als «kleinbürgerlichen Sozialismus» bezeichnet hat. Hegel dagegen bezweifelt die Erfolgschancen einer solchen Politik: Massive Eingriffe würden gegen die Grundprinzipien der bürgerlichen Gesellschaft verstoßen, und für weitreichende Unterstützungsprogramme sei auf Dauer nicht genug öffentliches Geld vorhanden.[68] Aus eigener Kraft kann die bürgerliche Gesellschaft auf Dauer ihre Mitte nicht wahren.[69] «Es kommt hierin zum Vorschein, daß bei dem *Übermaße des Reichtums* die bürgerliche Gesellschaft *nicht reich genug ist*, das heißt an dem ihr eigenthümlichen Vermögen nicht genug besitzt, dem Übermaße der Armut und der Erzeugung des Pöbels zu steuern.»[70] Die beständig wachsende Armut lässt sich in der bürgerlichen Gesellschaft nicht mehr schrittweise an die gesellschaftliche Mitte heranführen, sondern sprengt durch ihr Gewicht alle bisherigen Instrumente ihrer Bearbeitung.

Hegels Vorschläge zur Abschwächung einer Entwicklung, die revolutionäre Dimensionen anzunehmen drohte – ein Vierteljahrhundert später werden Marx und Engels im *Kommunistischen Manifest* die revolutionäre Dimension aus einer Drohung in eine Hoffnung verwandeln –, sind nicht sonderlich originell und weit davon entfernt, die Ausgestaltung des Sozialstaats als neuer Mittegarant vorwegzunehmen, wie sie im späten 19. Jahrhundert eingesetzt hat. Aber sie halten ohne jede Beschönigung fest, was an zeitgenössischen Reaktionen zu beobachten war: «Als das direkteste Mittel hat sich [...] gegen die Armut sowohl als insbesondere gegen die

Abwerfung der Scham und Ehre, der subjektiven Basen der Gesellschaft, und gegen die Faulheit und Verschwendung u.s.f., woraus der Pöbel hervorgeht, dies erprobt, die Armen ihrem Schicksal zu überlassen und sie auf den öffentlichen Bettel anzuweisen.»[71] Des Weiteren konstatiert Hegel, dass die bürgerliche Gesellschaft bei anderen Völkern nach Abnehmern für den von ihr produzierten Überfluss suche, während sie sich gleichzeitig eines Teils ihrer Bevölkerung durch Auswanderung und Kolonisation entledige.[72] Sie erhält sich mittig, indem sie loslässt, was sie nicht zu halten vermag, und abstößt, was ihr bedrohlich werden könnte. Die Herausforderung der sozialen Fliehkräfte wird bewältigt, indem man ihnen freien Lauf lässt und nicht länger versucht, sie in irgendeiner Weise auf die Mitte zurückzulenken.[73]

In dem an die Überlegungen zur bürgerlichen Gesellschaft anschließenden Abschnitt über den Staat hat Hegel die Vorstellung einer integrierenden Mitte jedoch wiederaufgenommen und die in der bürgerlichen Gesellschaft freigesetzte Dynamik zu bändigen versucht.[74] Hier begnügt er sich nicht mehr mit den Vermittlungsmechanismen der bürgerlichen Gesellschaft, sondern setzt auf einen schmalen, aber stabilen und handlungsfähigen Mittelstand, der vor den gesellschaftlichen Entwicklungen geschützt ist – die Beamtenschaft: «Die Mitglieder der Regierung und die Staatsbeamten machen den Hauptteil des *Mittelstandes* aus, in welchem die gebildete Intelligenz und das rechtliche Bewusstsein der Masse eines Volkes fällt. Daß er nicht die isolierte Stellung einer Aristokratie nehme, und Bildung und Geschicklichkeit nicht zu einem Mittel der Willkür und einer Herrenschaft werde, wird durch die Institutionen der Souveränität von oben herab und der Korporationsrechte von unten herauf bewirkt.»[75]

In gewisser Hinsicht schließt Hegel damit an Aristoteles' Überzeugung an, dass es eines handlungsfähigen Mittelstandes bedürfe, um eine Gesellschaft zusammenzuhalten, innere Fehlentwicklungen zu korrigieren und ungünstige Einflüsse von außen abzuwehren. Während Aristoteles und die ihm folgenden Politiktheoretiker diese Mittelschicht jedoch im Zentrum der *societas civilis* ansiedeln und von ihr erwarten, dass sie den Fliehkräften der sozialen Entwicklung zu widerstehen vermag, will Hegel sie dieser Dynamik überhoben wissen. Bei ihm tritt an die Stelle der als Einheit konzipierten *societas civilis* die systematische Unterscheidung zwischen bürgerlicher Gesellschaft und Staat. Eine ihrer Pointen besteht darin, dass in das freie Spiel der Kräfte in der bürgerlichen Gesellschaft nicht eingegriffen werden soll, gleichzeitig aber nicht auf einen handlungsfähigen und robusten Mittelstand verzichtet werden kann. Hegel hat dieses Problem gelöst, indem er die Mitte aus der Gesellschaft in den Staat verlagert hat. Der Preis, den er für diese Lösung des Problems zahlen muss, besteht darin, dass die Angehörigen dieses Mittelstands aus Steuergeldern zu alimentieren sind, welche wiederum aus der bürgerlichen Gesellschaft abgeschöpft werden.

Hegel hat das Alimentierungsprinzip der Beamtenschaft an mehreren Stellen ausdrücklich als Voraussetzung für die Stabilität und Überparteilichkeit des Mittelstands beschrieben.[76] Er sieht die Gefahr, dass ökonomische Abhängigkeit zu moralischer Korrumpierung führen kann, und baut ihr durch staatliche Absicherung vor. Nur so kann erwartet werden, dass die Beamten auch tatsächlich faire Schiedsrichter in allen Fragen sind, über die sie zu entscheiden haben. Auf der Basis dieser materiellen Absicherung wird ihnen das Halten der Mitte zur sittlichen Pflicht.[77] Die Beamtenschaft ist die Mitte des Staates, die alles zusammenhält und dadurch zugleich ermöglicht, dass die Wirtschaftssubjekte der bürgerlichen Gesellschaft nicht auf Schritt und Tritt gegängelt werden müssen. Es kommt darum nicht von ungefähr, dass Marx' Hegelkritik mit der Kritik des Staates ihren Anfang genommen hat.[78]

Hegel hat zunächst eine Mitte zweiter Ordnung entworfen, indem er die Zeitlichkeit des Fortschritts und die Räumlichkeit der Mitte zusammendachte. Er reagierte damit nicht zuletzt auf die

Verschärfung der Gegensätze in der Französischen Revolution, als zur herkömmlichen sozialen Polarisierung in Arm und Reich noch der politische Gegensatz von rechts und links hinzukam. Aber Hegel hat nicht nur die Geschichte, sondern auch den Beamtenapparat aufgeboten, um eine Mitte zu konstruieren. Nicht zuletzt an der Frage, welche dieser beiden Mitten maßgeblich sei, hat sich die Hegel'sche Schule in eine rechte und eine linke Linie aufgespalten. Während die Linke auf die Geschichte als fortlaufenden Prozess der (dialektischen) Vermittlung setzte, baute die Rechte auf die Staatsbürokratie als eine den gesellschaftlichen Gegensätzen überhobene Mitte.

Die Entstehung des Rechts-Links-Gegensatzes und die Neupositionierung der Mitte

Bis zur Französischen Revolution ist die Mitte politisch unterbestimmt geblieben. Gemeint war mit ihr vor allem die soziale Mitte zwischen den vielen Armen und den wenigen Reichen. Insofern war die von Aristoteles entworfene Verfassung der Politie nicht nur eine Herrschaftsausübung durch die Mittelschicht, sondern sie stellte auch die Mitte zwischen der Oligarchie als Herrschaft der wenigen und der Demokratie als Herrschaft der vielen dar. Aber welche Politik von dieser Mitte gemacht wurde, blieb offen. Auch die amerikanische Revolution – der Unabhängigkeitskrieg der amerikanischen Siedler, der durch die Vertreibung der *Loyalists*, der Anhänger der britischen Herrschaft, durchaus revolutionäre Züge erhielt[79] – hat hier wenig zur Klärung beigetragen. Das änderte sich erst mit der Revolution in Frankreich: Nun begann der Kampf um die politische Mitte, und der wurde von den Flügeln her geführt.

Diese Veränderung lässt sich an der Geschichte der parlamentarischen Sitzordnung ablesen. Während sich im britischen Unterhaus Oppositions- und Regierungspartei gegenübersitzen, wobei Letzterer grundsätzlich die Plätze rechts vom Speaker vorbehalten sind, machte das Amphitheater in den Tuilerien, wo die französische Nationalversammlung zusammenkam, das sich ausformende Spektrum der politischen Strömungen sichtbar. Mit dem Umzug der Nationalversammlung in die Manège wurde das noch deutlicher: Der Mitte war die untere Ebene vorbehalten, während die Sitzreihen nach rechts und links anstiegen und man von dort auf die Mitte herunterblickte.[80] Rechts nahm Platz, wer das Erreichte konsolidieren, links, wer die revolutionären Veränderungen weiter vorantreiben wollte. So standen sich zunächst Royalisten und Republikaner gegenüber, aber in dem Maße, wie die Linke die Definitionsmacht über die Revolution übernahm, traten an die Stelle der Royalisten diejenigen, die gegen die Hinrichtung des Königs, gegen die Veräußerung der Güter geflohener Adliger, gegen die Weiterführung des revolutionären Krieges über die französischen Grenzen hinaus, gegen die Exekutionen von Revolutionsgegnern und so weiter opponierten. Die politische Linke, die Bergpartei,[81] gab Themen und Tempo vor, und die Rechte reagierte, indem sie sich ihr entgegenstellte. Sie trugen den Kampf um die Zukunft Frankreichs untereinander aus. Die Mitte stand «irgendwo dazwischen»: Statt Richtung und Geschwindigkeit des revolutionären Prozesses zu bestimmen, suchte sie mäßigend auf den Avantgardismus der Linken einzuwirken und kam daher in deren Augen nicht gut weg: Man sprach von ihr als *plaine*, *ventre* und *marais*, Ebene, Bauch und Sumpf. Der Linken erschien die Mitte als Sammelbecken der Unentschiedenen, der Zauderer und Feiglinge, kurzum aller, die beim Fortgang der Revolution bloßer Ballast waren.

Der Kulturwissenschaftler Jürgen Link hat darauf aufmerksam gemacht, dass die Sitzordnung der Nationalversammlung in den

Tuilerien und in der Manège mit den zu den Rändern hin ansteigenden Sitzreihen symbolische Bedeutung für das Selbstverständnis der Akteure hatte:[82] In die horizontale Rechts-Links-Topik war eine vertikale Oben-Unten-Dimension eingeschrieben, die nicht, wie im heutigen parlamentarischen Sprachgebrauch, «oben» und «hinten» miteinander verband, sodass es sich bei den oben Sitzenden um die «Hinterbänkler» handelt, sondern hier wurden Position und Gesinnung miteinander gekoppelt: Je stärker sich der Abgeordnete einer Partei zugehörig fühlte, desto weiter oben saß er. Link hat dies als «Topik des symbolischen Bürgerkriegs» bezeichnet,[83] insofern die Extreme der Höhepunkt und die Mitte der Tiefpunkt der Gesinnung war. In der Mitte versammelten sich die, die keine Gesinnung hatten: die Opportunisten.

Der symbolischen Privilegierung der Extreme zum Trotz hat sich die Linke mit der räumlichen Topik einer Mitte und ihrer rechten und linken Ränder nie anfreunden können, sondern intuitiv gespürt, dass es bloß einer Kurvenumkehr bedurfte, um die Mitte aus dem tiefsten zum höchsten Punkt zu machen, während die Ränder die vormalige Bedeutung verloren und zur politischen Peripherie wurden. Darum hat die Linke an die Stelle der räumlichen eine zeitliche Topik gesetzt, die, wie gesagt, im Bild einer marschierenden Kolonne oder dem symbolischen Modell der Eisenbahn ihren Ausdruck fand.[84]

In den stürmischen Jahren der Revolution gewann das Rechts-Links-Schema derart scharfe Konturen, dass nach dem Thermidor, mit dem die Exekutionen und die Radikalisierung gestoppt wurden, die parlamentarische Sitzordnung nach dem Rechts-Links-Schema zeitweilig verboten war: Man teilte den Parlamentariern ihre Plätze per Los zu. So sollten die Gegensätze unsichtbar gemacht und die politische Meinungsführerschaft wieder in die Mitte zurückverlegt werden. Tatsächlich nahm diese Mitte nun allmählich Gestalt an. Was sie zusammenhielt, war nicht unbedingt ein ausgearbeitetes politisches Programm, sondern eher ein Lebensgefühl und Ensemble von Erwartungen und Verhaltensweisen. Als Bezeichnung dafür setzte sich der Begriff *Justemilieu* durch.

Die Ära des Justemilieu begann, als die Kurve, in der man der Mitte die geringste und den Extremen die höchste Wertschätzung entgegenbrachte, umgekehrt wurde und die Mitte vom Minimum zum Maximum avancierte.[85] In der Mitte kamen von nun an Normativität und Normalität[86] zur Deckung. Gegen den von den Rändern oder Flügeln her zu hörenden Vorwurf des Opportunismus schützte der Wert, den man der Mitte nunmehr beimaß, und gegen die Befürchtung, man müsse in der Mitte einsam und allein eine von allen Seiten her bedrohte Stellung halten, sicherte der Hinweis, dass sich dort die Mehrheit, zumindest aber der bessere Teil der Gesellschaft befinde. Nach den Turbulenzen und Erschütterungen der Revolution hatte die Mitte zu sich selbst gefunden. Sie wusste nunmehr, dass sie nicht bloß durch Faktionen und Absplitterungen an den Rändern herausgefordert wurde, sondern dass die Hauptbedrohung von einer Geschichtsvorstellung ausging, die den Fortschritt zur Ziel- und Orientierungsgröße gemacht hatte. Mit der Französischen Revolution wurden Fortschritt und Mitte zu alternativen Symboliken der politischen Ordnung. An einem von beiden musste man sich orientieren, und da sich die politische Linke als Partei des Fortschritts verstand, war die Mitte zwangsläufig konservativ.

Justemilieu und Biedermeier: Schopenhauers Suche nach der Mitte

Nach den Wirren der Revolution, von deren Folgen im Verlauf der napoleonischen Eroberungskriege ganz Europa erfasst worden war, herrschte allgemeine Erschöpfung. Zumal in Deutschland hatte man genug von den gesellschaftlichen und politischen Veränderungen, in die man ohne eigenes Zutun hineingerissen worden war und die so viele Opfer gekostet hatten. Auch die Franzosen waren erschöpft, aber während bei ihnen das revolutionäre Feuer untergründig fortglimmte, strebte die große Mehrheit der Deutschen eine Ruhe an, von der sie meinten, es habe sie in früheren Zeiten, im Mittelalter, schon einmal gegeben.

Die deutsche Mittelalterromantik war nicht zuletzt eine Reaktion auf die Herausforderungen durch die Revolution; Fleiß, Strebsamkeit sowie die Akzeptanz der eigenen Stellung in einer als unantastbar begriffenen gesellschaftlichen Ordnung wurden als etwas spezifisch Deutsches von der notorischen Umsturzbegeisterung der Franzosen abgegrenzt. Gleichzeitig trug sie zur ideologischen Neuausrichtung einer gesellschaftlichen Ordnung bei, die durch die politischen Reformen zunächst in den Rheinbundstaaten und später auch in Preußen tiefgreifende Veränderungen erfahren hatte. In Frankreich war die Neujustierung der gesellschaftlichen Mitte stärker auf eine aktive Beteiligung an der Dynamik kapitalistischen Wirtschaftens ausgerichtet, während sie in Deutschland eher biedermeierliche Züge annahm und eine den Wirren der Zeit enthobene Ruhe im stillen Winkel verhieß. Der gesellschaftliche Umbruch hatte jedoch auch Deutschland erfasst; das Biedermeier war der Versuch, dies zu ignorieren und sich auf das zu konzentrieren, was Bestand hatte.[87] Dementsprechend unterschiedlich nahm sich in Frankreich und Deutschland das jeweilige Verständnis der gesellschaftlichen Mitte sowie ihrer kulturellen und moralischen Ideale aus,[88] ebenso aber auch die Kritik an deren Folgen für Politik und Gesellschaft.

Während in Frankreich der liberale Politiker François Guizot die mittleren Schichten der Gesellschaft unter dem von ihm geprägten Begriff des Justemilieu selbstbewusst miteinander verband, avancierte in Deutschland Arthur Schopenhauer zu dem Philosophen, der sich einerseits die von Teilen des Bürgertums bevorzugte Politik der Restauration und Unterdrückung revolutionärer Bewegungen zu eigen machte, andererseits die Lebensführung der dem mittleren Bürgertum Angehörenden in einer solchen Schärfe beschrieb, dass deren Schwächen und Verlegenheiten schonungslos sichtbar wurden.[89] Die politische und die moralisch-ästhetische Bewertung der Mitte traten damit auseinander. Mit Schopenhauer begann die Mitte an sich zu leiden.

Schopenhauer, dessen Philosophie erst nach dem Scheitern der Revolution von 1848 breit rezipiert wurde, ist beides zugleich: ein engagierter Parteigänger jener Gruppen des deutschen Bürgertums, die den Erwartungen gesellschaftlichen Fortschritts und seiner revolutionären Beschleunigung eine entschiedene Absage erteilten, und ein unerbittlicher Kritiker der in diesen Kreisen gepflegten Lebensweise[90] – Letzteres so sehr, dass er, wiewohl politisch fraglos dem Konservatismus zuzurechnen, später zum Gewährsmann der intellektuellen Linken werden konnte. Als einen «der dunklen Schriftsteller des bürgerlichen Zeitalters» hat Max Horkheimer ihn ins Pantheon der Kritischen Theorie aufgenommen.[91] Schopenhauers Schriften und deren Rezeption bei der kulturkritischen Linken stehen für die ausgeprägte Ambivalenz der deutschen Intellektuellen gegenüber den mittleren Schichten der Gesellschaft, insbesondere den dort gepflegten Lebensformen, ihrem «Geschmack» und ihren kulturellen Vorlieben. Arthur Schopenhauer ist der Prototyp des deutschen Intellektuellen, der von seiner sozialen Stellung her der Mittelschicht zugehört und diese Position bedingungslos verteidigen will, gleichzeitig aber die Umgebung, in die er dabei geraten ist, nach Kräften verachtet und an ihr leidet. Die gesellschaftliche Mitte hat in Deutschland kaum einen Intellektuellen hervorgebracht, der ihre Denkart wertgeschätzt hat und ihrer Lebensweise verbunden geblieben wäre. Mit Schopenhauer bekam die soziopolitische Mitte ein schlechtes Gewissen.

An die berühmten Formulierungen des Abbé Sieyès in seiner

Schrift *Was ist der Dritte Stand?* anschließend, schreibt Friedrich Christoph Dahlmann, einer der «Göttinger Sieben», in seiner *Politik* (1847) über das Wachstum der mittleren Schichten in Deutschland: «Fast überall im Welttheile bildet ein weitverbreiteter, stets an Gleichartigkeit wachsender *Mittelstand* den Kern der Bevölkerung; er hat das Wissen der alten Geistlichkeit, das Vermögen des alten Adels zugleich mit seinen Waffen in sich aufgenommen. Ihn hat jede Regierung vornehmlich zu beachten, denn in ihm ruht gegenwärtig der Schwerpunkt des Staates, der ganze Körper folgt seiner Bewegung.»[92] Aber während der Revolutionär Sieyès selbstbewusst betonte, dass Geistlichkeit und Adel ihre Bedeutung für die Nation verloren hätten und der Dritte Stand deren Funktion vollständig übernommen habe, begriff Dahlmann – gemäß seiner Leitidee, «die nothwendigen Neubildungen von den Neuerungen zu unterscheiden»[93] – den Mittelstand als Erben von Geistlichkeit und Adel, woraus sich eine Reihe von Verpflichtungen ergäben: «Will dieser Mittelstand sich als Masse geltend machen, so hat er die Macht, die ein jeder hat, sich selber umzubringen, sich in einen bildungs- und vermögenslosen Pöbel zu verwandeln. Strebt er einsichtig nach schützenden Einrichtungen, so mögen seine Mitglieder bedenken, daß nichts schützt als was über uns steht, als was feststeht, erhaben über dem wechselnden Willen des Einzelnen, als was zugleich beschränkt.»[94] Statt sich als das Zentrum von Politik und Gesellschaft zu begreifen und daraus den Anspruch auf politische Macht und auf die Definitionshoheit über die gesellschaftlichen Normen abzuleiten, solle der Mittelstand den Schutz von Staat und Monarch suchen. Die Halbherzigkeit, mit der das Bürgertum in Deutschland seinen Emanzipationsprozess betrieben hat, tritt hier in großer Deutlichkeit zutage: Bei jedem Anspruch, den es erhebt, sitzt ihm der Schrecken der Revolution im Nacken. So ist die Mitte in Deutschland von Anfang an eine verschreckte Mitte, und der Pessimist Schopenhauer wird nach dem Scheitern der Revolution von 1848 ihr Philosoph.

«Alle Beschränkung beglückt», schreibt Schopenhauer in seinem Spätwerk *Parerga und Paralipomena.* «Je enger unser Gesichts-, Wirkungs- und Berührungskreis, desto glücklicher sind wir: je weiter, desto öfter fühlen wir uns gequält, oder geängstigt. Denn mit ihm vermehren und vergrößern sich die Sorgen, Wünsche und Schrecknisse.»[95] Daraus hat Schopenhauer für die Lebensführung der mittleren Schichten geschlussfolgert: «Demgemäß wird die möglichste Einfachheit unserer Verhältnisse und sogar die Einförmigkeit der Lebensweise, so lange sie nicht Langeweile erzeugt, beglücken; weil sie das Leben selbst, folglich auch die ihm wesentliche Last, am wenigsten spüren läßt: es fließt dahin, wie ein Bach: ohne Wellen und Strudel.»[96]

Zentrale Voraussetzung sowie größte Gefährdung einer mittleren Lebensführung sind für Schopenhauer einerseits die Verfügung über ein Eigentum, das ein auskömmliches Leben ermöglicht, und andererseits der drohende Einbruch der Langeweile, die zu Entscheidungen und Verhaltensweisen veranlasst, durch welche alles wieder aufs Spiel gesetzt wird. Ausdrücklich weist Schopenhauer die Ansicht zurück, das mittlere Leben lasse sich durch eine feste Vermögens- und Einkommensgröße definieren: «Die Gänze unserer vernünftigen Wünsche hinsichtlich des Besitzes zu bestimmen, ist schwierig, wo nicht unmöglich. Denn die Zufriedenheit eines jeden, in dieser Hinsicht, beruht nicht auf einer absoluten, sondern auf einer bloß relativen Größe, nämlich auf dem Verhältniß zwischen seinen Ansprüchen und seinem Besitz: daher dieser Letztere, für sich allein betrachtet, so bedeutungsleer ist, wie der Zähler eines Bruchs für den Nenner.»[97]

Von dieser Warte aus betrachtet, ist auch das Streben der Menschen nach Reichtum nicht zu verurteilen, sondern gehört zur menschlichen Natur: «Unter einem so bedürftigen und aus Bedürfnissen bestehenden Geschlecht, wie das menschliche, ist es nicht zu verwundern, daß *Reichthum* mehr und aufrichtiger als alles Andere geachtet, ja verehrt wird, und selbst die Macht nur als Mittel zum Reichthum; wie auch nicht, daß zum Zwecke des Erwerbs alles Andere bei Seite geschoben, oder über den Haufen geworfen wird, z.B. die Philosophie von Philosophieprofessoren.»[98] Und da er nun schon einmal dabei ist, rechtfertigt Schopenhauer nicht nur den Trieb des Haben- und Mehrhabenwollens, sondern zeigt sogar Verständnis für die Geldgier, die in den Moraltraktaten seiner Zeit als besonders verwerflich gebrandmarkt worden ist. Die Wandelbarkeit unserer Wünsche und die Mannigfaltigkeit unserer Bedürfnisse lege nahe, das zu lieben, was das je Begehrte verfügbar mache. «Jedes andere Gut nämlich kann nur *einem* Wunsch, *einem* Bedürfniß genügen: Speisen sind bloß gut für den Hungrigen, Wein für den Gesunden, Arznei für den Kranken, ein Pelz für den Winter, Weiber für die Jugend u.s.w. [...] Geld allein ist das absolut Gute: weil es nicht bloß *einem* Bedürfniß *in concreto* begegnet, sondern *dem* Bedürfniß überhaupt, *in abstracto*.»[99]

Derselbe Schopenhauer schreibt aber auch, es gebe «nur *ein* lügenhaftes Wesen» auf der Welt, und das sei der Mensch: Zugleich mit der Vernunft habe sich bei ihm nämlich «die Besonnenheit und mit dieser die Fähigkeit zur Verstellung» entwickelt,[100] und weil diese den Tieren abgehe, gewähre uns «der Anblick jedes freien Thieres» einen «eigenthümlichen Genuß», «wenn es ungehindert für sich allein sein Wesen treibt, seiner Nahrung nachgeht, oder seine Jungen pflegt, oder zu anderen seines Gleichen sich gesellt».[101] «Ein emblematischer oder allegorischer Ausdruck dieses Fundamentalunterschiedes [zwischen Tier und Mensch] ist, daß alle Thiere in ihrer natürlichen Gestalt umhergehen, was viel beiträgt zu dem so erfreulichen Eindruck ihres Anblicks, bei dem mir, zumal wenn es freie Thiere sind, stets das Herz aufgeht; – während der Mensch durch die Kleidung zu einem Fratz, einem Monstrum geworden ist [...]. Er steht da als ein Schandfleck in der Natur!»[102] Wo Natur und Natürlichkeit als unverstellte Moralität und ungekünstelte Schönheit gefeiert werden, kann man sich der Mitte nur mit saurer Miene zuwenden. Sie ist in jeder Hinsicht ein fauler Kompromiss, der nicht nur dem Trieb zum Leben große Zugeständnisse macht, sondern auch einen Typ von Mensch hervorbringt, dem man durchweg misstrauen sollte.

Gleichzeitig hat Schopenhauer große Mühe darauf verwandt, die Repräsentanten der wahren Mitte von denen zu unterscheiden, die man damals «Philister» nannte.[103] «Von einem höhern Standpunkt aus» müsse man sie als Menschen definieren, «die immerfort auf das Ernstlichste beschäftigt sind mit einer Realität, die keine ist». Der Philister sei mit anderen Worten *«ein Mensch ohne geistige Bedürfnisse»*[104], der infolgedessen permanent an Langeweile leide. Damit ist Schopenhauer auf ein zentrales Problem des mittleren Lebens gestoßen: den Überdruss an der Gleichförmigkeit, den Mangel an Abwechslung und Aufregung, eben die Langeweile.[105] Die aber sei, so gibt Schopenhauer zu bedenken, nicht zwingend mit dem mittleren Leben verbunden, sondern bloß für den Philister unvermeidlich, da er nur sinnliche Genüsse kenne: «Austern und Champagner [sind] der Höhepunkt seines Daseyns, und sich Alles, was zum leiblichen Wohlseyn beiträgt, zu verschaffen, ist der Zweck seines Lebens. Glücklich genug, wenn dieser ihm viel zu schaffen macht! Denn sind jene Güter ihm schon im Voraus oktroyiert, so fällt er unausbleiblich der Langeweile anheim; gegen welche dann alles Ersinnliche versucht wird: Ball, Theater, Gesellschaft, Kartenspiel, Hasardspiel, Pferde, Weiber, Trinken, Reisen u.s.w. Und doch reicht dies alles gegen die Langeweile nicht aus, wo Mangel an geistigen Bedürfnissen die geistigen Genüsse unmöglich macht. [...] Denn die sinnlichen Genüsse sind bald erschöpft; die Gesellschaft, aus eben solchen Philistern bestehend, wird bald langweilig, das Kartenspiel zuletzt ermüdend.»[106]

Das mittlere Leben ist für Schopenhauer auf Dauer nur zu ertragen, wenn es auch die Mitte zwischen sinnlichen und geistigen Bedürfnissen hält, also durch geistigen Genuss stimuliert werden kann. Andernfalls setzt die sich schnell einstellende Langeweile destruktive Wünsche frei, die das mittlere Leben zerstören. Das Glück dieses Lebens, so Schopenhauer, ist eher klein, und deswegen sind die meisten, die ihren Lebensunterhalt nicht der nackten Not abringen müssen, eher unglücklich. «Die Leere ihres Innern, das Fade ihres Bewußtseyns, die Armuth ihres Geistes treibt sie zur Gesellschaft, die nun aber aus eben Solchen besteht; [...]. Da wird dann gemeinschaftlich Jagd gemacht auf Kurzweil und Unterhaltung, die sie zunächst in sinnlichen Genüssen, in Vergnügungen jeder Art und endlich in Ausschweifungen suchen. Die Quelle der heillosen Verschwendung, mittelst welcher so mancher reich ins Leben tretende Familiensohn sein großes Erbtheil in oft unglaublich kurzer Zeit durchbringt, ist wirklich keine andere, als nur die Langeweile, welche aus der eben geschilderten Armuth und Leere des Geistes entspringt.»[107] Dadurch erweist sich die Mitte, die doch im Allgemeinen als stabil und robust angesehen wird, als fragil und gefährdet. Nur wenige sind auf Dauer den Gefahren der Langeweile gewachsen. Schopenhauer hat die Theorie der Mitte um eine Fülle von Nuancen ergänzt.

Nicht alle freilich, die sich Schopenhauers Philosophie verpflichtet fühlten, hielten die Dynamik des mittleren Lebens für so selbstzerstörerisch wie Schopenhauer selbst. Statt die Fragilität der Mitte herauszustellen, waren einige unter Schopenhauers Anhängern bemüht, durch eine Reihe kluger Lebensmaximen die Selbstgefährdung der mittleren Lebensweise zu relativieren. Der Malerpoet Wilhelm Busch zum Beispiel, der Schopenhauers Grundidee eines den Betrieb der Welt in Gang haltenden abgründigen Willens in einigen seiner Figuren – in Max und Moritz etwa oder in dem Affen Fips – komprimiert und in seinen Geschichten beschrieben hat, wie die Grenzenlosigkeit des Wollens zuletzt im Untergang endet, begriff das Sicheinfügen in ein mittleres Leben als Resultat aus dem Scheitern hochfliegender Pläne an den beschränkten Möglichkeiten der Welt.[108] Seine Protagonisten, denen am Anfang alles als machbar und möglich erscheint, erkennen nach herben Enttäuschungen schließlich, dass sie sich mit einem unteren Mittelmaß bescheiden müssen, das am Schluss sogar als Glück verbucht wird, wenn es «dann und wann» genossen werden kann.[109] Dafür, dass dieses kleine Glück als solches erfahrbar wird, sorgen schon die ungebärdigen anderen, die es – wie der Lehrer Lämpel oder die Witwe Bolte und mit ihnen die Leser von *Max und Moritz* wissen – immer wieder gefährden. Mit ihrem unvernünftigen Willen halten sie die Mittleren in Trab und verhindern so zugleich, dass deren kleines Glück der Langeweile zum Opfer fällt. Und so lautet Wilhelm Buschs abschließendes Urteil zum mittleren Leben: «Das Gute, dieser Satz steht fest,/Ist stets das Böse, das man läßt.»

Dem Schopenhauer'schen Pessimismus nicht weniger verpflichtet ist Theodor Fontane, nur dass er weniger das Philiströse aufs Korn genommen, sondern in seinen Romanen und Gedichten vor eitler Selbstüberhebung gewarnt hat, und zwar im privaten Leben wie in der Politik. In Fontanes Spätwerk *Der Stechlin* kommt dies am deutlichsten zum Ausdruck[110] – durchzogen freilich von der leisen Ahnung, dass die Zeit für solche Lebensklugheit abgelaufen ist und eine Epoche hoher und weitgesteckter Ziele beginnt, von der Fontane fürchtete, dass sie kein gutes Ende nehmen werde.

Fontanes Vorstellung von der politischen Klugheit des Mitte-und-Maß-Haltens zeigt sich auch in dem Gedicht «Einzug», das den (seit 1864 dritten) Einmarsch der siegreichen preußischen Truppen in Berlin am 16. Juni 1871 beschreibt: Die Garde, die Kavallerie, das Fahnenbataillon, «die Linden hinauf ertönt ihr Schritt,/Preußen-Deutschland fühlt ihn mit». Dann aber stockt der Zug vor dem Denkmal Friedrichs des Großen: «Bei dem Fritzen-Denkmal stehen sie wieder,/Sie blicken hinauf, der Alte blickt nieder;/Er neigt sich leise über den Bug:/‹Bon soir, Messieurs, *nun* ist es *genug.*›»[111] Das war eine Absage an die späteren Weltmachtträume, und sie wurde aus einem Ethos der Mitte und des Maßhaltens heraus formuliert.

Wider die Herrschaft des Mediokren: Nietzsches Kritik der Mitte

Was für Schopenhauer eine nur selten gelingende Leistung war – sich in der Mitte einzurichten und sich daraus weder durch die eigene Unvernunft noch durch Langeweile vertreiben zu lassen –, war für Nietzsche eine Lebensführung, die von den Mittelmäßigen souverän beherrscht wurde. Diese bildeten nach seiner Überzeugung inzwischen auch die Mehrheit der Gesellschaft, und nichts und niemand konnte ihnen Einhalt gebieten.[112] Nietzsche, der von sich selber gesagt hat, er sei der Philosoph, der «mit dem Hammer philosophiert»,[113] klopfte hier an das götzengleiche Selbstverständnis der Deutschen nach der Reichsgründung – und höre da, es klang hohl. «Es zahlt sich teuer», klagte er,[114] «zur Macht zu kommen: die Macht *verdummt* … Die Deutschen – man hieß sie einst das Volk der Denker: denken sie heute überhaupt noch? Die Deutschen langweilen sich jetzt am Geiste, die Deutschen misstrauen jetzt dem Geiste, die Politik verschlingt allen Ernst für wirklich geistige Dinge – ‹Deutschland, Deutschland über alles›, ich fürchte, das war das Ende der deutschen Philosophie … ‹Gibt es deutsche Philosophen? Gibt es deutsche Dichter? Gibt es *gute* deutsche Bücher› – fragt man mich im Ausland. Ich erröte; aber mit der Tapferkeit, die mir auch in verzweifelten Fällen zu eigen ist, antworte ich: ‹Ja, *Bismarck*!› – Dürfte ich auch nur eingestehn, welche Bücher man heute liest? … Vermaledeiter Instinkt der Mittelmäßigkeit! –»

An die Macht zu kommen, Macht zu haben, eine Macht zu sein, hat seinen Preis, und der besteht für Nietzsche in der Vermittelmäßigung des Lebens und der Kultur. Die große Politik, auf die sich die Deutschen nach der Reichseinigung eingelassen haben, zehrt alle Kräfte auf, da bleibt für Kultur und Bildung nichts übrig. Schopenhauers Vorschlag, die Mitte zwischen physischen und geistigen Genüssen zu halten, geht nicht auf. «Niemand kann zuletzt mehr ausgeben, als er hat: – das gilt von einzelnen, das gilt von Völkern. Gibt man sich für Macht, für große Politik, für Wirtschaft, Weltverkehr, Parlamentarismus, Militär-Interessen aus, gibt man das Quantum Verstand, Ernst, Wille, Selbstüberwindung, das man ist, nach *dieser* Seite weg, so fehlt es auf der anderen Seite. Die Kultur und der Staat – man betrüge sich hierüber nicht – sind Antagonisten: ‹Kultur-Staat› ist bloß eine moderne Idee. Das eine lebt vom andern, das eine gedeiht auf Unkosten des andern.»[115]

Nietzsche stellt seine Leser vor eine Entscheidung: entweder Staat oder Kultur; beides zugleich ist nicht zu haben. Aber genau diese Entscheidung, so sein Befund, wollen die Mittelmäßigen vermeiden. Mediokrität ist keineswegs bloß die Folge des Versuchs, beides zugleich zu wollen, große Politik zu treiben und eine große Kultur hervorzubringen; sie ist zugleich die Voraussetzung dafür, dass man überhaupt auf die Idee kommt, beides ließe sich miteinander verbinden.

Wo die Mitte freilich so gründlich und grundsätzlich als mittelmäßig begriffen wird, wie bei Nietzsche, erwächst daraus nicht nur das «Pathos der Distanz», das Nietzsche gern für sich in Anspruch genommen hat, sondern auch ein Pathos der Entscheidung, das in der deutschen Geistesgeschichte überaus heikle Konsequenzen gehabt hat.[116] Soll die Absage ans Mediokre nicht ihrerseits ein philiströser Gestus sein, ist sie immer auch eine Selbstverpflichtung zum Opfer – und dass es die Kultur ist, für die man das Opfer bringt, steht keineswegs von vornherein fest. Die Missdeutungen Nietzsches sind *auch* die Folge seiner Missverständlichkeit. Wenn er dem Drang zur Mediokrität immer wieder das Postulat des Krieges entgegenschleudert – «diese kleine Schrift», heißt es in der Vorbemerkung zur *Götzendämmerung*, «ist eine *große Kriegserklärung*»[117] –, so hat Nietzsche selbst das als Zumutung der Wahrheit verstanden, für die Tapferkeit vonnöten sei, während die Feigheit dazu rate, in Lüge und Selbsttäuschung zu fliehen. Aber natürlich ließ sich die ironische Übertragung militärischer Termini auf die Ordnung des Denkens und die Lebensführung auch ganz anders, nämlich wörtlich, verstehen. Und viele haben das in der festen Überzeugung getan, damit dem Sog der Mittelmäßigkeit entkommen zu können.[118]

Zunächst freilich richtete sich Nietzsches Diagnose gegen das von ihm schon früh registrierte Gefühl der Überlegenheit, das sich in Deutschland seit der Reichsgründung ausbreitete. Sobald man sie jedoch mit dem Hammer befragte, erwies sich die beanspruchte Überlegenheit als pure Mittelmäßigkeit, die drauf und dran war, die Zukunft nicht bloß der Deutschen, sondern des Menschengeschlechts insgesamt zu usurpieren. Für die metastasenförmige Ausbreitung des Mediokren hat Nietzsche eine einfache Erklärung: Das Mittelmäßige sei überaus robust und weise nicht jene Verletzlichkeit auf, die allem Außerordentlichen eigne. Es scheitere nicht so leicht, deswegen vermöge es auch Verfall und Niedergang zu trotzen. «Die Mittelmäßigen allein», stellt Nietzsche in *Jenseits von Gut und Böse* fest, «haben Aussicht, sich fortzusetzen, sich fortzupflanzen, – sie sind die Menschen der Zukunft, die einzig Überlebenden; ‹seid wie sie! werdet mittelmäßig!› heißt nunmehr die einzige Moral, die noch Sinn hat, die noch Ohren findet.»[119] Aber diese «Moral der Mittelmäßigkeit» kann sich nicht artikulieren, ohne sich als das zu entlarven, was sie ist. «Sie muß von Maß und Würde und Pflicht und Nächstenliebe reden, – sie wird Not haben, *die Ironie zu verbergen*! –»[120]

Die Vorherrschaft des Mediokren ist für Nietzsche kein spezifisch deutsches Problem, das sich lösen ließe, indem man die

Reichsgründung rückgängig machen würde, sondern Mittelmaß erweist sich in der Moderne zunehmend als Basis der Gesellschaft, und dabei macht es das Herausragende überhaupt erst möglich. Mittelmäßigkeit, so Nietzsches überraschende Wendung, ist der Grund und Boden, auf dem das Außerordentliche gedeiht. «Unterschätzen wir die Vorrechte der *Mittelmäßigen* nicht», schreibt er im *Antichrist*.[121] «Das Leben nach der *Höhe* zu wird immer härter, – die Kälte nimmt zu, die Verantwortlichkeit nimmt zu. Eine hohe Kultur ist eine Pyramide: sie kann nur auf einem breiten Boden stehn, sie hat zu allererst eine stark und gesund konsolidierte Mittelmäßigkeit zur Voraussetzung. Das Handwerk, der Handel, der Ackerbau, die *Wissenschaft*, der größte Teil der Kunst, der ganze Inbegriff der *Berufs*tätigkeit mit Einem Wort, verträgt sich durchaus nur mit einem Mittelmaß im Können und Begehren; dergleichen wäre deplaciert unter Ausnahmen [...]. Daß man ein öffentlicher Nutzen ist, ein Rad, eine Funktion, dazu gibt es eine Naturbestimmung: *nicht* die Gesellschaft, die Art *Glück*, deren die Allermeisten bloß fähig sind, macht aus ihnen intelligente Maschinen. Für den Mittelmäßigen ist mittelmäßig sein ein Glück [...].»

Nietzsches «intelligente Maschinen» sind eine Variation der «sprachbegabten Werkzeuge», als welche Aristoteles die Sklaven bezeichnet hatte. Sie waren, wie Nietzsche nicht müde wird zu versichern, für das Funktionieren der antiken Gesellschaft unverzichtbar. Aber man musste sie bewachen und zur Arbeit antreiben. Wie viel raffinierter war da das Glück als Wächter und Antreiber der modernen Gesellschaft. Man stellte Glück in Aussicht, und die «intelligenten Maschinen» funktionierten. Aber dieses Glück hing davon ab, dass man nicht nach dem Großen und Hohen strebte, sondern sich mit dem Mittelmaß beschied. Wer Außergewöhnliches wollte, war zum Leiden verurteilt. Glück wurde nur dem Mittelmäßigen zuteil. Für Nietzsche beruht die Stabilität moderner Gesellschaften darauf, dass sich Mittelmaß und Glück wechselseitig stützen. Und solange dies so ist, ist es gut: «Es würde eines tieferen

Geistes völlig unwürdig sein, in der Mittelmäßigkeit an sich schon einen Einwand zu sehn. Sie ist selbst die *erste* Notwendigkeit dafür, daß es Ausnahmen geben darf: eine hohe Kultur ist durch sie bedingt.»[122] Im Unterschied zum «Sozialisten-Gesindel», das «den Instinkt, die Lust, das Genügsamkeits-Gefühl des Arbeiters mit seinem kleinen Sein» untergrabe, handhabe «der Ausnahme-Mensch gerade die Mittelmäßigen mit zarteren Fingern als sich und seinesgleichen» – und dies sei keineswegs nur «eine Höflichkeit des Herzens», sondern «einfach seine Pflicht».[123]

Eine jede Gesellschaft, so Nietzsches Auffassung, bedarf eines mittleren Maßes, an dem sich die Normalität bemisst, und das keineswegs bloß deswegen, weil das Herausragende erst durch das Mittelmaß als solches erkennbar wird. Vielmehr begreift Nietzsche die Vermittelmäßigung als eine überlebensnotwendige Reaktion des Menschen auf die Herausforderungen der Moderne; die moderne Welt erzwingt die Vermittelmäßigung der Menschen, und die Mittelmäßigen werden zum stabilisierenden Element der modernen Welt. «Bei einer solchen extremen Bewegung in Hinsicht auf Tempo und Mittel, wie sie unsere Zivilisation darstellt, verlegt sich das Schwergewicht der Menschen: der Menschen, auf die [es] am meisten ankommt, die es gleichsam auf sich haben, die ganze große Gefahr einer solchen krankhaften Bewegung zu kompensieren; – es werden die Verzögerer per excellence, die Langsam-Aufnehmenden, die Schwer-Loslassenden, die Relativ-Dauerhaften inmitten dieses ungeheuren Wechsels und Mischens von Elementen sein. Das Schwergewicht fällt unter solchen Umständen notwendig den *Mediokren* zu: gegen die Herrschaft des Pöbels und der Exzentrischen (beide meist verbündet) konsolidiert sich die Mediokrität als die Bürgschaft und Trägerin der Zukunft.»[124]

Das klingt ganz anders als die Passagen aus *Also sprach Zarathustra*, in denen sich Nietzsche über die gesellschaftliche Dominanz der Mitte als Triumph der Mittelmäßigkeit geäußert hat. Die Ambivalenz von Mitte und Mittelmaß, von der auch hier schon mehrfach die Rede war, ist Nietzsche nicht entgangen, aber er hat diese Ambivalenz weniger reflektiert und analysiert als sie zum Ausdruck gebracht. Nietzsche verachtet die Mediokren, aber er weiß nur zu gut, dass es ohne Mittelmaß kein Übermaß, ohne das Ordentliche nichts Außerordentliches gibt.

Um ihr kleines Glück zu bewahren, seien die Mittelmäßigen darauf aus, niemandem wehe und allen wohl zu tun. «Klug sind sie, ihre Tugenden haben kluge Finger. Aber ihnen fehlen die Fäuste, ihre Finger wissen nicht, sich hinter Fäuste zu verkriechen. Tugend ist ihnen das, was bescheiden und zahm macht: damit machen sie den Wolf zum Hunde und den Menschen selber zu des Menschen bestem Haustiere.»[125] In dieser mittekonformen Praxis des Domestizierens sieht Nietzsche den Ausdruck einer Feigheit, die sich als Tugend ausgibt. Aus Vorsicht gegenüber den Risiken des Lebens nämlich halten die «kleinen Leute» mit ihren «kleinen Tugenden»[126] gleichermaßen Abstand zum heroischen Opfer wie zu hemmungslosem Genuss: «‹Wir setzen unsern Stuhl in die Mitte – das sagt mir ihr Schmunzeln – und ebenso weit weg von sterbenden Fechtern wie von vergnügten Säuen.› Dies aber ist *Mittelmäßigkeit*: ob es schon Mäßigkeit heißt.»[127]

Einen kurzen Augenblick hat Nietzsche über den gesellschaftlichen Nutzen der Mittelmäßigkeit nachgedacht, auch wenn er sie aus ethischen und ästhetischen Gründen ablehnte. Zuletzt lag ihm aber doch die Möglichkeit des Ausnahme-Menschen, die Züchtung des Über-Menschen, die sich sein Zarathustra zum Programm gemacht hat, so sehr am Herzen, dass er die bindenden und bremsenden Kräfte der Mediokrität mehr als eine Gefahr denn als gesellschaftlichen Halt ansah. Aus der Mediokrität erwächst für die Ausnahme-Menschen eine neue, besonders bedrohliche Verführung, denn wenn «sie sich nicht dem Pöbel anpassen und dem Instinkte der ‹Enterbten› zu Gefallen Lieder singen, werden sie nötig haben, ‹mittelmäßig› und ‹gediegen› zu sein. Sie wissen: die mediocritas ist auch aurea, – sie allein sogar verfügt über Geld und

Gold (– über alles, was glänzt…)…»[128] Gegen solche Verführungen muss sich der Ausnahme-Mensch behaupten. Oder präziser: Indem er ihnen widersteht, wird er zu dem, was er sein soll.

Nietzsches ambivalentes Resümee lautet: «[Eine hohe Kultur] kann nur stehen auf einem breiten Boden, auf einer stark und gesund konsolidierten Mittelmäßigkeit. In ihrem Dienste und von ihr bedient arbeitet die *Wissenschaft* – und selbst die Kunst. […] Die Macht der Mitte wird sodann aufrecht gehalten durch den Handel, vor allem den Geldhandel: der Instinkt der Großfinanciers geht gegen alles Extreme […]. Das Ehren-Wort für *mittelmäßig* ist bekanntlich das Wort … ‹*liberal*› …»[129]

Wie diese Passage zeigt, ist Nietzsches Kritik der Mittelmäßigkeit immer auch eine Kritik des Liberalismus und seiner Grundprinzipien. Es ist eine Kritik am Ausgleichsdenken, am Zurückschrecken vor den Extremen, an der Neigung, noch die stärksten Gegensätze «irgendwie» miteinander zu versöhnen und dadurch das Außergewöhnliche und Außerordentliche unmöglich zu machen. Der französische Anarcho-Syndikalist Georges Sorel, ein Zeitgenosse Nietzsches, sah das ähnlich, als er den «Mythos des Generalstreiks» als Vorbereitung auf die politische Entscheidungsschlacht propagierte. Sorel wollte die politische Linke von ihrer kompromisslerisch-versöhnlerischen Politik gegenüber der Bourgeoisie abbringen und wieder zum politischen Kampf motivieren.[130] Unbeschadet ihrer unterschiedlichen politischen Ausrichtung stehen Nietzsche und Sorel für einen Typus ethisch-ästhetischer Erwartungen, der die Mitte, selbst wenn er deren gesellschaftliches Erfordernis akzeptierte, moralisch zutiefst verachtet. Die Mitte ist das Sammelbecken aller menschlichen Schwächen und der Ort, wo diese zu Tugenden und einer besonderen Form politischer Klugheit erhoben werden. Demnach ist der Liberalismus eine Ideologie, die unentwegt damit beschäftigt ist, Schwächen in Tugenden zu verwandeln. Und so wird bei den Autoren, die sich diesem Typus zurechnen lassen, die Verachtung der Mitte durch einen ausgeprägten Hass auf den Liberalismus ergänzt.

Als Dritter im Bunde der Mitteverächter ist der spanische Antiliberale Juan Donoso Cortés zu nennen, der den reaktionären Gegenpart zu dem notorisch revolutionären Sorel darstellt. Attackierte Sorel das Justemilieu von links (wobei er später auch von der politischen Rechten kräftig rezipiert wurde), so erfolgte Donosos Attacke eindeutig vom rechten Extrem her. Die mit der Revolution von 1789 entstandenen Gegensätze brachen nach ihrer zeitweiligen Schlichtung nun wieder offen auf. Donoso hat die politische Lage Europas in der Mitte des 19. Jahrhunderts als eine einzige Aufforderung zur Entscheidung begriffen, bei der es weder Mitte noch Mittelweg geben könne. In seiner *Rede über die Diktatur* (1849) hat er den Entscheidungszwang auf den Punkt gebracht: «Es handelt sich darum, zwischen der Diktatur der Auflehnung und der Diktatur der Regierung zu wählen; und in diesem Falle wähle ich die Diktatur der Regierung als die weniger belästigende und weniger beleidigende. Es handelt sich darum, zu wählen zwischen der Diktatur, die von unten kommt, und der Diktatur, die von oben kommt: Ich erwähle mir die, welche von oben kommt, weil sie aus reinlicheren und ausgeglicheneren Gegenden stammt. Es handelt sich schließlich darum, zu wählen zwischen der Diktatur des Dolches und der Diktatur des Säbels; ich wähle die Diktatur des Säbels, denn sie ist die vornehmere.»[131]

Für Donoso gab es keine Mitte und konnte es auch keine Mitte geben, da er die Geschichte in manichäischer Perspektive als einen Kampf zwischen Gut und Böse ansah, in dem der Mensch Partei ergreifen müsse. Jeder Versuch, sich auf eine neutrale Position zurückzuziehen und von dort aus einen Kompromiss stiften zu wollen, sei fatal. «Die Diskussion ist die Visitenkarte, mit der der Tod reist, wenn er inkognito geht und unerkannt bleiben will.»[132] Genau das aber propagiere der Liberalismus, wenn er sich als die Mitte zwischen Konservatismus und Sozialismus ausgebe. Dabei ist der Sozialismus für Donoso eine «satanische Theologie», weil er die Grundvorstellungen des Christentums mit der Idee verbinde, der Mensch sei gut und die Vernunft allmächtig, woraus dann eine Geisteshaltung erwachse, die den Menschen anrate, ihre Leidenschaften und Lüste frei auszuleben.[133] Der Widerpart des Sozialismus ist bei Donoso ein Konservatismus, der sich auf den Katholizismus gründet, in dem die Geschichte somit als das Wirken Gottes in der Welt begriffen wird.[134] Der Liberalismus jedoch stelle in seinem Bestreben, die politischen Prinzipien von Konservatismus und Sozialismus miteinander in Einklang zu bringen, die eigentliche Ursache für Niedergang und Verfall dar.

Abgesehen davon, dass Marx in seiner Argumentation viel feinsinniger und differenzierter war, hat auch er auf einen Zwang zur Entscheidung gesetzt – nur dass er diese nicht als einen Akt des individuellen Willens, sondern im Anschluss an Hegels Geschichtsphilosophie als einen historisch vermittelten Prozess begriffen hat.

Die Mitte als Revolutionsblockade: Marx' Kritik des Kleinbürgertums

Nach Marx' Auffassung war der Fortschritt des Menschengeschlechts eine Folge gesellschaftlicher Polarisierung. Die Mitte, die sich immer wieder bildete, musste zerfallen oder zerrieben werden, damit die geschichtliche Entwicklung nicht zum Stillstand kam. Die unterschiedlichen Schichten und Gruppen der Gesellschaft formierten sich mit der Zeit in zwei Lagern, die, wie es im *Manifest der Kommunistischen Partei* heißt, als «Unterdrücker und Unterdrückte […] in stetem Gegensatz zu einander» stehen, um «einen ununterbrochenen, bald versteckten, bald offenen Kampf» zu führen, «einen Kampf, der jedes Mal mit einer revolutionären Umgestaltung der ganzen Gesellschaft endet, oder mit dem gemeinsamen Untergang der kämpfenden Klassen».[135]

Marx und Engels haben für die gesellschaftlichen Mittelschichten, denen sie selbst entstammen, keine erfreulichen Aussichten: Auch die bürgerliche Gesellschaft spalte sich «mehr und mehr in zwei große feindliche Lager, in zwei große, einander direkt gegenüberstehende Klassen – Bourgeoisie und Proletariat,»[136] und die liberale Zuversicht, dieser Polarisierungsprozess lasse sich durch eine starke Mitte aufhalten, sei eine Illusion. Mit dem Wachstum der Märkte und der Revolutionierung der Produktion durch die Dampfmaschine trat «an die Stelle der Manufaktur […] die moderne große Industrie, an die Stelle des industriellen Mittelstandes traten die industriellen Millionäre, die Chefs ganzer industrieller Armeen, die modernen Bourgeois».[137]

Aber hat nicht die Entstehung der großen Industrie und die Notwendigkeit, den globalen Warenaustausch zu koordinieren, ein Heer von Angestellten hervorgebracht, die als neue Mittelschichten zunächst neben und dann an die Stelle der alten treten konnten? Marx widerspricht nicht grundsätzlich, bezweifelt allerdings, dass sich die neuen Mittelschichten werden halten können; jedenfalls sieht er durch sie das Gesetz der Polarisierung nicht in Frage gestellt. «In den Ländern, wo sich die moderne Civilisation entwickelt hat, hat sich eine neue Kleinbürgerschaft gebildet, die zwischen dem Proletariat und der Bourgeoisie schwebt und als ergänzender Theil der bürgerlichen Gesellschaft stets von Neuem sich bildet, deren Mitglieder aber beständig durch die Konkurrenz in's Proletariat hinabgeschleudert werden, ja selbst mit der Entwicklung der großen Industrie einen Zeitpunkt herannahen sehen, wo sie als selbständiger Theil der modernen Gesellschaft gänzlich verschwinden und im Handel, in der Manufaktur, in der Agrikultur durch Arbeitsaufseher und Domestiken ersetzt werden.»[138]

Gänzlich folgenlos ist diese Entwicklung freilich nicht, denn die jeweilige Mitte der Gesellschaft will nicht ohne weiteres akzeptieren, dass sie an den Rand gedrängt wird. Sie wehrt sich gegen die unvermeidlichen Konsequenzen der Polarisierung, indem sie unter anderem den «kleinbürgerlichen Sozialismus» hervorbringt. Aber der ist rückwärtsgewandt, weiß die Zukunft nicht auf seiner Seite und hat daher nur «feigen Katzenjammer» zur Folge. «Seinem positivem Gehalte nach will […] dieser Sozialismus entweder die alten Produktions- und Verkehrsmittel wiederherstellen und mit ihnen die alten Eigenthumsverhältnisse und die alte Gesellschaft, oder er will die modernen Produktions- und Verkehrsmittel in den Rahmen der alten Eigenthumsverhältnisse, die von ihnen gesprengt wurden, […] gewaltsam wieder einsperren.»[139] Die Mitte der Gesellschaft, so die Botschaft des *Kommunistischen Manifests*, wird keinen relevanten Beitrag zur Herstellung der künftigen Gesellschaftsordnung leisten können. Sie müsse und werde verschwinden, und die klügeren unter den ihr Angehörenden würden sich dem Proletariat anschließen, dem die Zukunft gehöre.

Das Scheitern der Revolution von 1848, in die Marx und Engels mit dem *Kommunistischen Manifest* eingreifen wollten, mochte eine Enttäuschung sein, war zunächst aber kein Grund zur Resignation, zumal die Aufstände in Europa durch den Einsatz des Militärs niedergeschlagen worden waren. Schon bald würde sich das Volk erneut erheben, davon war Marx überzeugt. Für ihn waren die Ereignisse von 1848/49 nur ein Anfang. Dabei setzte er vor allem auf die Franzosen. In der großen Revolution von 1789 hatte das Pariser Kleinbürgertum eine entscheidende Rolle gespielt, als es die anfängliche «Revolution der Notabeln» in eine «Revolution der Straße» verwandelt hatte,[140] und durch die Zerschlagung der spätfeudalen Gesellschaftsstrukturen war ein Kleinbauerntum entstanden, das die Ergebnisse der revolutionären Umwälzung entschlossen verteidigen musste. Aber dann wählten die Franzosen 1849 mehrheitlich Louis Bonaparte, den Neffen des großen Napoleon, zum Präsidenten, und der ließ sich, dem Vorbild seines Onkels folgend, zum Kaiser ausrufen. Damit war die revolutionäre Naherwartung enttäuscht. Die Polarisierungsthese aus dem *Kommunistischen Manifest* hatte sich als unzureichend erwiesen, und Marx musste sich auf eine sehr viel detailliertere Auseinandersetzung mit der Klassenstruktur moderner Gesellschaften einlassen. Dabei setzte er sich auch wieder mit den mittleren Schichten der Gesellschaft auseinander.

Am eindringlichsten hat Marx das in einer Schrift *Der 18te Brumaire des Louis Bonaparte* getan. Seine Grundthese lautet, dass der «aufsteigenden Linie» der Revolution von 1789 in der Revolution von 1848 eine «absteigende Linie» gegenüberstehe:[141] Während sich zwischen 1789 und 1794 die radikalen Elemente durchsetzten, übernahmen zwischen 1848 und 1851 in Paris Schritt für Schritt jene Kräfte die Macht, denen vor allem daran lag, die revolutionäre Dynamik unter Kontrolle zu bringen, also eine Mitte zwischen Revolution und Revolutionsgegnern zu finden. Sei die Revolution von 1789 eine Tragödie gewesen, so Marx unter Anspielung auf eine Bemerkung Hegels, wonach «alle großen weltgeschichtlichen Thatsachen und Personen sich [...] zweimal ereignen», so habe sich die von 1848 zu einer Farce entwickelt.[142]

Zunächst freilich hatte auch hier das Prinzip der Polarisierung gegriffen: Auf der einen Seite hatten sich die Anhänger der vorrevolutionären Ordnung mit der Bourgeoisie und auf der anderen Seite Kleinbürgertum und Proletariat zusammengetan. Diese Koalition sei allerdings, so Marx, nicht zu den Bedingungen des Proletariats geschlossen worden: «Den sozialen Forderungen des Proletariats wurde die revolutionäre Pointe abgebrochen und eine demokratische Wendung gegeben, den demokratischen Ansprüchen des Kleinbürgerthums wurde die blos politische Form abgestreift und ihre sozialistische Pointe herausgekehrt. So entstand die *Sozial-Demokratie*.»[143] Der Versuch, während des revolutionären Prozesses eine mittlere Position zu finden, um die Anhängerschaft der Partei zu vergrößern, musste nach Marx' Auffassung fehlschlagen: Anstatt die «zwei Extreme, Kapital und Lohnarbeit, beide aufzuheben», sollten demokratisch-republikanische Institutionen geschaffen werden, «um ihren Gegensatz abzuschwächen und in Harmonie zu verwandeln». Die Ursache dafür sieht Marx darin, dass das Kleinbürgertum kein klares eigenes Klasseninteresse habe, das es egoistisch durchsetzen wolle, sondern vielmehr glaube, «daß die besonderen Bedingungen seiner Befreiung die allgemeinen Bedingungen sind, innerhalb deren allein die moderne Gesellschaft gerettet und der Klassenkampf vermieden werden kann».[144]

Auch die bittere Niederlage, die diese neue Bergpartei am 13. Juni 1849 erlitt, als sie zu bewaffneten Demonstrationen gegen den Präsidenten Louis Bonaparte aufrief, die durch das Militär verhindert wurden, und man die Unruhestifter aus der Nationalversammlung «entfernte», war für Marx eine Folge der Unklarheiten und Uneindeutigkeiten, die aus der Suche nach Mittelwegen erwuchsen: «Wenn die Montagne im Parlament siegen wollte, durfte sie nicht zu den Waffen rufen. Wenn sie im Parlamente zu den Waffen rief, durfte sie sich auf der Straße nicht parlamentarisch verhalten.»[145] In alldem sah Marx eine Konsequenz aus den Illusionen, die sich das Kleinbürgertum über seine politische Bedeutung mache – «der Demokrat, weil er das Kleinbürgerthum vertritt, also die *Uebergangsklasse*, worin die Interessen zweier Klassen sich zugleich abstumpfen, dünkt sich über den Klassengegensatz überhaupt erhaben. Die Demokraten geben zu, daß eine privilegierte Klasse ihnen gegenübersteht, aber sie mit der ganzen übrigen Umgebung der Nation bilden das Volk. Was sie vertreten, ist das *Volksrecht*; was sie interessiert, ist das *Volksinteresse*. Sie brauchen daher bei einem bevorstehenden Kampfe die Interessen und Stellungen der verschiedenen Klassen nicht zu prüfen.»[146]

Marx kommt zu dem Schluss, dass die entscheidende Auseinandersetzung zwischen Bourgeoisie und Proletariat vorerst vertagt sei. Das tendenzielle Gleichgewicht zwischen beiden Klassen habe nämlich zu einer Verselbständigung der Staatsgewalt gegenüber der Gesellschaft geführt, die im Aufstieg des Abenteurers und Glücksritters Louis Bonaparte ihren Ausdruck gefunden habe. Infolgedessen müsse die Bourgeoisie darauf verzichten, selbst die Regierungsgeschäfte zu führen: «Um ihre gesellschaftliche Macht unversehrt zu erhalten, [musste] ihre politische Macht gebrochen werden, [...] um ihren Beutel zu retten, [musste] die Krone ihr abgeschlagen und das Schwert, das sie beschützen solle, zugleich als Damoklesschwert über ihr eigenes Haupt gehängt werden.»[147] Was von Donoso Cortés zeitgleich mit Marx als entschlossene Entscheidung für die Diktatur des Säbels gefeiert worden ist,[148] erweist sich unter Marx' analytischem Blick als eine Apotheose des Säbels aus politischer Verzweiflung.[149] Der Gestus der Entscheidung, den Donoso und die ihm im 20. Jahrhundert Folgenden als Ausdruck heroischer Entschlossenheit feierten, war nicht mehr als die bedingungslose Einwilligung in den eigenen Machtverzicht.[150]

Für Marx war klar, wo die Ursachen für die Verselbständigung der Exekutivgewalt liegen:[151] «Bonaparte vertritt eine Klasse, und zwar die zahlreichste der französischen Gesellschaft, die *Parzellenbauern.*»[152] Diese waren aus der Aufteilung der großen Güter des Adels in der Revolution von 1789 hervorgegangen und standen darum treu zur Revolution – freilich nicht in deren radikaler Dynamik, sondern in der Gestalt einer rechtlichen Garantie des bürgerlichen Kleineigentums. Napoleon hatte der Revolution nach dem Staatsstreich vom 18. Brumaire diese Gestalt gegeben. Der Parzellenbauer konnte sich also mit einem gewissen Recht als die Mitte der Revolution verstehen, als Inbegriff dessen, was diese an Bleibendem hinterlassen hatte, und so hielten sie ebenso Distanz zum Terror des Wohlfahrtsausschusses wie zu den Versuchen der Gegenrevolutionäre, die vorrevolutionären Verhältnisse zu restaurieren. Auf diese Klientel hatte der Neffe des großen Napoleon gesetzt, und die Parzellenbauern hatten ihn gewählt. Die Erwartungen, die sie in Louis Bonaparte setzten, zeugten jedoch vor allem von ihrer politischen Schwäche: «Die Parzellenbauern bilden eine ungeheure Masse, deren Glieder in gleicher Situation leben, aber ohne in mannigfache Beziehung zu einander zu treten. Ihre Produktionsweise isoliert sie von einander, statt sie in wechselseitigen Verkehr zu bringen. [...] So wird die große Masse der französischen Nation gebildet durch einfache Addition gleichnamiger Größen, wie etwa ein Sack von Kartoffeln einen Kartoffelsack bildet. [...] Sie sind daher unfähig, ihr Klasseninteresse im eigenen Namen, sei es durch ein Parlament, sei es durch einen Konvent, geltend zu machen. Sie können sich nicht vertreten, sie müssen vertreten werden.»[153]

Marx ist freilich davon überzeugt, dass das informelle Bündnis zwischen Parzellenbauern, Bourgeoisie und Louis Bonaparte nicht lange halten werde. Längst nämlich sei «an die Stelle der Feudalpflichtigkeit des Bodens die Hypotheke, an die Stelle des aristokratischen Grundeigenthums das bürgerliche Kapital» getreten,[154] und so werde der französische Bauer anstatt durch die Aristokratie durch das Finanzkapital ausgepresst. «Das Interesse der Bauern befindet sich also nicht mehr, wie unter Napoleon, im Einklange, sondern im tödtlichsten Gegensatze mit den Interessen der Bourgeoisie, mit dem Kapital.»[155]

In der Ablösung der Feudalaristokratie durch das Finanzkapital sieht Marx einen der Gründe, warum es nach seiner Auffassung nicht zur Ausbildung stabiler und dauerhafter politischer Mitten kommen kann – jedenfalls nicht vor dem Eintritt in die kommunistische Gesellschaft: Die Mittelklassen, -schichten und -stände, die immer wieder entstehen und sich für den Endpunkt der Geschichte halten, seien nicht in der Lage, die Voraussetzungen und Rahmenbedingungen für ihren Fortbestand zu garantieren, sodass durch deren Veränderung das, was eben noch soziale Mitte war, an den Rand der Gesellschaft geschleudert werde. Die Mitte – gleich ob gesellschaftlich oder politisch – fällt immer wieder der Veränderung der Produktionsverhältnisse zum Opfer. Der Versuch, diese Produktionsverhältnisse mit politischen Mitteln vor

Veränderungen zu bewahren, den Marx als «kleinbürgerlichen Sozialismus» bezeichnet, ist, wie es im *Kommunistischen Manifest* heißt, «reaktionär und utopistisch zugleich»[156] und muss darum zwangsläufig in einer Farce enden.

Marx konkretisiert diese Farce an der Rolle der Armee für die Parzellenbauern: Der Dienst in der Armee hatte der Bauernjugend den Eindruck vermittelt, das Zentrum des Staates darzustellen. Jetzt aber lasteten die Steuern, die erhoben werden mussten, um eine große und glanzvolle Armee zu unterhalten, zusätzlich zu den Hypotheken auf den Parzellenbauern. «Die Armee war der point d'honneur der Parzellenbauern, die selbst in Heroen verwandelt, nach außen hin den neuen Besitz vertheidigend, ihre eben erst errungene Nationalität verherrlichend, die Welt plündernd und revolutionirend. Die glänzende Uniform war ihr eignes Staatskostüm, der Krieg ihre Poesie, die in der Phantasie verlängerte und abgerundete Parzelle das Vaterland und der Patriotismus die ideale Form des Eigenthumssinnes.» Zwischenzeitlich hatten sich die Verhältnisse jedoch verändert, und «die Feinde, wogegen der französische Bauer jetzt sein Eigenthum zu verteidigen hat, es sind nicht die Kosacken, es sind die […] Steuerexekutoren. Die Parzelle liegt nicht mehr im sogenannten Vaterland, sondern im Hypothekenbuch. Die Armee selbst ist nicht mehr die Blüthe der Bauernjugend, sie ist die Sumpfblume des bäuerlichen Lumpenproletariats.»[157]

Was sich vermeintlich in der Mitte befindet, ist an den Rand geschleudert worden. Das Problem ist bloß, dass Kleinbürger und Parzellenbauern das noch nicht wissen. Wenn es gelingt, ihnen diese Illusion zu nehmen, werden sie erkennen, dass sie nur von der gesellschaftlichen Peripherie her ihre Zukunft selbst werden gestalten können. «Mit der Verzweiflung an der napoleonischen Restauration scheidet der französische Bauer von dem Glauben an seine Parzelle, stürzt das ganze auf diese Parzelle aufgeführte Staatsgebäude zusammen, und erhält die *proletarische Revolution den Chor, ohne den ihr Sologesang in allen Bauernnationen zum Sterbelied wird.*»[158] Für Marx und Engels hieß das, dass sie mit den ihnen zur Verfügung stehenden Mitteln der Aufklärung die Illusionen der Mitte zerstören und Bauern und Kleinbürger zu den Kräften der politischen Linken hinüberziehen mussten.

Die Auseinandersetzung zwischen Polarisierungsthese, einem nicht zuletzt ästhetisch ausgestalteten Entscheidungsgestus und der Suche nach einer inneren Befriedung der Gesellschaft durch die politische und soziale Formierung einer starken Mitte ist in der deutschen Geschichte des 20. Jahrhunderts in allen Facetten ausgetragen worden. Darum wird es im letzten Kapitel gehen, das sich mit der Weimarer und der Bonner Republik beschäftigt. Im nachfolgenden Kapitel soll zunächst ein Blick auf geopolitische und geostrategische Vorstellungen der Mitte geworfen werden, wobei gegen den ästhetisch-moralischen Gestus der Entscheidung, der, wie hier gezeigt, sich grundsätzlich gegen die Mitte wendet, eine Ästhetik der Mitte ins Spiel gebracht wird, die sich vor allem architektonisch und städtebaulich entfaltet. Die Anziehungskraft der Mitte in den gesellschaftlichen Imaginationen wie in der Sprache der Politik ist das Ergebnis ihrer Bedeutungsvielfalt und Sinnüberlagerung. Mitte und Maß sind auf gegenseitige Verstärkung ausgerichtet. Mitte und Peripherie dagegen bezeichnen eine Entgegensetzung, durch die der Ort der Mitte geklärt, ebenso aber auch in Frage gestellt und schließlich bedroht werden kann.

3. *Mitte und Raum*

I

Die Mitte Europas ist ein prekärer Raum. Zwischen 1945 und 1989/90 war er als politischer Raum verschwunden. Es gab den Westen und den Osten, aber keine Mitte. Allenfalls als Erinnerung, Imagination und Appell bestand sie fort, und die Erinnerung an sie war vor allem eine an Unruhe und Krieg. War die europäische Mitte politisch schwach, so lud dies die Nachbarn ein, auf Beutezug zu gehen. Das war während des Dreißigjährigen Krieges und – mit einer gewissen Ostverschiebung – in den polnischen Teilungen der Fall. War die Mitte jedoch stark, wie seit der Gründung des Deutschen Reichs, übte sie auf die Nachbarn einen solchen Druck aus, dass diese meinten, vor ihr auf der Hut sein zu müssen. Die Konsequenz, die von «den großen Drei», Churchill, Stalin und Roosevelt, in Jalta daraus gezogen wurde, war die Abschaffung der Mitte und die Teilung des Kontinents zwischen Ost und West. Um einen stabilen Frieden in Europa herzustellen, musste die notorisch für Instabilität sorgende Mitte verschwinden. Der Preis der politischen Stabilität war das Vordringen der Ränder bis ins Zentrum. Der «Eiserne Vorhang», von dem Churchill bald danach sprach, ging mitten durch die Mitte hindurch. Sobald aus Westdeutschland die Wiederherstellung der Mitte angemahnt wurde, reagierte der Osten darauf mit dem Vorwurf des Revanchismus, und auch im Westen wurde die Sorge laut, ein wiedererstarktes Deutschland könne den endlich hergestellten Frieden in Europa abermals gefährden. Wie groß diese Befürchtung war, zeigte sich 1990, als die politisch in Reichweite gekommene Wiedervereinigung in Frankreich und Großbritannien zunächst auf massiven Widerstand stieß.

Die ersten Vorzeichen für die Aufweichung der Fronten und ein neues Interesse an der europäischen Mitte kamen in den 1980er Jahren aus dem damaligen Osten, und sie waren nicht wesentlich politischer, sondern überwiegend kultureller Art: Der von polnischen, tschechischen und ungarischen Intellektuellen wiederbelebte Mitteleuropabegriff war ein Protest gegen die Teilung Europas, gegen Jalta und seine Folgen, aber auch gegen die Identifikation Europas mit Westeuropa, wie sie sich mit der Vertiefung der Europäischen Gemeinschaft immer deutlicher abzeichnete. Die Mitte des Kontinents kam wieder ins Gespräch, als der Integrationsprozess im Westen von der Wirtschaft zur Politik fortschritt und die Intellektuellen der ehedem mitteleuropäischen Länder glaubten, ihre Zugehörigkeit zu «Europa» reklamieren zu müssen, wenn sie davon nicht dauerhaft ausgeschlossen bleiben wollten.[1]

Durch die deutsche Wiedervereinigung, so Richard von Weizsäcker in seiner Rede am 3. Oktober 1990, habe sich auch die Mitte Europas verändert. Zuvor schon hatte Lothar de Maizière, der letzte Ministerpräsident der DDR, erklärt, das wiedervereinigte Deutschland werde östlicher und protestantischer sein. Der Kollaps des Ostens hatte die Mitte Europas wieder zum Vorschein gebracht – aber wo lag sie? Oder wer stellte fest, wo sie liegen sollte? In den Jahrzehnten, in denen der Westen den Anspruch für sich reklamierte, Europa zu vertreten – und auch für sich reklamieren konnte, weil man im Osten bis zu Michail Gorbatschows Begriffsprägung vom «gemeinsamen Haus Europa» auf den Kontinent als politisch-kulturelle Einheit keinen Wert legte –, hatte sich Aachen als europäische Mitte präsentiert. Dafür konnte es sich unter anderem auf Karl den Großen und das von ihm beherrschte Frankenreich als Keimzelle des modernen Europa berufen, das ungefähr dasselbe Gebiet umfasste wie das «Europa der Sechs», bestehend aus Deutschland, Frankreich, den Beneluxstaaten und Italien.[2] Aachen befand sich zwar nicht in der geographischen Mitte des Karolingischen Reiches, aber als Grablege Karls des Großen durfte es als dessen symbolisches Zentrum gelten und damit auch als Mittelpunkt des modernen Europa. In der alljährlichen Verleihung des Internationalen Karlspreises an verdiente Europäer wird dieser Anspruch bis heute zelebriert.

Doch davon, dass Aachen die Mitte Europas sei, kann inzwischen keine Rede mehr sein. Nun gilt der Brocken im Harz wieder als symbolische Mitte Deutschlands,[3] während die geographische Mitte Europas in der Nähe von Dorpat in Estland liegen dürfte.[4] Das vereinte Deutschland ist zu einer «Mittelmacht» geworden[5] – der Zeithistoriker Hans-Peter Schwarz hat es sogar als die zurückgekehrte «Zentralmacht Europas» bezeichnet.[6] Aber brauchen wir überhaupt eine solche politische und kulturelle Mitte, oder ist deren Wiederkehr und die nicht abreißende Debatte im politischen Feuilleton über sie ein eher bedenkliches Zeichen? Zwar hat sich die in der Phase der deutschen Vereinigung lautgewordene Furcht vor einem «Vierten Reich» in keiner Weise bewahrheitet; es ist jedoch nicht zu bestreiten, dass da, wo es eine Mitte gibt, immer auch eine Peripherie ist beziehungsweise die Herstellung der Mitte erst die Peripherie produziert. Der Historiker Lothar Gall hat deswegen vor einer Politik der Mittebildung, der politischen Zentrierung gewarnt und geltend gemacht, bürgerlich-freiheitliche Ordnungen hätten sich von jeher durch Multizentralität ausgezeichnet.[7] Der Suche nach der Mitte steht seit zwanzig Jahren die Warnung vor der Mitte gegenüber.

Das verfasste Europa, so könnte man sagen, hat Multizentralität zum politischen Programm erhoben, indem es auf die Zusammenführung von Kommission und Parlament in einer Stadt verzichtete. Aber herausgekommen ist dabei ein europäischer «Mittelstreifen», der (mit einem kleinen Schlenker nach Frankfurt am Main, dem Sitz der Europäischen Zentralbank) von Brüssel über Luxemburg nach Straßburg reicht und in dem die wichtigsten Institutionen Europas angesiedelt wurden. Offenbar ist das Entstehen von Mitten nicht zu vermeiden, ebenso wenig wie der damit einhergehende Prozess der Peripheriebildung. Das lässt sich an der Ostgrenze des erweiterten Europa beobachten, wo die Ukraine, einst in der Mitte des stolzen Sowjetimperiums gelegen, ein peripheres Land geworden ist, zerrissen durch die unterschiedliche Beantwortung der Frage, ob es sich eher nach Europa oder aber nach Russland hin orientieren solle.

Inzwischen ist freilich eine Mittebildung zum Problem geworden, durch die Europa als Ganzes an den Rand gedrängt zu werden droht: die Verlagerung des weltwirtschaftlichen Zentrums aus dem atlantischen in den pazifischen Raum. Mochte Europa nach 1945 auch seine politische und kulturelle Mitte verloren haben, so war es nach den Verheerungen des Krieges doch erstaunlich schnell wieder zum Mittelpunkt des weltwirtschaftlichen Geschehens geworden. Zusammen mit den USA gaben die Westeuropäer – seit den 1960er Jahren flankiert von Japan – den Rhythmus der weltwirtschaftlichen Entwicklung vor. Das hat sich mit dem Aufstieg Chinas geändert, und seit etwas mehr als einem Jahrzehnt breitet sich die Sorge aus, Europa werde die Funktion einer weltwirtschaftlichen Mitte in absehbarer Zeit verlieren – wenn es sie denn nicht schon längst verloren habe.

Mitten bilden sich zumeist hinter dem Rücken und häufig auch gegen den Willen der politischen Akteure. Aber die entstehenden und wieder zerfallenden Mitten werden beobachtet und hinsichtlich ihrer Auswirkungen beurteilt. So formen sich Mitte-Diskurse, die sich mit Strategien der Mitte-Bildung und Pragmatiken der Mitte-Akzeptanz vermischen. Dieses Gemisch und seine palimpsestförmigen Überschreibungen soll nachfolgend thematisiert werden. Um es vorwegzunehmen: Auch hier erweisen sich die Deutschen als das Volk der Mitte. Anders gesagt: Die Suche nach der Mitte, der Umgang mit ihr und die Frage, wie man in ihr handelt, ist das «ewige» Thema der Deutschen.

Vom Kampf um die «wahre» Mitte

Wer nach der Mitte eines Raumes fragt, wird zunächst an die Geometrie verwiesen: Je nachdem, um welchen Raum es sich handelt, wird die Mitte als Mittelpunkt, Mittellinie oder mittlere Ebene konstruiert. Doch sobald nicht mehr bloß geometrische, sondern auch sozio- oder geopolitische Aspekte in Betracht zu ziehen sind, ist das Verhältnis zwischen Mitte und Peripherie zu komplex, als dass es sich mit Lineal und Zirkel erfassen ließe. Die Türme einer mittelalterlichen Kathedrale etwa, die das religiöse und politische Zentrum einer Stadt markierten, müssen keineswegs in deren geometrischem Mittelpunkt stehen, und dasselbe gilt für die großen Plätze, die das politische und gesellschaftliche Zentrum bildeten, solange dort die Fäden des städtischen Wirtschaftslebens zusammenliefen. Geht es um politische Räume, so wird die Geometrie von der Semiotik überlagert, ohne freilich von ihr ganz verdrängt zu werden – wer die Mitte ganz außen sucht, wird sie dort schwerlich finden. Aber wer bloß auf die geometrische Mitte fixiert ist, wird dort häufig enttäuscht.

Was die Mitte einer Stadt, eines Landes, eines geopolitischen Großraums ausmacht, ergibt sich aus dem Zusammenspiel einer Vielzahl von Faktoren. Deswegen lässt sich eine solche Mitte auch nicht als Mittel*punkt* fixieren; es handelt sich eher um einen Raum innerhalb eines größeren Raumes. Dieser Raum der Mitte ergibt sich aus dem Mit- und Gegeneinander von Verbindungen und Abgrenzungen, Einflüssen und Kräften, und das Zentrum dieses inneren Raumes kann durchaus oszillieren. Wo man es findet, hängt vom Zeitpunkt der Suche und der jeweiligen Fragestellung ab. Das ändert jedoch nichts daran, dass es diese Mitte prinzipiell gibt und dass auf sie nicht verzichtet werden kann. Wo die Mitte fehlt, beginnt die Suche nach ihr. Der Bescheid, es gebe keine Mitte und solle keine geben, ist offenkundig unbefriedigend. Das zeigt die Historiker-Debatte über die fehlende beziehungsweise wechselnde Hauptstadt des Heiligen Römischen Reichs deutscher Nation: Fragt man danach, wo Mitte und Zentrum zum Zeitpunkt der Kaiserwahl lagen, wird man auf Aachen verwiesen; fragt man nach der Mitte zum Zeitpunkt der Kaiserkrönung, landet man in Frankfurt; und für den Zeitpunkt des ersten Reichstags schließlich, auf dem der Kaiser mit den Mächtigen des Reichs das Regierungsprogramm aushandelte, findet man sie in Nürnberg beziehungsweise – seit 1663 – in Regensburg.[8] Es ist nicht so, dass das alte Reich keine politische Mitte gehabt hätte, sonst wäre es auseinandergefallen. Aber diese Mitte war weder stationär noch permanent. Auch wenn eine Reihe von Historikern inzwischen mit dem Begriff der Multizentralität aus dem Fehlen einer permanenten Hauptstadt eine politische Tugend gemacht haben,[9] bleibt doch die Suche nach dem Zentrum dessen, was in eine Vielheit von Mitten aufgespalten worden ist. Die Mitte lässt sich nicht so ohne weiteres pluralisieren. Und wenn es mehrere Zentren gibt, stellt sich die Frage, welches das «wirkliche» Zentrum sei. Auf Europa bezogen: Brüssel ist wichtiger als Straßburg, jedenfalls solange das Europaparlament nur eingeschränkte Befugnisse hat.

Freilich müssen in einem Land politisches, wirtschaftliches und kulturelles Zentrum nicht deckungsgleich sein. Oder es gibt zwar ein politisches Zentrum, aber in kultureller und wirtschaftlicher Hinsicht herrscht Multizentralität, wie in Deutschland nach der Bismarck'schen Reichsgründung und auch im wiedervereinigten Deutschland. Doch selbst dann sind Mitte und Peripherie unterscheidbar – Mitte heißt immer auch Bedeutungsverdichtung,[10] während Peripherie an einer abnehmenden Dichte der Zeichen und Bedeutungen zu erkennen ist, und das wird umso deutlicher, je weiter man sich von der Mitte entfernt. Die Vorstellung von Multizentralität bringt den Unterschied zwischen Mitte und Peripherie also nicht zum Verschwinden, sondern vervielfältigt ihn bloß. Selbst Goethe, der von den Anhängern kultureller Multizentralität häufig als Kronzeuge angerufen wird, hätte schwerlich in Abrede gestellt, dass Weimar das politische und kulturelle Zentrum des von seinem Freund Karl August regierten Herzogtums war (und Jena nur für kurze Zeit zu einem kulturellen Nebenzentrum avancierte), während die Dörfer und Städtchen des Thüringer Waldes die Peripherie des Landes bildeten. Und er ahnte, dass sich Weimar in einem politisch geeinten Deutschland kaum als kulturelles Zentrum würde behaupten können.

«Gesetzt», so Goethe am 23. Oktober 1828 zu Eckermann, «wir hätten in Deutschland seit Jahrhunderten nur die beiden Residenzstädte Wien und Berlin oder gar nur eine, da möchte ich doch sehen, wie es um die deutsche Kultur stände? Ja auch um einen überall verbreiteten Wohlstand, der mit der Kultur Hand in Hand geht?»[11] Einmal mehr brachte Goethe damit seine Distanz gegenüber denen zum Ausdruck, die auf die staatliche Einigung der Nation drängten, und machte ihnen die Gegenrechnung auf: Große, glänzende Städte wie Frankfurt, Bremen, Hamburg oder Lübeck würden dann zu Provinzstädten. Und so antwortete er auf die selbstgestellte Frage: «Ich habe Ursache, daran zu zweifeln.»

Etwas mehr als ein Jahrhundert zuvor hatte Leibniz die gegenteilige Auffassung vertreten, als er meinte, die Literatur habe sich in Deutschland weniger gut entwickelt als in anderen europäischen Ländern, weil den Deutschen eine Hauptstadt fehle: «Ich will von den Kriegen nicht reden, die alle guten Gedanken zerstören, so will ich auch nicht weitläufig erwähnen, daß bei uns keine rechte allgemeine Hauptstadt ist, die für einen Brunnquell der Mode und Richtschnur der Nation zu halten; aus welchem Mangel folgt, daß die Gemüter sich nicht auf einen Weg gefunden, noch ihre Meinungen zusammengefügt, sondern daß manche guten Gedanken sozusagen wie zerstreute und abgebrochene Blumen verwelken müssen.»[12] Gäbe es in Deutschland eine Hauptstadt, wäre dies anders, und davon würde auch die Peripherie profitieren: Wenn der Kaiser «in einer großen Reichsstadt mitten in Deutschland wohnen» würde, so sei zu erwarten, «daß allda sowohl die deutsche Macht als Weisheit ihren Hauptsitz haben und von dannen sich in die Provinzen des Reichs ausbreiten würde».[13]

Dass die Herausbildung einer politischen Mitte nicht selbstverständlich mit wirtschaftlichem Aufschwung und kultureller Kreativität im hauptstädtischen Zentrum einhergeht, hat der Publizist Richard Herzinger vor geraumer Zeit mit Blick auf die Berliner Mitte beziehungsweise Berlin als Mitte konstatiert: «Weit davon entfernt, eine neue nationale Identität zu begründen, wirkt das Fluidum des großen Zentrums gerade identitätsauflösend und -verunsichernd. In Berlin massieren sich soziale und kulturelle Kontraste – zwischen Alteingesessenen und Neuankömmlingen, zwischen Ost und West, zwischen unterschiedlichsten Mentalitäten und Nationalitäten, die hier aufeinanderstoßen – wie in keiner anderen Stadt der Republik. Die Stadt hat in rasantem Tempo ein neues städtebauliches Gesicht bekommen, das Modernität, Zukunftsfähigkeit, Glamour und Luxus signalisieren soll; doch man braucht nur mit der S-Bahn ein paar Kilometer Richtung Osten oder Westen zu fahren, um innerhalb der Stadtgrenzen ganz unterschiedliche Varianten von tiefster Provinz zu erleben.»[14] Zwar sei in der deutschen Hauptstadt ein «rastloses Gesellschaftsleben» entstanden, in dem auch Kunst, Kultur und Literatur eine wichtige Rolle spielen, aber wirtschaftlich sei Berlin eine arme und unterentwickelte Stadt mit katastrophal knappen Haushaltsmitteln, ein Ort der Bodenlosigkeit, «die dem fiebrigen Gewimmel der neuen Hauptstadt seinen merkwürdigen Zug ins Virtuelle, Irreal-Fantastische und zugleich Ziellos-Vage verleiht».[15]

In Herzingers Beschreibung des neuen Berlins lässt sich – unabhängig davon, ob man seiner Diagnose zustimmt – die Bedeutungsverdichtung als Charakteristikum der Mitte und Bedeutungsverdünnung als Merkmal der Peripherie nachvollziehen. Wo die Bedeutungen dünner oder gleichförmig werden, befinden wir uns in der Provinz. Die Übergänge mögen in Berlin schroffer sein als in anderen europäischen Metropolen, und vor allem nimmt die Mitte hier weniger Raum ein als in Paris und London, aber der Gegensatz ist auch hier für die Erfahrung von Mitte und Peripherie konstitutiv. «Fiebriges Gewimmel», «latenter Verdruss», «affektiertes, hektisches Auf-der-Stelle-Treten» – alle Indizien, die Herzinger für die Ortlosigkeit der Berliner Mitte anführt, sind seit dem 19. Jahrhundert Charakteristika hauptstädtischen Lebens,[16] und wenn Herzinger beklagt, «die politische Klasse, die in Berlin unter der suggestiven Prämisse angetreten ist, sich nunmehr aus dem abgelegenen Bonn ins Zentrum des sozialen Geschehens, mitten ins pralle Leben und auf Augenhöhe der modernsten Moderne begeben zu haben», begegne hier nur «dem Abbild jenes projektiven Gemäldes von der brodelnden, erneuerungstrunkenen Metropole, an dem sie selbst kräftig mitgepinselt» habe,[17] so beschreibt er damit letztlich nur, was den Prozess der Metropolenbildung von jeher gekennzeichnet hat. Das «gewöhnliche Volk» oder die «Menschen draußen im Lande», wie sie im Jargon der Politik heißen, findet man eben nicht im Zentrum, sondern an der Peripherie – insofern wandelt sich das von Herzinger Beklagte in einen Vorzug Berlins: dass man mit der S-Bahn nur ein paar Kilometer fahren muss, um in der Provinz anzukommen.

Und doch lassen sich die von Richard Herzinger gemachten Beobachtungen nicht mit ein paar Begriffsklärungen zurückweisen. Ihre Triftigkeit resultiert nicht zuletzt daraus, dass sich die vom Begriff «Mitte» ausgelösten Emotionen nicht in einer Zeichen- und Bedeutungsverdichtung erschöpfen:[18] Von der Mitte erwarten wir mehr als bloß hektische Betriebsamkeit und verstärktes mediales Rauschen. Mitte ist immer auch eine Wertvorstellung, in der sich Solidität und Verlässlichkeit mit dem pulsierenden Leben, Nachhaltigkeit und Daseinsgewissheit mit der Neigung zum Tanz auf dem Vulkan sowie Geschichtsbewusstsein mit Zukunftszuversicht verbinden. Man mag das als Widerspruch ansehen, als ein Oxymoron, einen scharfsinnigen Unsinn, doch gerade darin besteht das

«Wesen» der Mitte: Sie verknüpft miteinander, was sonst ein Gegensatz wäre. Rechts und links, oben und unten, hoch und tief werden durch die Mitte aus einer Polarität in Positionen innerhalb der Peripherie verwandelt. Eine starke Mitte bringt die Unterschiede nicht zum Verschwinden, aber indem sie diese zu Bestandteilen ihres Gravitationsfeldes macht, nimmt sie ihnen die Schärfe. Selbst Gegensätze können so «vermittelt» werden. Wo die Mitte hingegen schwach ist, beanspruchen die Gegensätze die verbindliche Weltsicht. Entscheidend ist dann, «wo man steht».

Das ist es, was Herzinger am neuen Berlin moniert: Berlins Mitte ist nicht stark genug, um die Zentrifugalkräfte der Stadtteile zu bändigen, und als Hauptstadt ist es nicht mächtig und reich genug, um das gesamte Deutschland, insbesondere den Westen und Süden, auf sich zu zentrieren. Dafür ist zunächst jedoch die politisch gewollte und historisch gewachsene föderative Ordnung Deutschlands verantwortlich. Was Leibniz bedauert und Goethe begrüßt hat – die Jahrhunderte währende Aufspaltung der Hauptstadtfunktionen, die politische Schwäche des Reichs gegenüber seinen Gliedern, schließlich die Errichtung und Ausgestaltung von Hauptstädten in den deutschen Ländern –, zeigt seine Spätfolgen in der wirtschaftlichen und fiskalischen Schwäche der deutschen Hauptstadt. Die Bundesländer sind politisch und wirtschaftlich zu stark, als dass sie sich von der Hauptstadt unter Kuratel stellen ließen. Die zentripetalen Kräfte der deutschen Mitte sind begrenzt, und um sich und andere darüber hinwegzutäuschen, so Herzingers Verdacht, wird in Berlin gesellschaftlicher Schein erzeugt. Wo der Mitte die Macht fehlt, muss diese simuliert werden.

Andererseits kann sich Deutschland auch – im Unterschied zu Großbritannien und insbesondere zu Frankreich mit ihrer sehr viel stärker zentrierten Staatlichkeit – aufgrund seiner föderalen Struktur eine relativ schwache Mitte leisten.[19] Was passiert, wenn die Metropole zu schwach ist, um die zentrifugalen Kräfte der Peripherie zu bändigen, zeigt Italien, das, wie Deutschland, eine multizentrale Geschichte hat, mit der Nationalstaatsgründung aber zu einer monozentrischen Ordnung übergewechselt ist. Es gibt Entwicklungspfade, die man nicht verlassen, sondern nur modifizieren kann. Dementsprechend hat die Regionalisierungspolitik in Großbritannien und Frankreich ihre Grenzen, denn sie setzt, wie in Schottland zu beobachten, Kräfte frei, die kaum noch kontrollierbar sind. Umgekehrt hat die italienische Zentralisierungspolitik zu politischen Verwerfungen geführt, die den Zusammenhalt des Landes in Frage stellen. Wenn der italienische Norden mit dem Süden nichts mehr zu tun haben will, ist die Integrationskraft der Mitte überfordert. Dann dominieren die Polaritäten und zerreiben die Mitte.

Deutschland ist, rückblickend betrachtet, bei der Gestaltung seines inneren Mitte-Peripherie-Verhältnisses einen insgesamt glücklichen Weg gegangen. Das ist freilich eher ein Ergebnis von Zufällen und äußeren Einflüssen, als dass es zielstrebig verfolgt worden wäre. Als Berlin erstmals deutsche Hauptstadt wurde, war es seit langem die Hauptstadt Preußens, eines Territorialstaates, der buchstäblich «von der Maas bis an die Memel» reichte und dessen Verwaltung auf Berlin hin ausgerichtet war. Seit der Eingliederung der Rheinprovinzen und dem Wachstum der Montanindustrie an der Ruhr hatte sich Preußen aus einem randständigen Agrarland in einen modernen Industriestaat im Zentrum Deutschlands verwandelt. Ohne einen solchen Rückhalt hätte sich Berlin schwerlich als deutsche Hauptstadt durchsetzen können. Preußen war der bei weitem mächtigste Staat im Deutschen Reich, und aus seinen Ressourcen wuchsen Berlin die Kräfte zu, die es zur Mitte des Reichs werden ließen.[20] Aber selbst von 1871 bis 1945 war Berlin nicht Mitte genug, um die Hauptstädte der anderen deutschen Staaten, Dresden etwa oder München, auf einen provinziellen Status zurückzudrängen. Die Peripherie behielt ihre eigenen Zentren, und das sogar innerhalb Preußens: Königsberg und Breslau im Osten sowie Köln im Westen waren Städte, denen es an Selbstbewusstsein nicht mangelte. Das politische und wirtschaftliche Zentrum-Peripherie-Gefälle war in Deutschland nie so stark ausgeprägt wie in anderen europäischen Ländern. Es kommt nicht von ungefähr, dass sich der europäische Integrationsprozess immer wieder am deutschen Muster orientiert hat.

Mit der Aufteilung Berlins in vier Sektoren durch die Siegermächte des Zweiten Weltkriegs, der Auflösung Preußens durch alliierten Kontrollratsbeschluss, der Gründung neuer Bundesländer aus der territorialen Konkursmasse Preußens und schließlich der Wahl Bonns zum vorläufigen Sitz der Bundesregierung wurde die für Deutschland typische Tendenz zur politischen Dezentrierung dramatisch verstärkt. Die Bonner Republik war im buchstäblichen Sinn ein Staat ohne politisch-administrative Mitte – die Regierung in Bonn, die Obersten Gerichte in Karlsruhe, die Bundesbank in Frankfurt, dazu Düsseldorf, Hannover, München und Stuttgart als Hauptstädte der wichtigsten Bundesländer sowie Hamburg als (neben der Exklave Westberlin) größte Stadt des Bundesgebiets –, ein in jeder Hinsicht dezentrierter Staat, der viel Provinzialität, aber so gut wie keine Peripherie kannte. Dem Fehlen der politisch-administrativen Mitte korrespondierte die Entstehung einer «nivellierten Mittelstandsgesellschaft» (Schelsky), in der oben und unten, rechts und links zunehmend an Bedeutung verloren. Was an administrativer Mitte fehlte, wurde offenbar durch soziale «Vermittelschichtung» und eine sich verstärkende Ausrichtung der Parteien an der Position der Mitte ausgeglichen. Dass sich die Schwäche der politisch-institutionellen Mitte mit dem Umzug der Regierung von Bonn nach Berlin schnell ändern würde, war kaum zu erwarten, zumal ein erheblicher Teil der Bundesministerien in Bonn verblieb. Deutschland hat zwar wieder eine politische Mitte, aber sie ist nicht in der Lage, starke zentripetale Kräfte freizusetzen. Das freilich braucht sie aufgrund der geringen Fliehkräfte der Peripherie auch nicht.

Der Wunsch, ja geradezu die Sehnsucht nach einer Mitte, die dem Land eine geistig-kulturelle Identität verschafft, äußerte sich in Deutschland spätestens seit der Konfrontation mit dem revolutionären Frankreich, und er ist durch die Herstellung einer politischen Mitte im Gefolge der Reichsgründung von 1871 nicht wirklich befriedigt worden. Die Suche nach der Mitte wurde zur Suche nach der «Seele» Deutschlands, und dabei wurden die Wissenschaftler und Publizisten in Thüringen sowie den angrenzenden Teilen Sachsens und des heutigen Sachsen-Anhalts fündig. Hier wurden die Werte, mit denen sich die Vorstellung von der deutschen Identität verband, in den Raum eingeschrieben und verwandelten den geographischen Raum in die symbolische Mitte. Hier schlug Deutschlands «kulturelles Herz», hier war das Pantheon der Kulturnation, die Schmiede der Dichter und Denker.[21] Die deutsche Mitte, wo sich keine großen Städte finden, sondern das bewaldete Hügelland nur Dörfer sowie einige Klein- und Mittelstädte umrahmt, wurde zum «heimlichen Deutschland» erklärt: die Wartburg und Weimar, Wittenberg und der Naumburger Dom mit der Stifterfigur der Uta, und für kurze Zeit auch die Universität von Jena. Hier, so die Literaturgeschichtsschreibung von Gervinus bis Scherer, hatten sich die beiden großen Blütezeiten der deutschen Kultur entfaltet: die Lyrik des Mittelalters um 1200 mit der Wartburg als Zentrum und die Weimarer Klassik um das Dioskurenpaar Goethe und Schiller, und schließlich sei hier auch die Romantik entstanden.[22]

«Wie könnte besser ausgedrückt sein», so der Germanist Josef Nadler, «was wir unter den Völkern voraushaben.» Die «Sehnsucht nach einer geistigen Mitte» werde zwischen Eisenach und Jena, Wittenberg und Weimar befriedigt, wo «der staatlich verkümmerte Binnenstamm [der Thüringer] zum Herzen des deutschen Volkes geworden» sei.[23] Ähnliches findet sich in den historischen Darstellungen deutscher Geschichte bei Heinrich von Treitschke, Richard Suchenwirth und Karl Lamprecht, der von «milder Luft und sanften Hügeln» – beides Mitten zwischen Gegensätzen – als den Charakteristika deutscher Mitte spricht.[24] Die narrative Konstruktion einer geistigen Mitte sollte die Tatsache ausgleichen, dass es der politischen Mitte in Deutschland an identitätsstiftender Kraft fehlte. Wo die Hauptstadt nur als politisch-administratives Zentrum angesehen wurde, hielt man nach einem geistig-kulturellen Raum Ausschau, der schon durch Lage und Beschreibung eine antiurbane Prägung erhielt. Das Städtchen Kaisersaschern in Thomas Manns Künstlerroman *Doktor Faustus* steht für diese Wendung gegen die Metropole.[25] Auch die Entgegensetzung von Zivilisation und Kultur, die in der deutschen Geistesgeschichte schon bald eine unheilvolle Rolle spielte,[26] hat hier einen ihrer Ursprünge. Die von den Föderalisten gepriesenen Vorzüge des Multizentrismus waren nicht ohne Preis zu haben, und dieser Preis bestand in einem antiurbanen Affekt, der die geistige Mitte Deutschlands in einen scharfen Gegensatz zur politischen und wirtschaftlichen Metropole gebracht hat. Die Idee der geistig-kulturellen Mitte wurde zur konservativen Modernekritik, zum Aufstand der Provinz gegen die Metropole und gegen alles, was sich mit ihr verband: Maßlosigkeit, Entwurzelung, Vermassung.[27]

Die Ablehnung der Metropole und ihres Anspruchs, der Nabel der «Welt» zu sein, hat eine lange Tradition, die bis zur Erzählung von den Anfängen der Menschheit im Alten Testament zurückreicht, wo der Brudermörder Kain als der erste Städtegründer vorgestellt wird.[28] Sündenfall, Brudermord und Stadtentstehung sind hier narrativ miteinander verknüpft. Auch die Legende von der Gründung Roms weiß vom Zusammenhang zwischen Stadtgründung und Brudermord zu berichten: Der Kirchenvater Augustinus hat die Geschichte vom Brudermord des Romulus an Remus zum Anlass genommen, die Loyalitätsanforderungen des Römischen Reichs gegenüber den Christen zu relativieren und der weltlichen Herrschaft das Reich Gottes als die eigentliche Heimat der Christen entgegenzustellen.[29] Auch wenn sich die Herrschenden nach Kräften bemühten, Gerechtigkeit walten zu lassen, sei das irdische Reich für jene, die Christus folgen, nichts als ein Durchgangsstadium. Sie seien in ihm bloß Wanderer, deren Weg aus der *civitas terrena* heraus zur *civitas Dei* führe. Augustinus hat die Unabwendbarkeit von Gewalt, deren symbolischer Ausdruck der Brudermord bei Städtegründungen ist, als Angelpunkt genutzt, um die irdische Existenz des Menschen zu dezentrieren und die Lebensgestaltung eines Christen auf das Jenseits auszurichten.

Aber die Stadt steht nicht nur für den Ausbruch von Gewalt zwischen den Menschen, sondern auch für den Aufstand gegen Gott. So hätten, heißt es im 1. Buch Mose, die Menschen in Babylon versucht, einen Turm zu bauen, dessen Spitze bis in den Himmel reichen sollte. Babylon wurde zum Inbegriff menschlicher Hybris, einer Maßlosigkeit, die sich der von Gott gegebenen Ordnung widersetzt. Babylon, das Symbol für die Verbindung rebellischen Titanentums mit der Metropolenbildung als sündiger Überheblichkeit, steht neben den zwei kleineren Städten Sodom und Gomorrha sowie der Großstadt Ninive für den ursächlichen Zusammenhang von städtischem Leben und moralischer Verderbnis. Dem sprichwörtlich gewordenen «Sodom und Gomorrha» habe der Herr, so der biblische Bericht, mit Feuer ein Ende gesetzt, während er es in Babylon mit der Sprachverwirrung und in Ninive mit tätiger Reue bewenden ließ. Die Vielsprachigkeit der mesopotamischen Weltstadt wird von den Kompilatoren des Buches *Genesis* als Strafe Gottes für Überheblichkeit und Maßlosigkeit der Menschen dargestellt, die sich für die Mitte der Welt halten. Das Merkmal einer jeden Metropole, ihre Vielsprachigkeit, wird in der biblischen Erzählung in eine göttliche Strafe verwandelt: Weil sich die Menschen nicht mehr verständigen können, ist die Macht ihrer Rebellion begrenzt. Auch das ist ein Kampf um die Mitte und das ihr je zugehörige Maß.

Die Maßlosigkeit des Metropolenprojekts, einen Turm zu bauen, dessen Spitze bis in den Himmel reicht, zieht die Maßlosigkeit des Lebenswandels nach sich: Hurerei und Völlerei werden zu Insignien Babylons, und in der Folge übertrug sich die Bezeichnung «Sündenbabel» in prophetisch-apokalyptischer Verfluchung auch auf andere Metropolen: auf Rom bei den frühen Christen und den unter der römischen Bedrückung leidenden Juden,[30] dann – besonders durch Luthers reformatorische Kritik – auf das Rom der Renaissance und immer wieder auf die für lange Zeit glanzvollste Metropole Westeuropas, auf Paris. Richard Wagner etwa hat 1870/71 Paris und Babylon einander gleichgesetzt, und der Dichter Eduard Paulus triumphierte unter dem Eindruck des deutschen Sieges über die Franzosen: «Babel ist gefallen. [...] Siegesadler fliegen über weite Meere bis an die Grenzen der Welt und verkündigen den Menschen: Babel ist gefallen! Der Kaiser der Deutschen hat ihr den Fuß auf den Nacken gesetzt.»[31]

Wer geschichtliche Ereignisse in solch apokalyptische Bilder fasste, dem musste die Verwandlung Berlins in eine Weltstadt[32] als Entstehung eines weiteren Sündenbabels erscheinen. Da war es naheliegend, die geistig-kulturelle Mitte Deutschlands abseits der großen Metropole im thüringischen Wald- und Hügelland zu suchen. «Deutschlands Herz» schlug nicht in der Stadt, sondern in der Natur; nicht der urbane Flaneur, sondern der ländliche Wanderer war ihm nahe.[33] Auch die Verächter der Metropole wollten auf die Inanspruchnahme einer Mitte nicht verzichten: Die Metropole hatte die Mitte bloß usurpiert; sie war die falsche Mitte. Die wahre Mitte lag woanders. Weil sie jedoch nicht durch die Massen und den rauschenden Betrieb der Großstadt sinnfällig wurde, konnte nicht jeder ihre Zeichen lesen. Es handelte sich um eine «heimliche Mitte».

Aber eine Mitte ist nur plausibel, wenn sie sich zu Polaritäten ins Verhältnis setzt und einen Mittelweg oder eine Vermittlung zwischen ihnen darstellt. In der Auszeichnung Weimars und Wittenbergs als «heimliche Mitte» war die Metropole, Berlin, nur das eine Extrem; das andere war die radikale Hinwendung zum Landleben, die Rückkehr zu Pflug und Herde, die grundsätzliche Absage an die Stadt, unabhängig von Größe und Einwohnerzahl. An einem solchen freiwilligen «Morgenthauplan» waren selbst die entschiedensten Großstadt-Kritiker in Deutschland nicht interessiert. Deutschland sollte sehr wohl ein Industriestaat und eine Großmacht sein, aber die geistig-kulturelle Mitte durfte dadurch nicht beschädigt werden. Deswegen zog sie sich in die Waldlandschaft zurück und wurde heimlich.

Die verschiedentlich mit der Entgegensetzung von *vita activa* und *vita contemplativa*, tätigem und betrachtendem Leben, einhergehende Opposition von Stadt und Land geht auf den römischen Dichter Horaz zurück, der die Abwendung von der Stadt mit einer grundsätzlichen Zivilisationskritik verbunden hat. Horaz entwarf freilich kein politisches Gegenprogramm zur Großstadt, sondern eher ein Aussteigerprojekt, das im Eskapismus der Kleingruppe die einzige Chance sah, dem schädlichen Einfluss der großen Welt zu entfliehen. Solche Rückzugsprojekte hat es immer wieder gegeben, in den Sekten der frühen Neuzeit etwa, die der Verfolgung durch die Obrigkeit auswichen, oder auch in den Lebensreformbewegungen des späten 19. und frühen 20. Jahrhunderts.[34] Doch das war nicht das Programm derer, die nach einer ausgewogenen Mitte abseits der großen Metropolen suchten. Zwar begriffen auch sie die Stadt als eng und einschnürend, unsauber und ungesund, aber das mündete bei ihnen nicht in eine prinzipielle Stadtfeindschaft, sondern führte zur Forderung nach städtebaulichen Veränderungen, zur Stadtreform, zur Mitte zwischen Stadt und Land, zur «Gartenstadt». Diese war gleich weit vom Asphalt und den großstädtischen Mietskasernen wie vom eskapistischen Rückzug aufs Land entfernt. Und so lässt sich die «heimliche Mitte» Deutschlands zwischen Weimar und Wittenberg als eine einzige große Gartenstadt begreifen.

In einigen Gruppen der Jugendbewegung, zumal beim «Wandervogel», entwickelten sich ähnliche Vorstellungen. Seit dem

19. Jahrhundert sind Stadt, große Industrie und Börsenspekulation in antikapitalistischer Perspektive eng miteinander verbunden, ebenso aber auch die Stadt, die proletarischen Massen und die sozialistische Arbeiterbewegung. Aus Sicht eines kleinbürgerlichen Antikapitalismus ging es darum, einen «dritten Weg», eine Mitte zwischen Kapitalismus und Kommunismus zu finden. Diese Vorstellungen entstanden durchaus in einem urbanen Milieu – so hatte der «Wandervogel» im Berliner Stadtteil Steglitz seinen Ursprung –, aber sie erhielten eine gegen die Großstadt gewandte, eher kleinstädtische Perspektive. Auch hier lag die geistig-kulturelle Mitte nicht im Zentrum der Metropole, sondern deutlich außerhalb.

Diese Attacken gegen den Anspruch der großen Städte, die Mitte eines größeren Raumes zu sein, waren freilich abhängig von der Existenz von Metropolen, an denen sich die Gegner der Städte reiben konnten und deren verderblichen Einfluss auf die Sitten der Menschen sie herausstellten. Der Streit um die «wahre Mitte» setzte die Entstehung der Stadt, deren Wachstum und schließlich die ästhetische Markierung von Räumen wie Horizonten durch die städtische Architektur voraus.

Die Stadt als Mitte und die Mitte der Stadt

Die Entstehung der Stadt im 3. vorchristlichen Jahrtausend, von dem Archäologen Gordon Childe als eine der umwälzenden Veränderungen menschlicher Lebensführung beschrieben,[35] hat auch die Vorstellung von Mitte und Peripherie revolutioniert. Im strengen Sinn hat erst die Zusammenführung unterschiedlicher menschlicher Tätigkeiten auf engstem Raum, die Errichtung einer Zitadelle, eines Tempels und eines Speicherhauses sowie die Ummauerung dieses zentralen Bezirks die Vorstellung von der Mitte des Raums hervorgebracht. Zuvor führten die Menschen, wie Lewis Mumford in seinem monumentalen Werk über die Stadt und ihre Geschichte angenommen hat,[36] in Dörfern ein bescheidenes, weitgehend herrschaftsfreies Leben, das sich über die Jahrtausende hinweg kaum veränderte. Seiner Einfachheit wegen war es auch vor den zerstörerischen Wirkungen von Naturkatastrophen gefeit: Zwar konnte es vorkommen, dass durch solche Katastrophen ganze Regionen entvölkert wurden, aber irgendwann kehrten die Menschen zurück, und das Leben nahm wieder seinen gewohnten Gang. Das alles veränderte sich mit der Entstehung der Stadt. Sie wurde zu einem dynamischen Faktor permanenter Modernisierung.

Fortschritte bei der Bodenbearbeitung und in der Viehzucht machten gegen Ende des Neolithikums eine deutliche Erhöhung der landwirtschaftlich produzierten Überschüsse möglich, ohne die es keine Städtebildung gegeben hätte: Das Dorf musste in der Lage sein, die Handwerker, Beamten und Priester der Stadt zu versorgen. Wenn die Bauern am Prinzip der Selbstversorgung festgehalten hätten, wären auch keine neuen Berufe entstanden, deren bunte Vielfalt die Stadt erst in eine wirtschaftliche Einheit verwandelte. Aber kaum waren die Städte gegründet, übten sie Druck auf die umliegende Dörfer aus, ihre Produktion weiter zu steigern und einen immer größeren Anteil an die Stadt abzuliefern, die sich dadurch weiter diversifizieren konnte. So kam ein sich selbst tragender Prozess der Städtebildung in Gang, der das menschliche Leben tiefgreifend veränderte. Diese Entwicklung blieb freilich für zwei Jahrtausende auf ein klimatisch begünstigtes Gebiet zwischen dem 20. und 40. Breitengrad beschränkt, und auch hier vollzog sie sich bevorzugt an Flüssen und Küsten, von der spanischen Mittelmeerküste im Westen bis zum Gelben Fluss und zum Jangtse im Osten.[37]

Die ersten Städte, von denen wir Kenntnis haben, entstanden in Mesopotamien und am Nil. Sie verwandelten das Nebeneinander von Dörfern und landwirtschaftlichen Siedlungen in eine Ordnung von Zentrum und Peripherie. Die Vorstellung von Mitte und Rändern, Zentrum und Peripherie ist mit der Städtebildung aufs engste verbunden, und mit den Städten entwickelte sich auch die Vorstellung vom Fortschritt. In der Stadt war der Fortschritt erfahrbar, und zugleich trieb die Stadt den Fortschritt voran. Die Bildung von Mitten setzte erstmals den Prozess der Beschleunigung des Lebens in Gang. Insofern haben Mitte- und Fortschrittsvorstellung keineswegs immer im Gegensatz zueinander gestanden, wie man glauben könnte, wenn man auf die politischen Ideologien des 19. und 20. Jahrhunderts blickt.[38]

Mumford hat die Wirkung der städtischen Revolution, der Revolutionierung des Lebens durch die Entstehung der Städte, gleichwohl als ambivalent für die Menschheitsgeschichte beurteilt, wenn er die Stadt als «kostbarste kollektive Erfindung der Zivilisation» bezeichnet hat, zugleich aber auch als «Gefäß zerstörender Kräfte, die auf unablässige Vernichtung und Ausrottung abzielten».[39] Während Friede und Zusammenhalt das kommunitäre Leben des Dorfes geprägt hätten, seien Krieg und Herrschaft für die Stadt der Antike typisch gewesen. Der Tempel in ihrem Zentrum war gleichermaßen Ausgangspunkt und Ziel der Aggression: Von hier wurden die Dörfer in der Umgebung der Stadt unter administrative Kontrolle genommen und die bewaffneten Beutezüge ins entferntere Umland organisiert; Mumford nahm an, dass sie der Beschaffung von Menschenopfern dienten, mit denen die Götter besänftigt und Naturkatastrophen abgewendet werden sollten – die Stadt «fraß» Menschen. Gleichzeitig verschafften blühende Städte den aggressiven Bestrebungen im Umland ein lohnendes Ziel, denn Eroberer konnten hier reiche Beute machen.[40] So entstand mit der Stadt auch die wichtigste Institution des organisierten Krieges, was die oben erwähnte Verbindung von Städtegründung und Brudermord in den mythischen Überlieferungen plausibel macht.

In der Mitte der Stadt befanden sich Tempel und Zitadelle, häufig voneinander getrennt, mitunter aber auch in einem baulichen Komplex verbunden. Von diesem religiösen, administrativen und militärischen Zentrum her wurden die städtische Gesellschaft und die umliegenden Dörfer beherrscht. Die Stadt als Mitte des Landes hatte selbst eine Mitte, in der die Verwalter und Schreiber tätig waren, die den Ertrag der Ernte erfassten und sie in Speicherhäusern einlagern ließen. Dort waren auch die Bewaffneten stationiert, die bei Unruhen ausrückten, um die Anordnungen des Königs notfalls mit Gewalt durchzusetzen.[41] Vor allem aber war die Mitte der Stadt das Zentrum des kultischen Lebens. Mit der Entstehung der Städte wurde die gesellschaftliche Ordnung hierarchisiert. Die Entwicklung einer herrschaftlich-administrativen Mitte und die Ausformung gesellschaftlicher Abstufungen gingen Hand in Hand.

Neben den Verwaltungsstrukturen, mit denen der Produktionsprozess überwacht und gesteuert wurde,[42] und sozialen Ständen wie Priestern, Beamten oder Berufskriegern[43] bildeten sich in der Stadt neue Formen des religiösen Kults und der Vorstellung vom Göttlichen aus. Das gilt nicht nur für die Praxis der Menschenopfer, sondern auch für die Rolle des Königs, den man als «Mittler zwischen Himmel und Erde» verehrte,[44] sowie für die Stadt als Ganzes, die als Abbild des Kosmos zum Inbegriff der idealen Ordnung wurde.[45] Das Bild des himmlischen Jerusalem, der hoch gebauten Stadt, wie es sich in der Johannes-Offenbarung findet, ist eine späte Erinnerung an die Repräsentation der kosmischen Ordnung in der Ordnung der Stadt.[46] In diesem Sinne waren die Mauern, die zunächst die innerste Mitte und dann die Stadt in ihrer Gesamtheit von der Umgebung abgrenzten, nicht bloß Bollwerke zur Verteidigung gegen Angreifer von außen, sondern sie markierten zugleich seelische Schranken, die die Menschen vor dem Chaos und dem gestaltlosen Bösen bewahren sollten.

Die Stadt war nun die Heimat eines mächtigen Gottes, der sie vor Feinden und Naturkatastrophen schützte. Dadurch wurde der in der Stadtmitte gelegene Tempel zum kultischen Zentrum, das weit über die Mauern der Stadt hinaus das religiöse Verhalten der Menschen beeinflusste. In den alttestamentarischen Invektiven gegen Babylon und Ninive oder die Baalspriester von Tyros und Sidon zeigt sich die (als sündiger Abfall von dem Wüsten- und Gewittergott Jahwe begriffene) Attraktivität dieser Stadtgötter und der in ihnen repräsentierten frivolen Prosperität urbaner Zentren. Jedenfalls gelang es der Stadt, das ihr gemäße Bild von der Mitte an den Rändern und in der Peripherie durchzusetzen. Dieser Vorstellung folgten schließlich auch die Gegner der großen Städte, als sie die Wüste zum Raum der Gottesunmittelbarkeit erhoben und die Propheten als Außenseiter der städtischen Gesellschaft zeichneten.

Gegen den Anspruch der Stadt, die Mitte des Raumes und die Mitte der Zeit zu sein – was etwa in Rom darin seinen Ausdruck fand, dass man die Zeitrechnung mit Gründung der Stadt *(ab urbe condita)* beginnen ließ –, haben die aus der Wüste kommenden Propheten und ihre Anhänger reagiert, indem sie die große Stadt zum Ort der Maßlosigkeit sowie des Aufstands gegen Gott erklärten und den dort residierenden König mitsamt seinen Beamten, Kriegern und Priestern zu Ausgeburten der Sündhaftigkeit. Damit war der Kampf um die «wirkliche» Mitte menschlicher Lebensführung eröffnet. Der Vorwurf, die Stadt verleite die Menschen zu Sündhaftigkeit und grenzenloser Selbstüberhebung, hat die Stadt durch ihre Geschichte hindurch begleitet. Der Angriff auf die Twin Towers von New York am 11. September 2001 kann durchaus in dieser Tradition antiurbaner Affekte und der mit ihnen verbundenen Verfluchungen der Metropolen gesehen werden.[47]

In mesopotamischen Städten markierte der – anders als die Pyramiden der Ägypter – im Stadtzentrum errichtete Stufentempel[48] die Mitte des städtischen Raumes und machte diese in der Stadtsilhouette weithin sichtbar. Als es in West- und Mitteleuropa im 12. und 13. Jahrhundert zu einer Wiedergeburt der Stadt nach deren Verschwinden am Ende des Römischen Reiches kam, haben die Türme der Hauptkirche und der Rathausturm eine ähnliche Funktion gehabt.[49] Die auf diese Weise sichtbar gemachte Mitte hat unsere Vorstellung des Schönen entscheidend geprägt.[50] Das Schöne und das Vollkommene sind zur Mitte hin ausgerichtet; daher werden die Zerstörung oder das Verschwinden der Mitte als eine Bedrohung unserer ästhetischen wie ethischen Orientierungsfähigkeit begriffen – und das keineswegs nur aus einer kulturkonservativen Perspektive, wie Vertreter kultureller Avantgarden gerne behaupten.[51]

Fast immer wird bei der Herstellung städtebaulicher, architektonischer und gärtnerischer Ordnungen auf Spiegelachsen zurückgegriffen.[52] Die Axialsymmetrie ist das grundlegende Ordnungsmodell der abendländischen Kultur, und sie steht in einer engen Beziehung zu fast allen semantischen Aspekten der Mitte. In den axial konstruierten Plätzen und Gebäuden des städtischen Raums ist die Semantik der Mitte ebenso sichtbar wie in den Schlössern des Barock oder in der Formierung von Menschenmassen bei Militärparaden. Davon, dass Symmetrie als Symbol einer in sich selbst ruhenden Ordnung wahrgenommen wird, profitieren noch die Asymmetrien als Ausdruck stilistischer Wenden, in denen sich wiederum tiefgreifende soziale und politische Veränderungen ankündigen.

Wo die Mitte als das Zentrum eines Kreises oder als der Schnittpunkt sich kreuzender Achsen ihre integrierende Kraft verloren hat, wird die Peripherie gegenüber dem Zentrum dominant. Aber diese Dominanz ist, wie sich in der Zersiedelung von Räumen zeigt, indifferent, und in der Regel läuft sie auf die Ausbreitung von Maßstablosigkeit und Mittelmäßigkeit hinaus. Für den Verlust des menschlichen Maßes stehen die Stadtvorstellungen totalitärer Regime, zumal die des Stalinismus und des Nationalsozialismus,[53] die beide mit gewaltigen Bauten die Zentren der Städte markieren und den Anspruch auf Weltherrschaft durch ein «babylonisches» Projekt in der Hauptstadt symbolisieren wollten. Dagegen hat der Siegeszug des Mittelmäßigen in den 1960er Jahren die Architekturdebatte in der Bundesrepublik bestimmt: In öden Reihenhauszeilen und biederen Bungalows manifestierte sich eine «Unterbringungsarchitektur»,[54] der es an Stilwillen mangelte und bei der die Mitte durchs Serielle aufgezehrt wurde. Die Mitte der Stadt muss sich gegenüber den Rändern behaupten und auf die Peripherie ausstrahlen können, wenn sie Maß und Maßstab des städtischen Raumes sein soll. Wo die Vor- und Trabantenstädte das Übergewicht bekommen, wird die Mitte dezentriert, oder es entstehen mehrere Mitten, die sich mosaikartig um die alte Mitte legen und diese immer unbedeutender werden lassen.

Aber muss man der Mitte im Städtebau und im Erscheinungsbild einer Stadt überhaupt solche Bedeutung zumessen? Handelt es sich dabei womöglich bloß um ein Vorurteil, das vor allem in Deutschland mit seinen zahlreichen Klein- und Mittelstädten verbreitet ist? Tatsächlich hat kein anderes Land in Europa seit dem Spätmittelalter einen ähnlichen Städtereichtum aufzuweisen wie Deutschland. Allerdings handelte es sich dabei durchweg um Klein- und Mittelstädte, von denen keine auch nur entfernt die Einwohnerzahl der europäischen Großstädte London, Paris, Neapel, Venedig und Florenz erreichte. Vor der industriellen Revolution existierten in Deutschland keine wirklichen Großstädte, und zur Weltstadt ist Berlin erst im 20. Jahrhundert geworden.[55] Das legt den Schluss nahe, dass in Deutschland vor allem die Klein- und Mittelstadt die Vorstellungen von Urbanität bestimmte, weshalb hier auch die Erwartung einer beherrschenden Mitte deutlicher ausgeprägt ist als in anderen Ländern, wo die großen Städte schon früh mehrere Zentren aufwiesen. Demgemäß ist die mit dem Wachstum der Städte erfolgte Dezentrierung in Deutschland weit stärker als Stadtzerstörung erfahren worden als andernorts. Nicht so sehr die Verheerungen durch den Bombenkrieg wären dann für die städtebauliche Mitteorientierung und Mittesehnsucht der

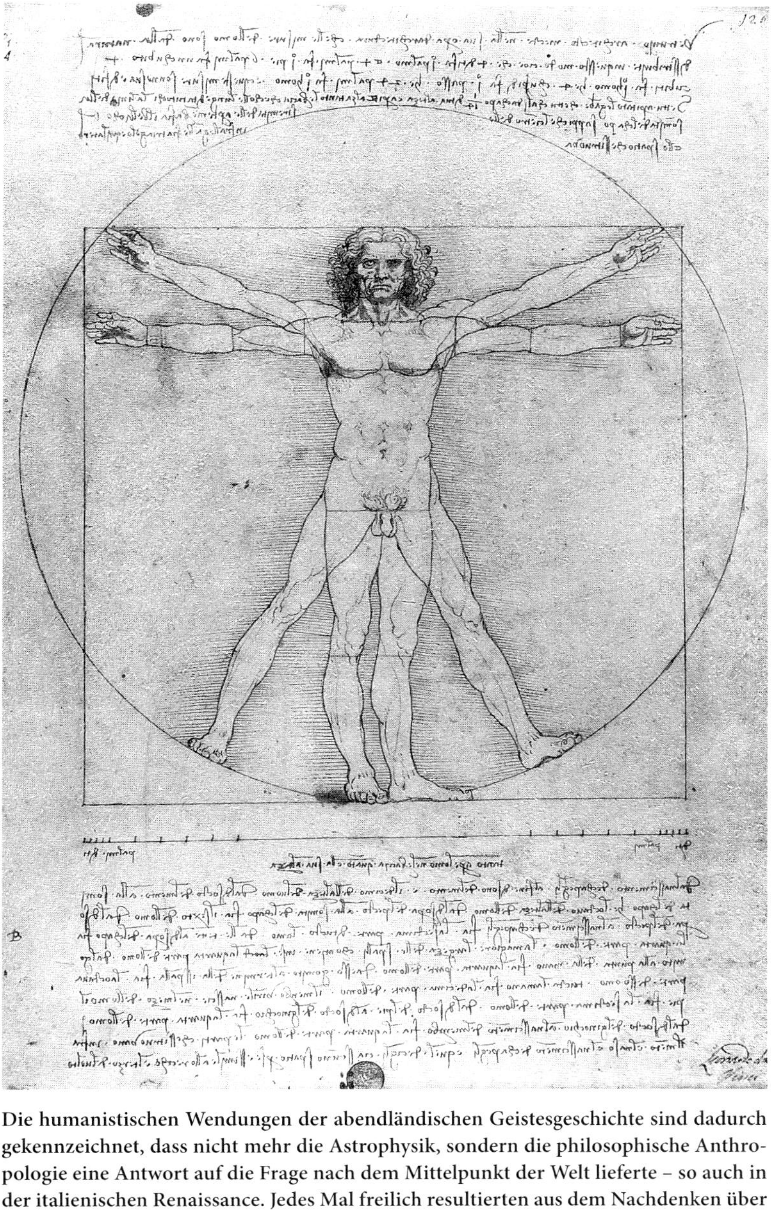

Die humanistischen Wendungen der abendländischen Geistesgeschichte sind dadurch gekennzeichnet, dass nicht mehr die Astrophysik, sondern die philosophische Anthropologie eine Antwort auf die Frage nach dem Mittelpunkt der Welt lieferte – so auch in der italienischen Renaissance. Jedes Mal freilich resultierten aus dem Nachdenken über das Wesen des Menschen neue Vorstellungen über die Ordnungsprinzipien der Welt. In Leonardos Studie zu den menschlichen Proportionen (1492), die zum Symbol der Epoche wurde, wird der Mittelpunkt des Menschen, der Nabel, zugleich als Mitte eines Kreises und eines Quadrats dargestellt.

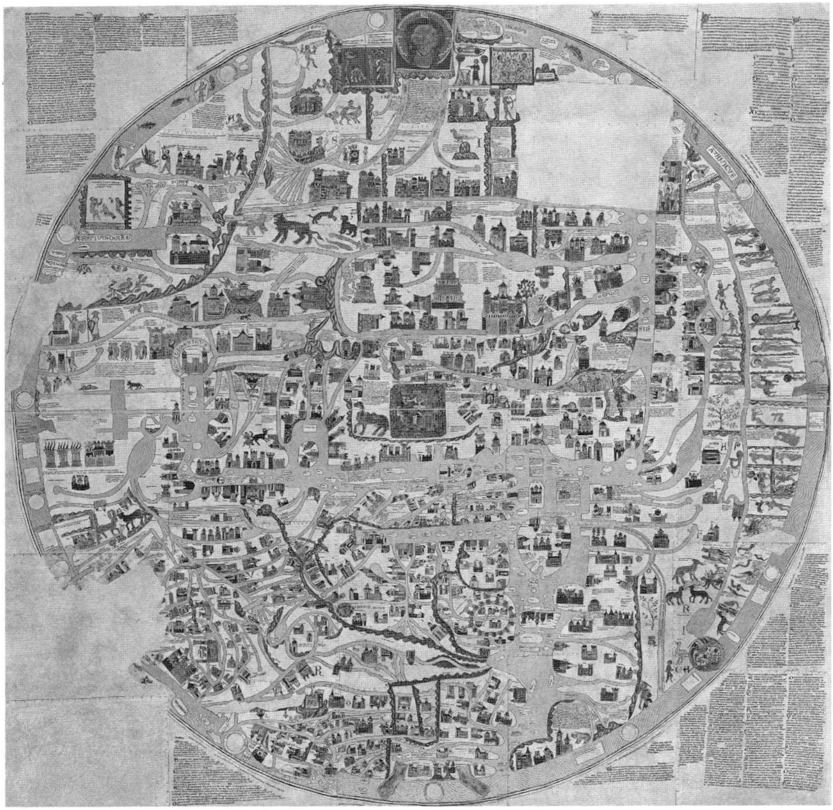

Die um 1300 entstandene Ebstorfer Weltkarte, 1945 in Hannover bei einem Bombenangriff verbrannt, enthält ein Wissen, das die auf heutigen Karten enthaltenen Informationen weit übertrifft. In sie ist nämlich auch die Heils- und Unheilsgeschichte der Menschheit eingeschrieben: in Form des Paradieses im Osten (da die Karte «geostet» ist, befindet es sich oben) oder der apokalyptischen Völker Gog und Magog im Norden. In der Mitte des Erdkreises, dem Ort der höchsten Bedeutsamkeit, liegt Jerusalem, das Zentrum der Heilsgeschichte.

Die Freisinger Zonenkarte, im 11. Jahrhundert gemäß den Vorgaben des antiken Geographen und Klimatologen Macrobius angefertigt, zeigt eine kalte Zone an jedem der Pole sowie eine heiße Zone entlang des Äquators. Dazwischen findet sich in der nördlichen wie der südlichen Hemisphäre jeweils eine mittlere Zone; nur diese mittleren Zonen sind infolge ihres gemäßigten Klimas bewohnbar. Da die äquatoriale Zone als unüberwindlich galt, war das verfügbare Wissen auf die nördliche Hemisphäre beschränkt.

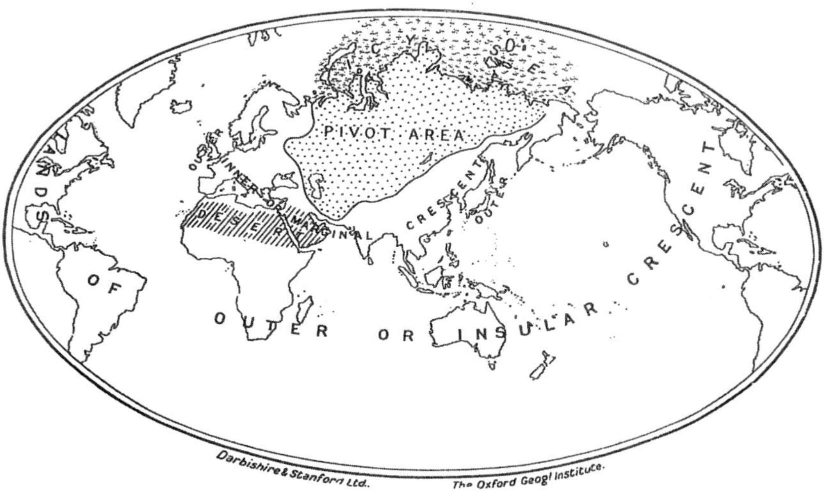

Mit der wachsenden Konkurrenz der europäischen Mächte um die Weltherrschaft wurde auch die Frage nach Zentrum und Peripherie neu gestellt. Zu Beginn des 20. Jahrhunderts machte der britische Geopolitiker Halford J. Mackinder das Zentrum der Weltpolitik in Westsibirien und Zentralasien aus. Seine Theorie hatte großen Einfluss auf die Problemwahrnehmung vieler Politiker und wurde ausschlaggebend für die Bündniskonstellationen des Ersten Weltkriegs.

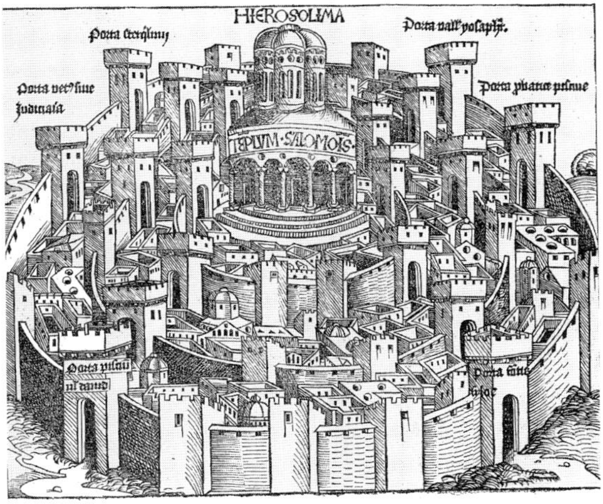

Michael Wolgemuts Holzschnitt von Jerusalem in der 1493 erstmals veröffentlichten ***Schedelschen Weltchronik*** zeigt keine reale Ansicht der Stadt, sondern visualisiert das vielfältige Ideal der Mitte. Der Tempel ist das geometrische Zentrum eines in regelmäßigen Abständen mit Türmen bewehrten und mit Toren versehenen Mauerrings. Funktionalität und Schönheit sind eins.

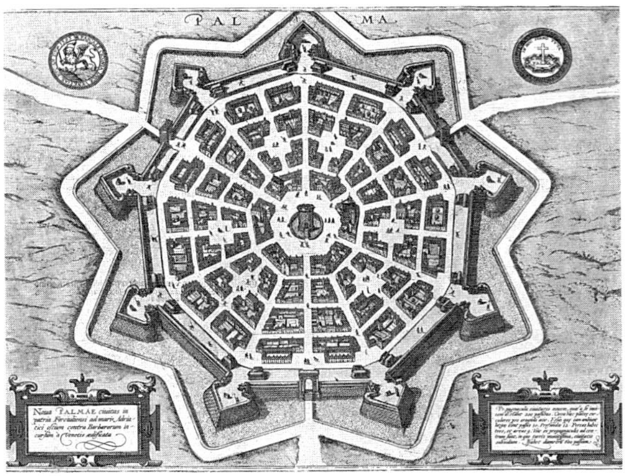

Nachdem die Metaphysik die Kraft verloren hatte, die Wirklichkeitswahrnehmung zu prägen, bedurfte es verstärkter finanzieller wie optischer Anstrengungen, um Ideal und Realität einander wieder anzunähern. Durch den Bau moderner Festungsstädte (hier: Palmanova in Norditalien) ließ sich das ästhetische Ideal unabhängig von historisch Gewachsenem verwirklichen. Das einer Kreisform angenäherte Neuneck mit radial aufs Zentrum zulaufenden Straßen steht für die Einheit von Symmetrie und Abwehrbereitschaft.

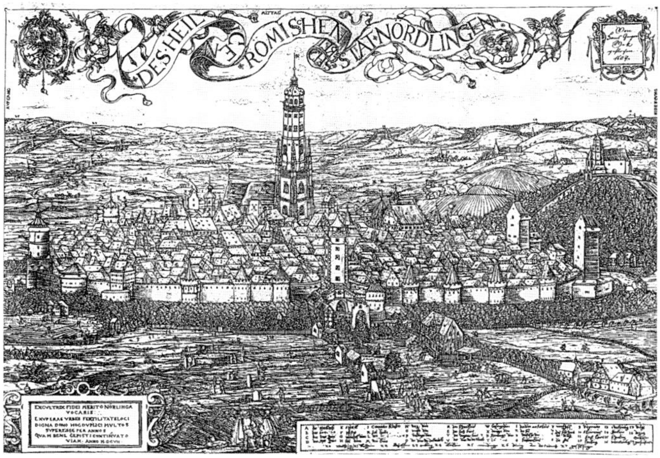

Verglichen mit den streng geometrisch konstruierten Städten, verloren die realen Stadtansichten viel von ihrer Schönheit. Umso wichtiger war es, die Mitte der Stadt hervorzuheben, etwa indem man (wie hier bei der Ansicht Nördlingens) die zentrale Kirche, die das Gewimmel der Gassen und die planlose Anordnung größerer und kleinerer Häuser dominiert und dem städtischen Wirrwarr eine weithin sichtbare Mitte verleiht, überdimensioniert darstellte.

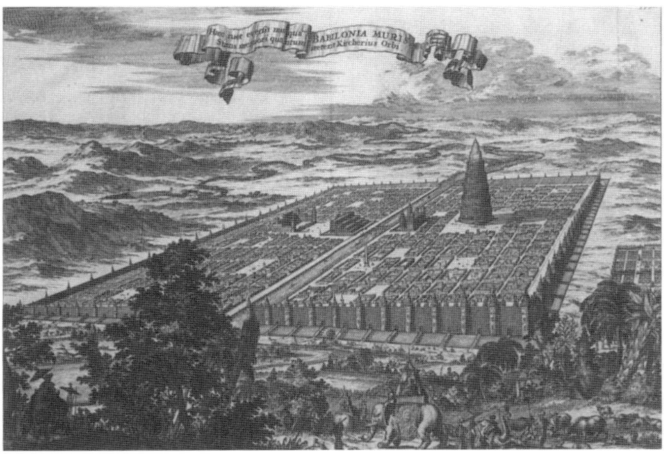

Für Juden und Christen wurde der Turmbau zu Babel zum Symbol menschlicher Hybris. Der Jesuit Athanasius Kircher, ein deutscher Mathematiker und Orientalist des 17. Jahrhunderts, hat ihn in seiner Schrift ***Turris Babel sive Archontologia*** (1679) ins Zentrum einer antiken Großstadt gestellt. Kirchers Turm ist fast vollendet, von einem Scheitern des Projekts durch einen Eingriff Gottes ist nichts zu erkennen; der Unterschied zu den hohen Türmen der Dome und Kathedralen des «christlichen Abendlands» muss hinzugedacht werden.

Auf einer Karikatur aus der Mitte des 19. Jahrhunderts (oben) wird der «deutsche Michel» – ursprünglich der streitbare Erzengel Michael, der Kriegsheilige der Deutschen, nunmehr ein schlafmütziger Biedermann – von Russland, Frankreich, England und Österreich in die Mitte genommen und ausgeplündert. Sein Schlaf, Symbol der noch ausstehenden politischen Einigung Deutschlands, macht dies möglich. Aber wehe, wenn der deutsche Michel erwacht und zum kämpferischen Michael wird: Franz von Stucks Bild *Feinde ringsum* von 1915 (unten) zeigt einen Krieger, der sich des von allen Seiten andringenden Angreifers erwehrt. Hier wird kein Duell zwischen Gleichen dargestellt, sondern ein heroischer Abwehrkampf gegen Heimtücke und Verrat. Stuck hat damit eine in nationalbürgerlichen Kreisen verbreitete Stimmung zum Ausdruck gebracht. Beide Bilder zeigen die Gefahren, die man in Deutschland mit der «schicksalhaften» Mittellage verband: Ist man schwach, wird man ausgeplündert; ist man stark, hat man alle anderen zum Feind.

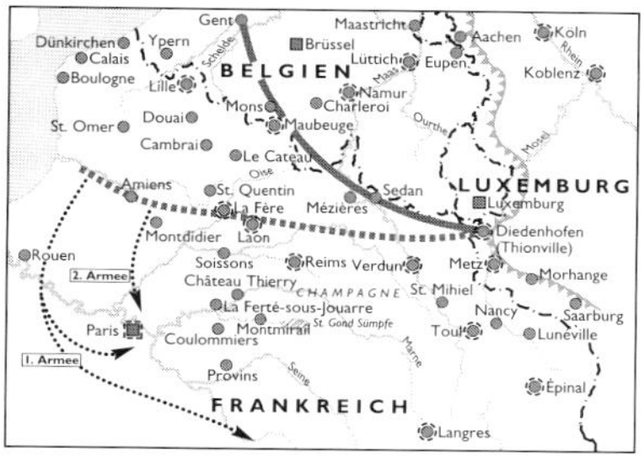

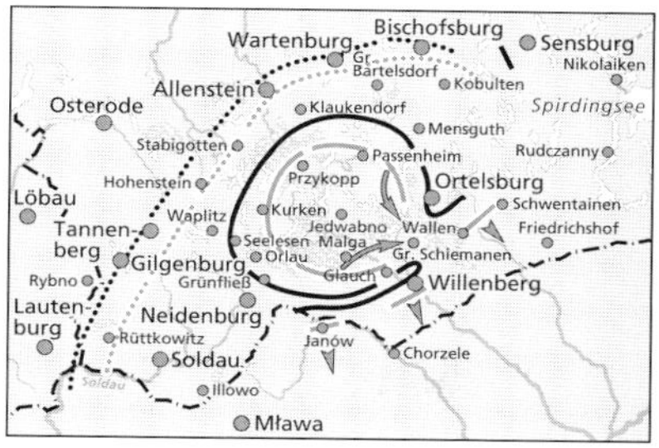

Der Schlieffenplan (links) und die Schlacht von Tannenberg (rechts) stellen zwei Varianten der militärischen Einkreisung dar. Während der Schlieffenplan im August/September 1914 an seiner Maßlosigkeit scheiterte, gelang es den deutschen Verbänden bei Tannenberg, die Armee des russischen Generals Samsonow von ihren rückwärtigen Verbindungen abzuschneiden und in dem unwegsamen Gebiet der Masurischen Seen zu umzingeln. Tannenberg wurde zum Mythos der erfolgreichen Kesselschlacht.

In der durch Polarisierung geprägten Weimarer Republik konnte sich die Mitte als Position des wohlbedachten Ausgleichs präsentieren. «Wir gehen unbeirrt den Weg der Mitte», heißt es etwa auf einem Plakat der Deutschen Demokratischen Partei zur Reichstagswahl 1924 (unten links). Der dynamisch voranschreitende Mann soll versinnbildlichen, dass dies der Weg des Fortschritts ist. Ganz anders die Botschaft auf dem Titelblatt der satirischen Zeitschrift *Simplicissimus* vom 14. Mai 1923 (unten rechts), auf dem der als Kleinkind dargestellte deutsche Michel – stets in Gefahr, bei einem falschen Schritt abzustürzen – von seinem Schutzengel Gustav Stresemann durch die politischen und sozialen Unbilden der Zeit geleitet wird: «Er schaut nach rechts, er schaut nach links – er wird mich retten!» Als Reichskanzler versuchte Stresemann in der Innen- wie in der Außenpolitik die Mitte zu halten.

Die etablierten Parteien der Bundesrepublik setzen auf die Mitte. Die CDU (hier: Angela Merkel am Abend nach der Bundestagswahl 2009 in der Berliner Parteizentrale) tut dies mit dem Anspruch, die Interessen der sozialen Mitte zu vertreten und die politische Mitte zu repräsentieren. Deswegen bedürfen die Mitteslogans der CDU auch keines erklärenden oder präzisierenden Zusatzes: Sie ist «Die Mitte».

Der Anspruch der SPD, eine Partei der Mitte zu sein, ist dagegen relativ jung, weswegen ihr Mittebezug nicht ohne erklärenden Zusatz auskommt: Sie reklamiert «Die neue Mitte» für sich. Ende der 1990er Jahre war eine Mehrheit der Deutschen der durch Helmut Kohl verkörperten «alten Mitte» überdrüssig und wählte Gerhard Schröder (hier am Abend nach der Bundestagswahl 1998) ins Kanzleramt.

Nicht ganz so selbstverständlich ist der Mittebezug der FDP. Sie macht eher die Gefährdung der Mitte zur Botschaft ihres Wahlkampfs (hier ein Plakat zur Hamburger Bürgerschaftswahl am 24. Februar 2008). Nur wer die FDP als die eigentliche Sachwalterin der Mittelschicht wähle, könne verhindern, dass die Mitte – die bei der FDP erheblich enger gefasst ist als bei der CDU – durch die Peripherie («Schwarz-Grün») geschwächt werde.

Deutschen verantwortlich, sondern die überkommenen Vorstellungen von dem, was eine Stadt auszeichnet.[56]

Das Paradigma dieser Idee der Stadt findet sich in der *Politik* des Aristoteles und wird dort in ausdrücklicher Abgrenzung gegenüber dem kleinasiatischen, mesopotamischen und ägyptischen Typus der Megalopolis, der Riesenstadt, entworfen.[57] Zum Zeitpunkt der Niederschrift seiner Überlegungen war Aristoteles freilich bereits ein stadtpolitischer Nostalgiker, denn die Zukunft gehörte den hellenistischen Großstädten, die schließlich auch zum Vorbild für die Entwicklung des Roms der Kaiserzeit wurden.

Aristoteles hat der Stadt ein Maß vorgegeben, das durch Autarkie und bürgerschaftliche Selbstregierung bestimmt war und dessen Zweck in der *eudaimonia*, im sittlich guten Leben der Bürger, bestand. Die Stadt musste sich selbst genug sein, das heißt über alle wesentlichen Tätigkeitsbereiche und eine ausreichende Zahl von Bürgern verfügen, um sich behaupten zu können; aber sie durfte nicht so groß sein, dass die Bürger einander nicht mehr kannten, denn sie sollten ihre Fähigkeiten zur Ausübung von Ämtern beurteilen können.[58] Nicht die Ummauerung, sondern der innere Zusammenhalt der Bürgerschaft macht das Wesen der Stadt aus. «Es wäre ja auch möglich», spottet Aristoteles, «die Peloponnes mit einer Mauer zu umgeben. Derart ist vielleicht Babylon und jede andere Stadt, die mehr über den Umfang eines Volkes als einer Stadt verfügt. Man sagt ja, daß nach der Einnahme Babylons [durch den Perserkönig Kyros im Jahre 538 v. Chr.] noch am dritten Tag ein Teil der Stadt davon nichts merkte.»[59] Wie die Kompilatoren des Buchs *Genesis*, so lehnte auch Aristoteles die Riesenstadt Babylon ab – freilich nicht, weil er Babylon für einen Ort der Sündhaftigkeit und Überheblichkeit hielt, sondern weil sie für das politische Leben im Sinne der Griechen zu groß war. Babylon war der Inbegriff von Maßlosigkeit – darin stimmt Aristoteles' *Politik* mit dem Buch *Genesis* des Alten Testaments überein.

Das aristotelische Stadtideal konnte in Deutschland bis ins 19.

Jahrhundert hinein Geltung beanspruchen, auch hinsichtlich der von Aristoteles getroffenen Unterscheidung zwischen Bürgern und bloßen Einwohnern. Mit dem schnellen Wachstum der Städte im Gefolge der Industrialisierung verlor es jedoch seine Plausibilität – nicht zuletzt weil die wohlhabenden Schichten in die Villenvororte der Peripherie zogen. Die Angehörigen der Oberschicht in Europa hatten zwar schon früher eine gewisse Vorliebe für das Leben außerhalb der Stadt gezeigt, etwa als sie sich im 15. und 16. Jahrhundert Villen auf den Hügeln um Florenz oder entlang der Brenta bei Venedig bauen ließen,[60] aber damals hatten sie ihre Wohnsitze im Zentrum der Stadt nicht aufgegeben. Das taten sie jetzt. Die physische Präsenz in der Mitte der Stadt hatte für die Oberschicht ihre symbolische Bedeutung verloren.

Was der Oberschicht recht war, sollte der Mittelschicht billig sein: In den ersten Jahrzehnten des 20. Jahrhunderts zog sie ebenfalls in die Vorstädte; im Unterschied zur Arbeiterbevölkerung, deren Fabriken am Stadtrand errichtet wurden, bewegten sich die Beamten und Angestellten jedoch tagtäglich in die Innenstadt zurück, wo sich ihre Büros und Kanzleien befanden. Für das daraus resultierende Verkehrsaufkommen musste Platz geschaffen werden. Der automobile Individualverkehr hat die Stadt von den Vorstädten her zerstört. Die Peripherie hat die Mitte aufgebohrt und ausgehöhlt, indem sie sie mit Verkehrsadern durchzogen und mit Parkplätzen vollgestopft hat.[61] Und doch existiert die Mitte der Stadt fort. Die Kombination von Rathaus und Hauptkirche hat zwar ihre Bedeutung verloren, aber an ihre Stelle sind große Verwaltungsgebäude, Ensembles von Kaufhäusern, große Plätze, auf denen Versammlungen und Kundgebungen stattfinden, oder auch bloß Verkehrsknoten als neue Mittelpunkte städtischen Lebens getreten. Die Mitte der modernen Städte kann freilich auch in dem Sinne leer sein, dass sie weder durch hoch aufragende Gebäude noch durch von prächtigen Häusern gerahmte Plätze markiert wird. Aber die Menschen wissen, wo diese Mitte liegt: Bei Protesten und Revolutionen, bei großen Festen oder *public viewings* verwandeln sie sie in einen allgemeinen Treffpunkt, ein Zentrum des Geschehens.[62] Zumindest bei außeralltäglichen Ereignissen wird die städtische Mitte sichtbar. Ansonsten ist die Mitte der Stadt heute eher unscheinbar. Das unterscheidet die modernen von den alten Städten. Letztere haben großen Wert auf die repräsentative Gestaltung der Mitte gelegt; moderne Städte dagegen betrachten die Mitte als funktionalen Ort, als Kreuzungspunkt von U- und S-Bahnen etwa oder als Raum des gehobenen Konsums. Die Mitte ist nicht verschwunden, aber sie hat ihren einstigen Glanz verloren. Es ist freilich nicht nur der ästhetische Glanz, der das Verhältnis der Mitte zum Raum und zu den Rändern bestimmt, sondern hier können auch Vorstellungen von der irdischen und heilsgeschichtlichen Ordnung Gottes eine Rolle spielen oder der nüchtere Blick des Geopolitikers, der die machtpolitischen Vor- und Nachteile der Mitte gegeneinander abwägt.

«Herzland» und Jerusalem: Heilsgeschichtlich-geostrategische Debatten

Wenn auf einigen mittelalterlichen Weltkarten, auf der Ebstorfer Weltkarte etwa oder auf der Weltkarte von Hereford, Jerusalem in der Mitte des Erdkreises liegt, so ist dies keine vermessungs-, sondern eine bedeutungsgeographische Aussage:[63] Alles, was in irgendeiner Weise bedeutsam ist, verweist auf die Heilige Stadt. Jerusalem liegt nicht nur in der Mitte des Raumes, es markiert auch die Mitte der Zeit. Die Jahre werden nun nicht mehr *ab urbe condita*, von der Gründung Roms her, gezählt, sondern von Jesu Geburt an, mit dessen Kreuzestod die Heilsgeschichte die Weltgeschichte überlagert hat. Auf diesen Karten ist das heilsgeschichtliche Geschehen in die räumliche Darstellung der Welt eingeschrieben, und das reicht «vom Anbeginn der Welt mit der Abbildung des irdischen Paradieses, den Stätten des Alten Testaments über die Zeitenwende mit der Kreuzigung Christi zu den Wirkungsstätten der Apostel bis zu den Tagen des Jüngsten Gerichts».[64] Jerusalem steht für die Mitte der Zeit und die Mitte des Raumes, beziehungsweise die Wahrnehmung des Raums folgt der Bedeutsamkeit der Zeit, und diese wiederum ist durch das heilsgeschichtliche Geschehen geprägt. Nicht infolge eines zufälligen Zusammentreffens der Stellung des Globus und der Position des Betrachters liegt Jerusalem in der Mitte der Welt, sondern weil Gott, der Schöpfer des Himmels und der Erde, den Menschen damit zeigen will, dass er ihnen trotz des Sündenfalls zugetan ist und ihnen Vergebung und Erlösung gewährt. Das ist die Botschaft dieser mittelalterlichen Weltkarten. Die Metropole Babylon, erkennbar an ihrem gewaltigen Turm, ist dagegen dezentriert und liegt auf beiden Karten «irgendwo» im Osten.

Auf den Weltkarten von Ebstorf und Hereford wird die Ökumene vom Ozean umspült, der die Peripherie der Erdteile Asien, Afrika und Europa bildet. Die durch Jerusalem markierte Mitte ist zugleich die Schnittstelle der drei Kontinente, erkennbar an einem in den Kreis eingeschriebenen «T». Oberhalb des horizontalen T-Balkens liegt Asien, von Europa durch den Tanais (Don) und von Afrika durch den Nil getrennt, während die vertikale Linie des T für das Mittelmeer steht, das Europa und Afrika voneinander trennt. Die Ostung beider Karten sorgt dafür, dass das T aufrecht steht und nicht, wie das bei genordeten Karten der Fall sein müsste, auf der Seite liegt. So verweist es auf das Kreuz Christi, das nach Überzeugung der christlichen Kartographen zum Schicksal der Welt geworden ist.

Zur Einschreibung der Heilsgeschichte in den Raum gehört auf den Weltkarten von Ebstorf und Hereford aber auch, dass sie deren Bedrohungen sichtbar machen, symbolisiert durch die im Nordosten lebenden Völker Gog und Magog. Der Norden Asiens ist der Raum, aus dem der Antichrist hervorbrechen und versuchen wird, das heilsgeschichtliche Geschehen zu blockieren. Alles wird dann davon abhängen, ob es gelingt, die Mitte gegen die apokalyptischen Scharen zu verteidigen. Ob das im äußersten Osten angesiedelte irdische Paradies in unerreichbarer Ferne bleibt oder die himmlische Zukunft der Erlösten anzeigt, wird sich im Kampf um die Mitte entscheiden.

Dabei ist, wie die aus dem Norden drohenden Hauptgefährdungen zeigen, Peripherie nicht gleich Peripherie: «Der Osten war der Bereich des Lichts und der Wärme, in dem Gott seinen Garten für den von ihm geschaffenen Menschen angepflanzt hatte. Als Ort des Sonnenaufgangs war er zugleich Spender des Lebens wie des Heils, er war die Himmelsrichtung, aus der die Erlösung erwartet wurde. [...] Durch den Lauf der Sonne fiel von diesem Licht auch etwas in den Westen, der somit durch die Achse des Sonnenlaufs ebenfalls positiv besetzt werden konnte. [...] Durch die Wärme und das Licht konnte auch der Süden positiv besetzt werden; da er jedoch, anders als der Osten, nicht der Spender, sondern nur der Empfänger des Lichts war, wurde er diesem gegenüber abgewertet. Durch die Stärke der Sonneneinstrahlung war menschliches Leben im Süden allerdings nicht uneingeschränkt möglich und stark den klimatischen Bedingungen unterworfen, was sich nicht zuletzt an den monströsen Völkern zeigte, die größtenteils am Südrand der von den Menschen bewohnten Ökumene angesiedelt wurden. Der Süden bildete aber den Gegenpol zum Norden, dem Reich der Kälte und der Finsternis. Der Norden war die negativ besetzte Himmelsrichtung schlechthin: Er war der Ort des Teufels, der Verdammten, der absoluten Hoffnungslosigkeit, der Ort, von dem die apokalyptischen Völker aufbrechen würden, um die Welt zu verheeren.»[65]

Die Suche nach der Mitte änderte sich mit dem Übergang vom ptolemäischen zum kopernikanischen Weltbild: Wenn die Sonne nicht um die Erde, sondern die Erde um die Sonne kreiste, konnte man nicht länger davon ausgehen, dass die Erde im Zentrum der göttlichen Aufmerksamkeit stand.[66] Damit mussten die neuzeitlichen Kartographen auch nicht mehr das Heilsgeschehen abbilden. Aber im Unterschied zu den *mappae mundi* des Mittelalters entwickelte die Vermessungskartographie mit ihren durch Längen- und Breitengrade strukturierten Flächen keine Vorstellung von einer «Mitte» der Räume. Umso mehr war dies dagegen in wirtschaftsgeographischen und geopolitischen Vorstellungen der Fall, die mit der wachsenden Konkurrenz der europäischen Mächte um die machtpolitische Aufteilung der Erde an Bedeutung gewannen.

In seinem Aufsatz «The Geographical Pivot of History» legte der Brite Halford J. Mackinder 1904 einen bedeutsamkeitsgeographischen Entwurf vor, der unter geostrategischen Vorgaben wieder eine Antwort auf die Frage nach der Mitte gab. Im Zentrum von Mackinders Überlegungen[67] steht die von ihm als *heartland* («Herzland») bezeichnete Region, deren Kontrolle seiner Auffassung nach den Schlüssel zur Weltherrschaft darstellt. Dieses geopolitische Herzland befinde sich in den praktisch unbewohnbaren Sumpfwäldern Westsibiriens, der geographischen Mitte zwischen Atlantischem und Pazifischem Ozean. Im Gegensatz zu dem amerikanischen Admiral Alfred Thayer Mahan, der von einem ozeanischen Schlüssel zur Weltherrschaft ausging,[68] suchte Mackinder nach einer kontinentalen Mitte und vermutete diese ziemlich genau dort, wo auf den mittelalterlichen Weltkarten die Völker der Apokalypse angesiedelt waren.

Mackinders Annahmen über Zentrum und Peripherie lag jedoch keine übergeschichtliche Ontologie zugrunde. Vielmehr hätten erst die jüngsten technisch-industriellen Entwicklungen das nördliche Westsibirien zum geopolitischen *heartland* werden lassen, und damit sei ein neues, das «postkolumbianische» Zeitalter angebrochen. Zuvor, seit der Entdeckung Amerikas durch Christoph Kolumbus bis ins späte 19. Jahrhundert, sei die Beherrschung der Ozeane für die Weltherrschaft entscheidend gewesen. Mackinder widersprach Mahans Ozeanismus also nicht direkt, sondern begründete seine Gegenthese mit der weltverändernden Wirkung des technologischen Fortschritts. Vor allem die verkehrstechnische Erschließung der großen Landmassen habe die bisherige Überlegenheit des Meeres über das Land beendet. Nicht so sehr der Widerspruch gegen den auch in der britischen Admiralität vorherrschenden Ozeanismus beziehungsweise Navalismus, den Mahan theoretisch zusammengefasst hatte, sondern vielmehr die Behauptung, dass dessen Geltung nunmehr zu Ende gehe, musste die Politiker in London aufschrecken. Wenn Mackinder recht hatte – welche Konsequenzen hatte das für die britische Politik und die *grand strategy*, der das Empire folgte?[69]

Entscheidendes Merkmal der Kolumbus-Epoche war, dass in ihr, ausgehend von Europa, der Globus zu einer Einheit zusammengefasst wurde, und das Vehikel dieser ersten «Globalisierung» war das Schiff. Dementsprechend waren die der See zugewandten Mächte im Vorteil. Ihre Flotten trieben die Formierung der neuen Weltwirtschaft voran, und die Weltoffenheit der seefahrenden Völker erwies sich der Horizontverengung überlegen, die für die Völkerschaften auf dem Lande typisch war. Wenn die «Landtreter» Mobilität erlangen wollten, konnten sie sich damit begnügen, Tiere zu zähmen, wohingegen die «Seeschäumer» zur Überquerung der Meere Schiffe bauen, das heißt ihren technischen Verstand fortentwickeln mussten.[70] Die *horse-* und *camelmen*, wie Mackinder sie nennt, waren den Seefahrern unterlegen, bis mit der Erfindung der Eisenbahn – der Verbreitung des «Stahl-Rosses» – Muskelkraft durch fossile Energie ersetzt und so die Verhältnisse revolutioniert wurden. Erst dadurch wurde *heartland* zum Schlüssel der Weltherrschaft.

Um *heartland* herum liegt – außer im Norden, wo eine lebensfeindliche Trockenzone vom nicht schiffbaren Eismeer begrenzt wird – als innere Peripherie ein Saum von Gebieten mit Zugang zu den Weltmeeren.[71] In diesem Gebietssaum mit kontinentalen wie ozeanischen Machtquellen, den Mackinder *inner crescent* («innerer Halbmond») nennt, finden sich die fruchtbarsten Zonen der Landwirtschaft und die Regionen mit der größten Bevölkerungsdichte. Infolge der unterentwickelten Verkehrsmöglichkeiten waren sie bislang von *heartland* getrennt, beziehungsweise die dort siedelnden Völker konnten auf sie nur vorübergehend Einfluss gewinnen. Als Beispiel dafür kann das Mongolenreich Dschingis Khans und seiner Nachfolger dienen, das jenseits der innerasiatischen Steppen keine dauerhafte Herrschaft zu errichten vermochte. Mit dem Bau von Eisenbahnnetzen hatte sich das jedoch geändert. *Heartland* war in die Weltgeschichte eingetreten. Es wurde zum ernsthaften Konkurrenten der Mächte des *outer crescent* («äußerer Halbmond»), der von den britischen und japanischen Inseln bis nach Amerika und Australien reichte.[72] Konkret hieß das, dass die britische Weltherrschaft in Gefahr war, wobei Mackinders Augenmerk nicht den USA, sondern den kontinentalen Mächten galt – und damit kam neben Russland vor allem Deutschland in den Blick. Das Zusammentreffen dieser geopolitischen Überlegungen mit der besorgniserregenden Beobachtung, dass der industrielle Vorsprung Englands gegenüber Deutschland schwand, dazu die neuen maritimen Ambitionen des Deutschen Reichs sowie der zielstrebige Aufbau einer Kriegsflotte durch Admiral von Tirpitz mussten in London alle Alarmsirenen schrillen lassen.

Tatsächlich ging Mackinder davon aus, dass eine zweitrangige Seemacht an der maritimen Flanke des Kontinents, von ihm als *rimland* bezeichnet, angesichts des wachsenden Potentials von *heartland* die entscheidende Rolle beim Kampf um die Weltherrschaft spielen werde, und insofern haben seine geopolitischen Überlegungen dazu beigetragen, dass die Briten Anfang des 20. Jahrhunderts nicht mehr Russland, sondern Deutschland als die gefährlichste Bedrohung ihres Weltreichs ansahen. Das Reich der russischen Zaren hatte im 19. Jahrhundert den Widerpart zur britischen Seemacht dargestellt. Aber mit ihm konnte man aufgrund der Unterschiedlichkeit von Land und Meer in Frieden auskommen, wenn sich die Landmacht von den ganzjährig schiffbaren Häfen fernhielt. Falls allerdings der machtpolitische Newcomer Deutschland ein dauerhaftes Bündnis mit Russland eingehen sollte, wäre das Britische Empire diesem Machtblock auf Dauer nicht gewachsen. Also kam alles darauf an, Deutschland und Russland voneinander getrennt zu halten. Zwar hat der Aufbau einer deutschen Hochseekriegsflotte die Revision der Bedrohungsanalyse in London beschleunigt, aber ohne Mackinders Thesen wäre der Gegensatz zum Zarenreich, das in seinem Streben nach eisfreien Häfen mehrfach (unter anderem in Afghanistan und am Bosporus) mit den Briten in Konflikt geraten war, nicht so schnell durch die Konfrontation mit Deutschland abgelöst worden.[73]

Dass die Akteure an der geopolitischen Peripherie fürchteten, ihre Vormachtstellung an die Mächte der Mitte zu verlieren, hat die Entwicklungen, die schließlich zum Ausbruch des Ersten Weltkriegs führten, mit vorangetrieben. Die von Mackinder prognostizierte Verlagerung der geopolitischen Mitte aus den ozeanischen in die kontinentalen Räume bedeutete aus britischer Sicht eine existenzielle Bedrohung, der man sich mit aller Kraft entgegenstemmen wollte. Von den deutschen Sorgen, die nicht weniger zur Eskalation beigetragen haben, wird noch die Rede sein. Zunächst soll der Blick jedoch auf ein geopolitisches Analyseraster gerichtet werden, das ohne Mitte auskommt. Das ist der Fall bei der unvermittelten Gegenüberstellung von Land- und Seemächten, aus der dann entweder eine direkte Konfrontation oder aber die Vorstellung einer Koexistenz erwächst, bei der Land und Meer als Interessens- und Ausdehnungssphären voneinander getrennt sind.

Trotz einiger Reibungen zwischen der russischen Land- und der britischen Seemacht haben beide Imperien bis ins frühe 20. Jahrhundert auf dieser Grundlage leidlich miteinander auskommen können, ohne in einen großen Krieg um die Weltherrschaft, in England auch als *endgame* bezeichnet, hineinzugeraten.[74] Die Vorstellung einer Mitte zwischen beiden, jedenfalls eines machtpolitisch relevanten Dritten, der an den Ressourcen des einen wie des anderen partizipiert, hat hier weder ausgleichend noch friedensfördernd gewirkt. Das Auftauchen eines solchen Dritten führte, wie die Vorgeschichte des Ersten Weltkriegs zeigt, zu einer Dramatisierung des Gegensatzes, weil es nunmehr um die Frage ging, auf welche Seite sich dieser Dritte schlagen werde. Er könnte, falls die beiden anderen nicht aufpassten, zum machtpolitischen Zünglein an der Waage werden. Das war eine Herausforderung vor allem für die Briten, die sich bei der Balancierung des europäischen Gleichgewichts bislang selbst als das Zünglein an der Waage verstanden hatten.[75] In der ozeanischen Geostrategie Admiral Mahans, die keine wirkliche Mitte und nur schmale Überschneidungszonen von Land und Meer kannte, waren die Seemächte den Landmächten zwar durchweg überlegen, aber wenn jede Seite sich an das ihr eigene Element hielt, musste es gar nicht zur Konfrontation zwischen beiden kommen. Auch deswegen galt Mahans Hauptinteresse den Kämpfen der Seemächte untereinander.[76]

Ihrem Wesen nach, so Mahan, sind die am Handel orientierten Seemächte defensiv.[77] Der Handel ist freilich auf den Zugang zum Landesinnern angewiesen, weswegen die Seemächte versuchen, die Kontrolle über Küsten und Häfen zu erlangen. Sie beschränken sich jedoch darauf; direkte Einwirkungsmöglichkeiten bleiben auf einen schmalen Küstenstreifen beschränkt, weil sonst die Kosten-Nutzen-Relation ins Ungleichgewicht geraten würde: Seemächte setzen sich auf Inseln sowie in Festungen oder Handelsstationen an den Küsten fest und verzichten in der Regel darauf, ins Landesinnere vorzudringen. Das wiederum hat Folgen für die Frage nach der Mitte einer seegestützten Großreichsbildung: Wollte man sie im weiteren Sinn geometrisch bestimmen, läge sie irgendwo in den Ozeanen. Um des Fehlen der Mitte auszugleichen, konnte man in die Errichtung von Metropolen investieren. Aber die großen Handelshäuser und -kompanien waren eher zurückhaltend bei der repräsentativen Ausgestaltung der Städte, in denen darum ein nüchterner Kaufmannsgeist herrschte. In Seereichen zeigt vor allem die Bewegung der Handelsströme an, wo die Mitte liegt, und diese Ströme sind nur für die Kaufmannschaft und die ihr verbundenen Politiker lesbar.

Im Unterschied zu den Landmächten, die ihre Expansion von einer starken Mitte aus betreiben und diese im Falle des Erfolgs zum repräsentativen Reichszentrum ausbauen, entwickeln sich Seemächte in peripheren Linien, ebenjenen Küstenzonen und Handelsstädten, wo Land und Meer aufeinandertreffen.[78] Nur hier gewinnt die Seemacht Konturen – das Land, das sie an ihre Handelsverbindungen angeschlossen hat, beherrscht sie nicht, und auf dem Meer, das sie mit ihren Schiffen beherrscht, hinterlässt sie keine Spuren. Der von den Briten entwickelte Typus der *indirect rule* ist die Form, in der Seemächte das Land zu kontrollieren trachten. Daher ist es nur konsequent, wenn eine maritim oder ozeanisch ausgerichtete Geopolitik nicht von einer realen oder imaginierten Mitte, sondern von den Rändern her entworfen wird. Es geht darum, die gegenüberliegende Küste zu beherrschen oder dort zumindest Stützpunkte zu errichten und die in den Ozeanen gelegenen Inseln sowie die Meerengen und Seestraßen, die Nadelöhre des Welthandels, zu kontrollieren. Aber es wäre unklug und viel zu teuer, über die Küstenlinie weiter ins Landesinnere vorzudringen. Eine «aquatologische» Geopolitik[79] entwirft ihre Ordnung nicht vom Zentrum, sondern von den Rändern her.

Auch unter den Weltkarten des Mittelalters gibt es einen Typus, auf dem die Ordnung der Welt nicht von einer Mitte her gedacht, sondern qua Polarität hergestellt wird.[80] Diese Karten sind viergeteilt, wobei sich die Vierteilung aus zwei ringförmig um die Pole und den Äquator verlaufenden Ozeanen ergab, die, da sie senkrecht zueinander standen, die Welt in vier etwa gleich große Teile aufteilten.[81] Überlagert wurde diese Zwei- beziehungsweise Vierteilung von fünf Klimazonen, von denen die beiden Polarzonen der dort herrschenden Kälte und die Äquatorialzone ihrer Hitze wegen als unbewohnbar galten. Die Wüste – und nicht das Meer – wurde dabei als unüberwindlich angesehen und sorgte dafür, dass die Bewohner der beiden Erdhälften keinen Kontakt miteinander hatten. Bewohnbar waren nur die nördliche und die südliche temperierte Zwischenzone,[82] wobei in der südlichen Zone die «Antipoden» lebten, die den in der nördlichen Zwischenzone Lebenden «unbekannt» waren. Demgemäß kursierten die eigentümlichsten Vorstellungen über sie.

Nun handelt es sich bei diesen die nördliche und die südliche Hemisphäre, Ökumene und Antiökumene, gegenüberstellenden Weltkarten weder um geopolitische noch geostrategische Entwürfe, weswegen die beiden Erdhälften auch nicht in einen Gegensatz zueinander traten, der sich zu einem Kampf um die Weltherrschaft hätte steigern können. Dafür sorgt schon die Äquatorialzone, die unpassierbare Wüstenregion, die für die antiken Geographen und ihre mittelalterlichen Nachfolger mit der Sahara sinnliche Evidenz besaß. In gewisser Hinsicht war sie die Mittelzone der Erde; weil sie aber als lebensfeindlich galt, konnte sie nicht zum Machtzentrum werden. Durch ihre klimatisch bedingte Unbewohnbarkeit war sie machtpolitisch neutralisiert. Abgesehen davon, dass großräumige wirtschaftliche wie militärische Bewegungen im Mittelalter kaum möglich waren, hat auch die Trennung der Erde in zwei separate Sphären die Zeitgenossen davon abgehalten, sich in Spekulationen über globale Machtkämpfe zu ergehen. Die wenigen Vorstellungen dazu drehten sich um die Apokalypse, und da waren es die innerasiatischen Völker Gog und Magog, die nach Europa einbrechen und eine Spur der Verwüstung hinter sich lassen würden.

Während Halford Mackinder und die ihm folgenden Geopolitiker die Herausforderung der Mitte von der Peripherie her durchdachten und daraus ihre strategischen Überlegungen entwickelten, fielen bei den französischen und deutschen Welt- und Geopolitikern Herausforderung und Standort in eins. Für Mackinder war die Mitte ein Problem, weil er die seiner Vorstellung nach exzentrische Machtposition des britischen Weltreichs verteidigen und sichern wollte. Ihn beschäftigte die Frage, wie eine von der Mitte her drohende Machtentfaltung blockiert werden kann.

In gewisser Hinsicht hat sich diese Herausforderung auf die US-amerikanischen Strategietheoretiker fortgeerbt, jedenfalls dann, wenn sie den amerikanischen Kontinent nicht als Mitte zwischen dem Atlantischen und dem Pazifischen Ozean ansehen, sondern die Ozeane als Umfassung der eurasischen Landmasse begreifen. Dieser gewaltige Raum lässt sich von den Ozeanen her kontrollieren, solange sich in ihm keine Mächtekoalition bildet, die den Akteuren des – in der Terminologie Mackinders – *outer crescent* die Weltherrschaft streitig macht. Demgemäß ist für den in dieser Denktradition stehenden amerikanischen Politikwissenschaftler und Politikberater Zbigniew Brzeziński eine Koalition von China, Russland und den größeren Mächten des Mittleren und Nahen Ostens (insbesondere dem Iran) ein machtpolitisches Schreckgespenst, da seiner Auffassung nach nur eine solche Koalition in der Lage wäre, die weltpolitische Vormachtstellung der USA zu gefährden.[83] Diese Wahrnehmung der machtpolitischen Herausforderungen folgt den Vorgaben Mackinders, in dessen Tradition man auch die von den USA nach dem Zweiten Weltkrieg gegenüber der UdSSR betriebene Eindämmungspolitik begreifen kann: Alles hing davon ab, dass die USA die Küsten und küstennahen Inseln auf der gegenüberliegenden Seite von Atlantik und Pazifik kontrollierten. In Europa gelang das ohne bewaffneten Konflikt, in Ostasien wurden um Korea und Vietnam Kriege geführt.[84]

Die französischen und deutschen Geopolitiker sahen sich einer ganz anderen Herausforderung gegenüber: Für sie war die Mitte ein «Sandwich-Problem». Man begriff sich als eingekeilt zwischen zwei großen Mächten, in der Regel der russischen Land- und der britischen Seemacht, die auch noch einen je eigenen Charakter hatten und deren Politik unterschiedlichen Direktiven folgte. Bereits Napoleon ist an dieser doppelten Herausforderung gescheitert, und bei den Deutschen hat sie sich zu einer regelrechten Hysterie gesteigert: Entweder man suchte unentwegt nach Möglichkeiten, den Ring der «Einkreisungsmächte» aufzusprengen, wodurch das Deutsche Reich in die unglückliche Rolle des notorischen Unruhestifters und Kriegstreibers hineingeriet, oder man machte aus der politischen Not der «Feinde ringsum» eine heroische Tugend, indem man sich selbst «viel Feind, viel Ehr!» bescheinigte. Beide Versuche, mit den Herausforderungen der Mitte umzugehen, haben zu den deutschen Katastrophen in der ersten Hälfte des 20. Jahrhunderts entscheidend beigetragen.

Flügelmächte, Einkreisungsängste und Mitteleuropa

Die geopolitische Position der Mitte kann recht unterschiedliche Folgen für das Auftreten eines politischen Akteurs haben: Die Mitte kann als der «Nabel der Welt» begriffen werden, aber ebenso als ein Ort äußerster Gefährdung, wo man von allen Seiten her bedroht ist. Im ersten Fall bringt die Mitte ein Gefühl der Sicherheit und Geborgenheit hervor – wenn Gefahr droht, so an den weitentfernten Rändern –, während sie im letzteren Fall Bedrohtheitsgefühle und Abwehrreflexe auslöst.[85]

Die stolze Selbstbezeichnung Chinas als «Reich der Mitte» steht durchweg für die erstgenannte Möglichkeit, in der sich politische und kosmologische, kulturethnographische und astrologische Vorstellungen überlagern.[86] Für diese Positionierung in der Mitte der Welt, eine Mitte, die eine selbstbewusste und keine bedrohte und gefährdete war, hatte China freilich einen Preis zu zahlen, und der bestand im Verzicht auf jede größere überseeische Expansion. Hätten die Chinesen das zu Beginn des 15. Jahrhunderts unter Admiral Zheng He begonnene Projekt eines Vorstoßes in den Indischen Ozean weitergeführt, hätte aus dieser Selbstgewissheit schnell ein Mittebewusstsein der Gefährdung werden können. So aber blieb die Mitte für sie Zentrum der Welt.

Dagegen hat die Selbstpositionierung Deutschlands in der Mitte Europas eher Bedrohtheitsgefühle und Abwehrreflexe ausgelöst.[87] Es kommt nicht von ungefähr, dass die überwiegende Mehrheit der Deutschen nach 1945 umstandslos bereit war, den zuvor energisch vertretenen Anspruch auf die Vormachtstellung in Europa aufzugeben und sich physisch wie mental auf «den langen Weg nach Westen» (Winkler) zu machen, wo sie politisch im Verlauf der 1950er Jahre angekommen ist.[88] Der kleinere Teil der Deutschen verblieb in dem mal als «Sowjetisch Besetzte Zone (SBZ)», mal als «Mitteldeutschland» bezeichneten Gebiet, während man sich mehr und mehr von der Hoffnung verabschiedete, «Ostdeutschland», also die preußischen Kernlande sowie Pommern und Schlesien, könnte wieder zu einem Teil Deutschlands werden – auch wenn die Bundesrepublik offiziell noch lange staatsrechtliche Ansprüche darauf erhob. Viele der in «Mitteldeutschland» Verbliebenen saßen buchstäblich auf gepackten Koffern, um ebenfalls den «Weg nach Westen» anzutreten. Die Deutschen hatten sich entweder dem «Osten» anverwandelt oder sich – und das war die große Mehrheit – dem «Westen»[89] angeschlossen. Adenauers Politik der Westbindung lief entgegen der offiziellen Politikrhetorik darauf hinaus, dass Deutschland die Mitte räumte. Das Projekt der «Wiedervereinigung», an dem man nach wie vor festhielt, war nicht als

Rückkehr in die Mitte, sondern als Vorschieben des Westens in den Osten angelegt. So ist der Westen für die Deutschen zum Symbol einer neuen Identität und eines neuen Selbstbewusstseins geworden. In der Mitte hatte man kein Glück gehabt; indem man sie aufgab, verzichtete man auch auf die Fortsetzung des deutschen «Sonderwegs», der ein «Mittelweg» zwischen Ost und West gewesen war. Man schwenkte auf den westlichen Entwicklungspfad ein – als Erste die westdeutschen Länder, die sich traditionell dem Westen stärker verbunden gefühlt hatten, und 1989/90 auch die «neuen Bundesländer», die in der Bundesrepublik bis dahin als «Mitteldeutschland» bezeichnet worden waren.

Das Unbehagen an der Position in der Mitte war jedoch kein spezifisch deutsches Problem; vielmehr handelte es sich um eine Herausforderung fast aller europäischen Staaten, die Großmachtpolitik betreiben wollten. Die Franzosen haben über die strategischen Chancen wie Dilemmata der Mitte ebenso nachgedacht wie die Habsburger in Wien oder die Hohenzollern in Berlin. In der Konfrontation mit dem Deutschland, Spanien und Oberitalien umfassenden Machtblock des Hauses Habsburg setzte die französische Politik seit Beginn des 16. Jahrhunderts auf ein strategisches Bündnis mit dem Osmanischen Reich, um die habsburgische Macht «in die Zange zu nehmen». Umgekehrt wurde Frankreich in die Zange genommen, sobald Wien und London miteinander koalierten, und auch gegenüber der Hohen Pforte bediente man sich in Wien einer Politik der «zweiten Front», indem man die Perser dazu animierte, militärischen Druck auf die östlichen Grenzregionen des Osmanischen Reichs auszuüben. Nur Großbritannien und Russland – Ersteres aufgrund seiner Insellage und des Aufstiegs zur Seemacht, Letzteres schon infolge seiner Ausdehnung nach Sibirien – ließen sich nicht in die Zange nehmen. Aus der europäischen Mitte heraus betrachtet, befanden sie sich in der Position von Flügelmächten, die man nicht einkeilen konnte. Außerdem waren sie in der Lage, sich aus der europäischen Bündnispolitik herauszuhalten, um vom Rande her zu beobachten, wie sich die Angelegenheiten im Zentrum entwickelten. *Splendid isolation* war der englische Begriff für diese Politik. Eine solche Möglichkeit besaßen die Mächte in der Mitte nicht. Sie mussten ständig auf der Hut sein, wollten sie im Spiel der wechselnden Koalitionen nicht den Kürzeren ziehen.

Die Mittellage konnte somit aus zwei Gründen als bedrängend und bedrohlich empfunden werden: Zum einen, weil ein politischer Akteur allein nicht mächtig genug war, um seinen Nachbarn Paroli zu bieten, weswegen er gezwungen war, mit einem von ihnen ein Bündnis einzugehen. Und zum anderen, weil man bei dem Versuch, die eigenen Einflusszonen auszuweiten, relativ schnell auf eine andere Großmacht stieß, während die Flügelmächte expandieren konnten, ohne mit dem Widerstand gleichartiger Akteure rechnen zu müssen. Im Spiel der Mächte verlangte die Position in der Mitte also sehr viel mehr Kraft und Ressourceneinsatz als die an der Peripherie. Und obwohl die Mittellage im Prinzip mehr Koalitionsmöglichkeiten eröffnete, bot sie wegen des *Zwangs* zur Koalitionsbildung oder der unmittelbaren Konfrontation mit einer Gegenmacht einen weitaus geringeren Handlungsspielraum als die Randlage. Wer sich in Europa geopolitisch in der Mitte befand, stand unter permanentem Stress.

Dieses Problem der Mitte taucht freilich nur dort auf, wo starke Flügelmächte existieren. Fehlen sie, verbindet sich die Position der Mitte mit dem Projekt der Weltherrschaft. Das war in China der Fall, seit dem 19. Jahrhundert aber auch in den USA, die im Jahre 1853 von den beiden deutschstämmigen Autoren Theodor Poesche und Charles Goepp als «the New Rome» beschrieben worden sind.[90] Drei Mal, so Poesche und Goepp, hätten die romanischen Völker versucht, die zivilisierten Völker politisch unter ihre Kontrolle zu bringen, und drei Mal seien sie dabei am Widerstand der germanischen Völker gescheitert: das Imperium Romanum bei der Schlacht im Teutoburger Wald, die katholische Kirche an der Reformation und die napoleonische Großreichsbildung durch die Niederlage in der Schlacht von Waterloo. Nordamerika, in dem sich Germanen und Romanen vermischt hätten, sei nunmehr aufgerufen, Herrschaft und Freiheit miteinander zu verbinden und als Weltführungsstaat das «Neue Rom» zu werden. Noch gebe es freilich einen mächtigen Widersacher der amerikanisch dominierten Weltordnung, und das sei das Reich der russischen Zaren. Auf Dauer, so die Prognose der Autoren, sei die Welt für beide Mächte zu klein, und es werde zum Entscheidungskampf zwischen ihnen kommen. Poesche und Goepp waren überzeugt, dass die USA dabei den Sieg erringen werden, weil sie geographisch die Mitte zwischen Atlantischem und Pazifischem Ozean einnähmen. Insofern die weltpolitische Mitte für Poesche und Goepp nicht im Zentrum der eurasischen Landmasse, sondern zwischen den beiden großen Ozeanen lag, vertraten sie eine Gegenposition zu der späteren Sicht Mackinders. Die Herausforderung durch die Flügelmächte, mit der sich die kontinentaleuropäischen Geopolitiker herumschlugen, gab es für die USA nicht. Diese Mitte konnte nicht in die Zange genommen werden, sie strahlte nach allen Seiten hin aus.

Der Blick auf eine Mitte hingegen, die sich zwischen Flügelmächten behaupten muss, findet sich bei dem französischen Schriftsteller Abbé de Pradt. Zu Beginn des 19. Jahrhunderts entwickelte er in einer Reihe von Publikationen die Idee eines unter französischer Vorherrschaft geeinten Europas, das in der Lage sei, sich gegen die machtpolitischen Kolosse England und Russland zu behaupten.[91] Auch de Pradt stellte Analogien zum antiken Rom her, allerdings hatte er nicht die römische Herrschaft über den gesamten Mittelmeerraum im Blick, sondern den zwischen Rom und Karthago ausgetragenen Kampf um die Vorherrschaft im westlichen Mittelmeer, und dabei sah er Frankreich in der Rolle Roms und England in der Karthagos. De Pradt war sich jedoch darüber im Klaren, dass die Franzosen den Briten niemals einen «karthagischen Frieden» aufzwingen konnten. Deswegen werde es auch nicht zur Errichtung eines neuen Römischen Reichs in französischem Gewand kommen: Der von Frankreich dominierte Kontinent werde sich immer wieder gegen die unbezwingliche Flügelmacht England behaupten müssen. Da jedoch der Emanzipationsprozess der kolonisierten Völker, der mit dem amerikanischen Unabhängigkeitskrieg begonnen habe, die britische Macht schwächen werde, war de Pradt zuversichtlich, dass die Selbstbehauptung der europäischen Mitte dauerhaft gelingen könne.

Nachdem Napoleon an Russland und England gescheitert war, hat de Pradt bezweifelt, dass das im Wiener Kongress neu geordnete Europa fähig wäre, sich gegen die Flügelmächte zu behaupten. Russland sei zu mächtig und Frankreich zu schwach geworden. Deswegen schlug er vor, Frankreich um Savoyen und die Grafschaft Nizza sowie um die Gebiete zwischen Rhein und Mosel zu vergrößern; Preußen sollte zum Ausgleich Sachsen erhalten und sich die Gebiete bis zur Weichsel einverleiben, während dem österreichischen Kaiserreich Serbien und Bosnien zugesprochen werden sollten. De Pradt hoffte, Preußen und Österreich könnten dann Russland in Schach halten, während die Aufgabe Frankreichs darin bestand, ein weiteres Vordringen Englands zu verhindern. Dabei ging de Pradt von einem «eigentlichen Europa» in der Mitte des Kontinents aus, das er als Gegenmodell zu der sich bald nach dem Wiener Kongress abzeichnenden Spaltung Europas begriff: Dem konservativen Block, der «Heiligen Allianz», gehörten Russland, Preußen und Österreich an, während der liberale Block aus Frankreich und England bestand. Eine Mitte gab es unter diesen Umständen nicht.[92] Ideologisch war der Kontinent damit auf eine ähnliche Weise gespalten wie später während des Kalten Krieges.[93]

De Pradt wollte diese Spaltung überwinden und die Mitte Europas zu einem handlungsfähigen Akteur machen, der nicht zuletzt durch die Zugehörigkeit zur europäischen Zivilisation geeint wäre.[94] England und Russland seien ihr nämlich nur bedingt zuzurechnen, da sie als Weltmächte einen erheblichen Teil ihrer Ressourcen aus anderen Kontinenten bezögen. Durch seine Expansion in Mittelasien, im Fernen Osten und im Kaukasus werde Russland immer mächtiger und bedrohe längst das europäische Gleichgewicht. Deshalb mahnte de Pradt die Errichtung eines stabilen Systems der europäischen Mächte an, das die Russen daran hindern solle, Weichsel und Donau zu überschreiten oder sich am Bosporus festzusetzen. Darum müsse die Türkei als Barriere gegen ein weiteres russisches Vordringen gestärkt werden, und diese Aufgabe wies de Pradt vor allem Frankreich zu.

Während der russische Despotismus die Freiheit Europas bedrohe – eine Vorstellung, die de Pradt mit vielen Liberalen und Demokraten des 19. Jahrhunderts teilte –, gefährde Großbritannien den europäischen Wohlstand, seit es sich als Seemacht endgültig gegen die einstigen Konkurrenten Frankreich, Spanien und die Niederlande durchgesetzt hatte. De Pradt bringt das System der englischen Besitzungen und Stützpunkte in das Bild einer Kette, mit der die europäischen Nationen gefesselt sind und zu der allein der britische Neptun den Schlüssel in Händen hält. Zwar stelle Großbritannien keine militärische Gefahr für Europa dar – es verfüge über keine nennenswerten Landstreitkräfte und könne mit seiner Flotte allenfalls die Hafenstädte zerstören, jedoch keine Territorien erobern –, aber da die Briten die Weltmeere kontrollierten, seien die Europäer wirtschaftlich von ihnen abhängig und könnten keine Weltpolitik *gegen sie* betreiben.

Die Vorstellung von einem Europa in der Mitte zweier Flügelmächte, wobei von der einen eine militärische und von der anderen eine wirtschaftliche Bedrohung ausgeht, ist während des 19. Jahrhunderts von Paris nach Berlin gewandert, wo sie zu einer regelrechten Obsession wurde, die schließlich in den Plänen des preußisch-deutschen Generalstabs zur Führung eines Zweifrontenkrieges ihren Niederschlag fand. Dabei schwankte die Stimmung in Deutschland immer wieder. Mal sahen die Deutschen sich als stolze, selbstbewusste Nation in der Mitte des Kontinents, wobei sie auf die mittelalterliche Reichsvorstellung und die Idee einer deutschen Oberhoheit in Europa zurückgriffen, mal schaukelte sich das Gefühl des Eingekreistseins zur Panik auf,[95] die schließlich zur Überzeugung führte, man müsse dem Angriff der von allen Seiten andrängenden Feinde zuvorkommen. Das ebenso ungeschickte wie unglückliche Agieren der Reichsregierung im Juli 1914, das schließlich den Automatismus der Kriegserklärungen in Gang setzte, war eine Folge dieses deutschen Schwankens bei der Beantwortung der Frage, ob in der Mitte des Kontinents beheimatet zu sein ein Glück oder ein Verhängnis sei.

Den Begriff «Einkreisung» als Beschreibung der deutschen Position in Europa hat erstmals Reichskanzler von Bülow in einer Rede am 14. November 1906 verwandt. Er warnte darin die französische Politik davor, Deutschland «wie ein Tier im Walde» einzukreisen.[96] Dies war eine der zahlreichen Formeln, die das Bedrohliche des In-die-Mitte-genommen-Werdens sinnfällig machen sollten. Ist das Tier im Wald erst einmal umzingelt, so ist es nicht verwunderlich, wenn es zum Angriff übergeht, um den Ring der Einkreisungsmächte aufzusprengen. Das meinte Bülow, als er Frankreich vor einer Fortsetzung seiner Einkreisungspolitik warnte.

Paradigmatisch für ein solches Schreckensszenario war der Siebenjährige Krieg, als sich das Preußen Friedrichs des Großen einer Koalition aus Russland, Österreich und Frankreich sowie einigen kleineren Mächte gegenübersah. Diese Konstellation wurde zu Beginn des 20. Jahrhunderts in Deutschland immer wieder aufgerufen, und der Mythos des Großen Königs lieferte die Gewissheit, dass es möglich sei, sich gegen eine Übermacht von allen Seiten angreifender Feinde zur Wehr zu setzen.[97] Mit einer gehörigen Portion Glück und eisernem Durchhaltewillen habe sich Friedrich damals behaupten können, und mit beidem, Glück und Willenskraft, hoffte man auch gegen die «Einkreisungskoalition» des Jahres 1914 bestehen zu können. Spätestens seit dem Scheitern des Schlieffenplans – dem Versuch, Frankreich in einer großen Umfassungsbewegung niederzuwerfen[98] – war den klügeren Beobachtern klar, dass man auch jetzt wieder am Rand des Abgrunds stand und nur aufgrund der operativen Vorteile der «inneren Linie» in der Lage war, der feindlichen Übermacht zu trotzen. Die politischen Nachteile der Mittellage sollten durch deren militärische Vorteile ausgeglichen werden. Ganz so wie damals, als der Feldherr Friedrich die Fehler wiedergutgemacht hatte, die ihm als Politiker unterlaufen waren und die zur Bildung der großen Koalition gegen Preußen geführt hatten,[99] sollte das Militär die Fehler der deutschen Politik ausbügeln, die es sich gleichzeitig mit England wie mit Russland verscherzt hatte.[100]

In seinen *Gedanken zum Kriege* hat Thomas Mann 1914 die militärisch schwierige Lage in der Mitte zur Quelle politischer Zuversicht gemacht, indem er auf das friderizianische Vorbild verwies: «Unbesorgt! Wir stehen am Anfang, wir werden um keine Prüfung betrogen sein. Friedrich, nach allen Heldentaten, war im Begriffe, unterzugehen, als ein gutes Glück, der russische Thronwechsel, ihn rettete. Und Deutschland ist heute Friedrich der Große. Es ist sein Kampf, den wir zu Ende führen, den wir noch einmal zu führen haben. Die Koalition hat sich ein wenig verändert, aber es ist sein Europa, das im Haß verbündete Europa, das uns nicht dulden, das ihn, den König, noch immer nicht dulden will, und dem noch einmal in zäher Ausführlichkeit, in einer Ausführlichkeit von sieben Jahren vielleicht, bewiesen werden muss, dass es nicht angängig ist, ihn zu beseitigen. Es ist auch seine Seele, die in uns aufgewacht ist, diese nicht zu besiegende Mischung von Aktivität und durchhaltender Geduld, dieser moralische Radikalismus, der ihn den anderen so widerwärtig zugleich und entsetzlich, wie ein fremdes und bösartiges Tier erscheinen ließ. Sie wussten nichts von seiner Unbedingtheit – wie sollten sie, da es für sie nicht um Tod und Leben ging –: das war sein sittlicher Vorteil. Auch ist nicht glaubhaft, daß ihnen heute die Tiefe deutscher Entschlossenheit zugänglich sein sollte, – die einen sind zu weit verbürgerlicht, die anderen zu roh und dumpf, um ihrer fähig zu sein. Aber heute ist Friedrich so stark geworden, daß auch die anderen, auch sie, um ihr Leben kämpfen – und sie sind drei gegen den Einen! Unbesorgt! Wir werden geprüft werden. Deutschlands Sieg wird ein Paradoxon sein, ja ein Wunder, ein Sieg der Seele über die Mehrzahl – ganz ohne gleichen. Der Glaube an ihn ist wider alle Vernunft, – *daß* Deutschland fest und gelassen ist in diesem Glauben, das ist des Wunders Anfang, unvergeßbar schon er für alle Geschichte.»[101]

Die Nachteile der Mitte, so Manns Botschaft, lassen sich wettmachen, wenn man Entschlossenheit und Geduld, Mut und Demut miteinander zu verbinden weiß – und dazu seien gerade die Deutschen aufgrund ihrer selbstquälerischen Tiefe fähig. Diese Tiefe unterscheide sie von der Oberflächlichkeit der Engländer und Franzosen wie von der Dumpfheit der Russen. Deshalb auch sind für Mann einzig die Deutschen den Herausforderungen der Mitte gewachsen. Die entgegengesetzten Ränder müssten für ihre Koalition freilich einen hohen Preis bezahlen: «Das Volk der Revolution [verbündet] sich mit dem verworfensten Polizeistaat, – und auf Russland blickt es nun, da es den Krieg hat, auf die Kosaken hofft es wie auf Himmelshilfe […].»[102] Für das Regime des Zaren, so lässt sich dieser Gedanke weiterführen, musste das Bündnis mit dem Volk der Revolution damit enden, dass es selbst durch eine Revolution gestürzt wurde. Thomas Mann hat den Zweifrontenkrieg der Deutschen vom Militärischen ins Geistig-Sittliche gesteigert, indem er ihn zur Selbstbehauptung der Kultur gegen die Zivilisation auf der einen und gegen die Barbarei auf der anderen Seite erklärte. Aus der Not der Mitte war eine Tugend geworden.

Thomas Mann setzte gegen die Einkreisungsmächte die durch das «Mirakel des Hauses Brandenburg» getragene Hoffnung auf ein Wunder und das Vertrauen in eine schier grenzenlose politisch-militärische Durchhaltefähigkeit der Deutschen. Im Unterschied dazu hatte Reichskanzler Otto von Bismarck versucht, der deutschen Mittellage etwas von ihrer Gefährlichkeit zu nehmen.[103] Nach den Einigungskriegen gegen Österreich und Frankreich hatte er das Reich für saturiert erklärt. Es stelle demnach für seine Nachbarn keine Bedrohung mehr dar, weshalb sie auch keine Koalitionen gegen Deutschland schließen müssten. Wie der Philosoph Eduard von Hartmann, ein «Bismarckianer auf eigene Faust»,[104] in seiner Schrift *Zwei Jahrzehnte deutscher Politik und die gegenwärtige Weltlage* (1889) erläuterte, sei das Reich zu einem Staat geworden, «der mit seinen Grenzen zufrieden ist und von seinen Nachbarn nichts weiter verlangt, als in seiner friedlichen inneren Entwicklung nicht gestört zu werden».[105] Bismarck hatte die Deutschland umgebenden Mächte beruhigen und ihre Ängste und Befürchtungen zerstreuen wollen, als er den erreichten Zustand zum Maß des Reichs erklärte. Max Weber hingegen war davon überzeugt, dass es kein festes Maß gab, sondern sich der Maßstab im Kampf der Akteure um die Vorherrschaft veränderte.

Die durch Bismarck hergestellte Verbindung von Saturiertheit und Mittellage lief für Weber darauf hinaus, dass sich das Reich auf die Position einer – weltpolitisch gesehen – mittleren Macht festlegte und nicht zu einer Großbritannien ebenbürtigen Weltmacht aufsteigen konnte. Für die Zeitgenossen gab es mindestens zwei gute Gründe, diesen Verzicht selbst für gefährlich zu halten:[106] Der eine war die sich verschärfende Konkurrenz um Rohstoffe und Absatzmärkte, bei der Deutschland, solange Großbritannien die Position einer «ozeanischen Polizeimacht» innehatte, vom britischen Wohlwollen abhängig war – und das war für einen aufstrebenden Industriestaat, in dem bereits mehr Stahl produziert wurde als in Großbritannien, eine überaus missliche Lage. Der andere Grund war das, was später in der Theorie der Internationalen Politik als «Anarchie der Staatenwelt» bezeichnet worden ist: die machtpolitische Konkurrenz der Staaten.[107] Aus ihr erwuchs der Imperativ, dass man wachsen musste, wenn man nicht zurückfallen wollte.

Der englische Premierminister Lord Salisbury hat das auf die griffige Formel gebracht, dass die großen Staaten stärker und die kleinen schwächer würden.[108] Wer von dieser Sichtweise überzeugt war, für den lief Bismarcks Saturiertheitspostulat darauf hinaus, dass Deutschland mehr und mehr zurückfiel.

Alternativ zu Bismarcks Saturiertheitskonzeption hatten sich seit den 1880er Jahren nach Westen und vor allem auf den Ozean ausgerichtete Weltpolitik-Vorstellungen entwickelt. Letztere hat Reichskanzler Bernhard von Bülow auf die Formel vom «Platz an der Sonne» gebracht,[109] auf den Deutschland einen Anspruch habe und um den es kämpfen werde. Weltpolitik, so Admiral von Tirpitz, sei allein auf der Grundlage von Seemachtbildung möglich, denn eine starke deutsche Position auf den Weltmeeren sei die Voraussetzung dafür, dass das Reich beim Kampf um Einflusszonen in Afrika und vor allem Ostasien mitreden könne. Außerdem setzte Tirpitz darauf, dass die Existenz einer deutschen Hochseekriegsflotte den «Bündniswert» des Reiches steigern werde. Durch den so entstandenen Interessenkonflikt mit England drohte sich jedoch die unbequeme Mittellage Deutschlands endgültig in eine Situation der Einkreisung zu verwandeln. Das wollte man verhindern, indem man die Verständigung mit Russland suchte.[110] Als Bülows Versuch einer Annäherung an Russland mit dem Ziel, den Bismarck'schen Rückversicherungsvertrag zu erneuern, jedoch scheiterte,[111] geriet Deutschland genau in die Lage, die es unbedingt hatte vermeiden wollen.

Zu denen, die zunächst glaubten, die Dilemmata der Mittellage ließen sich durch eine konsequent betriebene Weltpolitik überwinden, gehörte auch Max Weber. Ende November 1896 etwa beschloss er in Erfurt seinen Diskussionsbeitrag zur Gründung des «National-Sozialen Vereins» mit den Worten: «Aber die Politik ist ein hartes Geschäft, und wer die Verantwortung auf sich nehmen will, einzugreifen in die Speichen des Rades der politischen Entwicklung des Vaterlandes, der muß feste Nerven haben und darf nicht zu sentimental sein, um irdische Politik zu betreiben. Wer aber irdische Politik treiben will, der muß vor allen Dingen illusionsfrei sein und die eine fundamentale Tatsache: den unabwendbaren ewigen Kampf des Menschen mit dem Menschen auf der Erde, wie er tatsächlich stattfindet, anerkennen. Wenn nicht, dann soll er davon abstehen, eine politische Partei zu gründen.»[112] Weber war sich darüber im Klaren, dass weltpolitisches Agieren aus einer geostrategischen Mittellage heraus hochriskant war. Um Erfolg haben zu können, müsse man sich zunächst die großen Machtfragen wieder vor Augen führen und den «schwersten Fluch, den die Geschichte einem Geschlecht als Angebinde mit auf den Weg zu geben vermag: das harte Schicksal des politischen *Epigonentums*», abschütteln.[113]

Für Weber war das Sichabfinden mit der deutschen Mittellage beziehungsweise das Verharren auf dem Status einer Mittelmacht Ausdruck dieses Epigonentums, in dem sich großbürgerliche Sehnsucht nach einem schirmenden Caesar und kleinbürgerliches Spießertum, dem alles Mittelmäßige recht ist, miteinander verbunden hatten. Weber folgte darin Nietzsches Kritik der Mittelmäßigkeit,[114] nur dass er sie nicht vorrangig auf das Lebensethos, sondern auf den Willen zu entschlossener Machtpolitik bezog. Also lautet der zentrale Gedanke seiner Freiburger Antrittsvorlesung von 1895: «Wir müssen begreifen, daß die Einigung Deutschlands ein Jugendstreich war, den die Nation auf ihre alten Tage beging und seiner Kostspieligkeit halber besser unterlassen hätte, wenn sie der Abschluß und nicht der Ausgangspunkt einer deutschen Weltmachtpolitik sein sollte.»[115] Wenn aber das Sicheinhausen in der Mitte im Sinne des Mittelmäßigen die Folge des bürgerlichen Bedürfnisses nach Sicherheit und einer latenten Neigung des deutschen Proletariats zum Spießbürgerlichen war – aus welcher sozialen Schicht sollten dann die Impulse für eine machtbewusste deutsche Weltpolitik kommen? «Das *Drohende* unserer Situation aber ist: dass die bürgerlichen Klassen als Träger der Machtinteressen der Nation zu verwelken scheinen und noch keine Anzeichen dafür vorhanden sind, dass die Arbeiterschaft reif zu werden beginnt, an ihre Stelle zu treten.»[116]

Als Deutschland sich während des Weltkriegs militärisch nicht aus seiner Mittellage zu befreien vermochte und im Zwei- oder Dreifrontenkrieg allmählich ausblutete, nahm Weber diesen Gedanken wieder auf: Es sei der Fluch der Bismarck'schen Verfassung, dass sie das Parlament nicht zum Ort des Kampfes um die Macht hatte werden lassen. Durch das Prinzip kaiserlichen Vertrauens in den Reichskanzler und seine Regierung sei dieser Kampf in ein Intrigenspiel verwandelt worden. Das habe dazu geführt, dass die deutsche politische Klasse den ganz anders erzogenen politischen Klassen ihrer Gegner nicht gewachsen sei.[117] Webers naheliegende Schlussfolgerung lautet: Wer in der Mitte zwischen den Großmächten steht, muss den politischen Kampf beherrschen. An Letzterem ist Deutschland nach Webers Ansicht gescheitert.

Nach dem verlorenen Weltkrieg, in dessen Gefolge Deutschland schmerzhafte Gebietsverluste erlitten hatte, stellte sich die Mittellage Deutschlands für viele noch um einiges dramatischer dar, und die inzwischen auch hierzulande verbreitete Disziplin der Geopolitik lieferte weitere Gründe für die Gefahr, in der gerade Deutschland schwebe.[118] Es habe nämlich, abgesehen von den Alpen sowie der Nord- und Ostsee, keine «natürlichen» Grenzen; vor allem nach Osten hin sei nicht erkennbar, wo sein Territorium ende. Hermann Lautensack sprach von einer «uferlosen Zwischenlage» des Deutschen Reichs und sah darin «letzten Endes die ganze Tragik des deutschen Schicksals» begründet.[119] Hermann Wagner warnte, Deutschland werde teilweise bloß als negativer Rest der ansonsten natürlich abgegrenzten Länder betrachtet. Das hieß, dass Deutschland sich selbst zwar für saturiert erklären konnte, während seine Nachbarn die bestehenden Grenzen nicht anerkannten und nur auf eine Gelegenheit warteten, ihre eigenen Grenzen zum Nachteil Deutschlands zu verschieben. Die Mitte war demnach eine Position, in der man sich schwerlich auf Dauer einrichten konnte. «Das deutsche Raumschicksal, Europas Mitte und Herz zu sein, ist der Angelpunkt der politischen Existenz unseres Volkes», heißt es bei Giselher Wirsing.[120] Es komme hinzu, wie Wagner und Lautensack betonen, dass die Mittelgebirge Deutschland in zwei Hälften teilten.[121] Die Geographie, so das Resümee dieser politischen Geographen, habe eine deutsche Zentralstaatsbildung blockiert, und darum sei es unmöglich, dass sich die Deutschen selbstgenügsam in der Mitte einrichteten. Für Wirsing ist der «deutsche Volksboden» nur im Norden und Westen begrenzt, während im Süden und Osten «völkische Mischzonen» bestünden, in denen Staat und Nation nicht zur Deckung gebracht werden könnten; es sei darum Deutschlands Aufgabe, die politische Mitte Europas neu zu gestalten.[122] Von der Mitte her sollte die Ordnung des Versailler Friedens aufgebrochen werden.

Wenn die Mitte derart gefährdet war, lag es nahe, sie nicht als End-, sondern als Ausgangspunkt deutscher Machtpolitik zu begreifen. Diese Sicht, die sich Ende des 19. Jahrhunderts im Übergang von der Bismarckzeit zum Wilhelminismus durchgesetzt hatte, schlug unter dem Eindruck des Ersten Weltkriegs und schließlich der militärischen Niederlage in eine Maßlosigkeit um, die 1945 dann an ihr katastrophisches Ende gelangte. «Deutschland», verkündete der Dichter Friedrich Lienhard im Jahre 1914,[123] «ist geographisch Europas Mitte. Deutschland ist der Völker heilig Herz.» Selbst der Begriff des Abendlandes, bei dem sich eher die Assoziation an den Westen als die an die Mitte aufdrängt,[124] wurde in Anspruch genommen und die Hegemonie der Mitte zur Voraussetzung für die Abwehr des von Oswald Spengler prophezeiten Untergangs erklärt: «Nicht von Westen nach Osten», so Max Hildebert Boehm, «sondern nur von der Mitte her kann sich eine Erstarkung des vom Untergang bedrohten Abendlandes vollziehen.»[125]

Trotz der mitunter aggressiven und expansiven Tendenzen dieses Mitte-Diskurses ist das Mitteleuropa-Konzept, wie es erstmals von Friedrich List und Konstantin Frantz und dann erneut von dem liberalen Schriftsteller und Politiker Friedrich Naumann formuliert worden ist,[126] als eine Alternative zu den nach Westen und vor allem auf den Ozean ausgerichteten Weltpolitik-Vorstellungen anzusehen. Die von Friedrich Naumann im Jahre 1915 entwickelte Konzeption eines deutsch dominierten Mitteleuropas hätte eine Möglichkeit zum Ausgleich mit Großbritannien eröffnen können, ging es darin doch bloß darum, sich machtpolitisch *neben* Großbritannien, den USA und Russland zu behaupten, nicht aber in eine Konkurrenz um die weltpolitische Vorherrschaft einzutreten.[127] Damit soll keineswegs in Abrede gestellt werden, dass dem Mitteleuropakonzept eine imperiale Politik zugrunde lag, die auf eine Großreichsbildung zwischen britischem Empire und Zarenreich hinauslief.[128] Naumanns Mitteleuropa-Vorstellungen gingen nämlich über eine wirtschaftliche und staatsrechtliche Union mit Österreich-Ungarn hinaus; das Gebiet zwischen Nordsee und Adria sowie zwischen Vogesen und Karpaten sollte «blockadefest» werden, also eine Wirtschaftskraft erhalten, die es für britische Handelsblockaden und militärische Drohungen Russlands unverwundbar machte. Die geographische Mitte Europas[129] sollte zu dessen politischer und ökonomischer Mitte werden.

Diese Blockade- und Sanktionsresistenz ließ sich jedoch nur herstellen, wenn Mitteleuropa über geeignete Zugänge zu den Weltmeeren verfügte und auf die Erdölvorkommen des Vorderen Orients zugreifen konnte; deswegen war die dominierende Stellung Deutschlands im Osmanischen Reich unverzichtbar. Die Türkei war die offene Stelle im bündnispolitischen Ring, den die Entente um die Mittelmächte Deutschland und Österreich-Ungarn gezogen hatte, daher sprach alles dafür, das Osmanische Reich zu stärken und seine bis nach Persien reichende Peripherie zu verteidigen. Das von Deutschland technisch und finanziell getragene Projekt einer Eisenbahnverbindung von Istanbul nach Bagdad war insofern eine unverzichtbare Ergänzung des Mitteleuropakonzepts. Und schließlich gehörte dazu noch die Errichtung eines deutschen Kolonialreichs in Mittelafrika, das entstehen sollte, indem Deutschland sich die belgischen und portugiesischen Kolonien einverleibte. Mitteleuropa und Mittelafrika sowie eine starke Stellung Deutschlands im Vorderen Orient sollten demnach den Verzicht Deutschlands auf seine ozeanisch-weltpolitischen Ambitionen kompensieren:[130] Deutschland könnte, mit anderen Worten, seine Ansprüche an der Peripherie zurücknehmen, sobald es in der Mitte das alleinige Sagen hatte. So sollte die prekäre Position des Reichs in der Mitte des Kontinents gefestigt werden.

«Innere Linie», Schlieffenplan und Hitler-Stalin-Pakt: Vom strategischen Agieren aus der Mitte

Eine andere Form, den Herausforderungen der Mitte das Beste abzugewinnen, war die strategische Reflexion auf die Vorzüge der «inneren» gegenüber der «äußeren Linie». Zwar hat sich Carl von Clausewitz in seinem Hauptwerk *Vom Kriege* (1832) scharf von einem geometrischen Doktrinarismus distanziert, der als Grundweisheit der Strategie galt und die taktischen Vorzüge der inneren und der äußeren Linie schlicht gegeneinander verrechnen zu können glaubte,[131] aber er ist in kleineren Arbeiten den Chancen eines strategischen Agierens auf der inneren Linie nachgegangen, als er sich das Problem eines im Westen wie im Osten zu führenden Zweifrontenkrieges vorgelegt hat. Diese Herausforderung des preußischen Staates wurde mit den Revolutionen in Paris und Warschau im Jahre 1830 konkret.[132]

In *Vom Kriege* freilich hat Clausewitz den Geometrismus des 18. Jahrhunderts dahingehend hinter sich gelassen, dass er die Strategie der äußeren Linie als ein wesentlich gegen die Versorgungsbasen des Gegners gerichtetes Prinzip der Kriegführung begriff, wohingegen bei der Strategie der inneren Linie «das Gefecht das einzige wirksame Mittel im Kriege» sei.[133] Wer auf der äußeren Linie operiert, geht davon aus, dass die Zeit für ihn arbeitet und es genügt, den eingekreisten Gegner mehr und mehr von seinem Nachschub abzuschneiden. Wer diese Zeit nicht hat oder nicht zu haben glaubt, muss auf der inneren Linie operieren, das heißt, er muss von Anfang an das Gefecht und die Schlacht suchen, um den Ring der Einkreisungsmächte aufzusprengen. Dabei kommen ihm freilich die Vorteile der inneren Linie zugute: Selbst wenn er in der Gesamtbilanz unterlegen ist, so kann er doch punktuell immer wieder Kräfte konzentrieren, mit denen er eine Schlacht für sich entscheiden kann, da er seine Truppen sehr viel schneller zu verlegen vermag als der auf der äußeren Linie operierende Gegner. Clausewitz' Überlegungen bestätigten sich 1916, als Briten und Franzosen, Italiener und Russen gleichzeitig an der Somme, am Isonzo und in den Karpaten angriffen, es den Mittelmächten jedoch gelang, dem Druck standzuhalten, da sie auf der inneren Linie schnell Reserven verlegen und Schwerpunkte von Gegenangriffen bilden konnten.[134]

Der Unterschied zwischen der äußeren und der inneren Linie bestand für Clausewitz nicht in geometrisch präzisierbaren Vor- und Nachteilen, sondern konkretisierte sich darin, dass die äußere Linie eher auf eine Strategie des Manövrierens, die innere hingegen auf die Suche nach der Entscheidungsschlacht hinauslief.[135] Die Position in der Mitte war für Clausewitz gleichbedeutend mit dem Zwang zum Kampf. Das kam ihm als Landkriegstheoretiker, der von Seekriegführung nichts verstand und sich mit dessen Geschichte auch nicht beschäftigt hatte, überaus entgegen. Denen, die dem Doktrinarismus der äußeren Linie anhingen, konnte er somit vorhalten, sie richteten «die Betrachtung nur auf materielle Größen, während der ganze kriegerische Akt von geistigen Kräften und Wirkungen durchzogen ist».[136] Beim Seekrieg wiederum spielten solche «moralischen Faktoren» kaum eine Rolle, zumal dann, wenn See- auf Landmächte trafen und sich dabei auf eine Blockadestrategie beschränkten, die den Gegner nicht militärisch, sondern ökonomisch in die Knie zwingen sollte. Die Bevorzugung der inneren Linie lief unter diesen Umständen auf eine Feier des Militärischen hinaus, oder, wie bei Werner Sombart, auf die Bewunderung des «Helden» und die Verachtung des «Händlers».[137]

Napoleon war ein Meister des Operierens auf der inneren Linie. Über zwei Jahrzehnte hat er durch die Konzentration der Kräfte in Verbindung mit einer dem Gegner weit überlegenen Schnelligkeit die Schlachten und damit die Kriege gewonnen. Das galt freilich nur für den Landkrieg; im Seekrieg gegen die Briten erlitten die Franzosen von Abukir bis Trafalgar eine Niederlage nach der anderen. Infolgedessen griff die britische Blockadestrategie. Napoleon antwortete darauf mit der Kontinentalsperre, das heißt, er setzte der britischen Handelsblockade ein Handelsverbot entgegen. Das schuf böses Blut unter den Verbündeten, von denen einige erheblich stärker unter der Abschneidung vom Welthandel litten als die Franzosen selbst. Einer der Gründe, die Napoleon zum Angriff auf Russland veranlassten, war sein Verdacht, Zar Alexander unterlaufe die Kontinentalsperre, um deren Wirkung zunichtezumachen. Napoleon argwöhnte, die europäischen Flügelmächte spielten insgeheim gegen ihn zusammen. Sein Feldzug verlor sich jedoch in den Weiten des Landes und endete schließlich in einer militärischen Katastrophe. Napoleon hatte den auf der äußeren Linie operierenden Feind in die Knie zwingen wollen, indem er die Entscheidung auf der inneren Linie suchte. Als diese sich dann mit dem Vormarsch in Russland immer weiter ausdehnte, war das der Anfang vom Ende. Clausewitz hat dies aufmerksam beobachtet; seine Kriegstheorie ist durch den Aufstieg und Fall Napoleons geprägt.

Ein anderer Analytiker der napoleonischen Strategie war Friedrich Engels, der in seinen Kriegsanalysen immer wieder mit der

Unterscheidung zwischen äußerer und innerer Linie argumentiert hat.[138] Als der Unionsgeneral George B. McClellan im amerikanischen Sezessionskrieg die Konföderierten auf der äußeren Linie bezwingen wollte, verglich Engels dessen «Anakonda-Strategie» mit der von den Österreichern in den napoleonischen Kriegen angewandten Cordon-Strategie, mit der sie immer wieder gescheitert waren: Der aus der Mitte heraus operierende Napoleon suchte einen Abschnitt des Cordons aus, konzentrierte dort seine Kräfte und fügte der Einkreisungsmacht eine Niederlage zu. Engels sah voraus, dass die Konföderierten McClellans Anakonda auf dieselbe Weise in Stücke hacken würden.[139] Freilich hat er sein Vertrauen auf die innere Linie überzogen, als er zunächst von einem Sieg der Konföderierten im amerikanischen Sezessionskrieg ausging. Und spätestens nach der für Engels überraschenden österreichischen Niederlage bei Königgrätz – der preußische Generalstabschefs Moltke hatte sich ebenfalls für eine Art Cordon-Strategie entschieden, weshalb Engels überzeugt war, Österreich werde die Schlacht gewinnen – begriff er, dass die veränderte Logistik der Kriegführung, insbesondere die Eisenbahn, ein erfolgreiches Operieren auf der äußeren Linie wieder möglich gemacht hatte.

Das Bild der Anakonda als Symbol für das Operieren auf der äußeren Linie findet sich auch bei dem deutschen Geopolitiker Karl Haushofer, der dieses Verfahren als typisch für die britische Politik angesehen hat.[140] Der Gegner wird hier nicht «in die Zange genommen», sondern umschlungen und erwürgt. Carl Schmitt hat auf ein ähnliches Bild zurückgegriffen, nur dass er die Schlange Anakonda durch den großen Fisch Leviathan aus *Hiob 41* ersetzt hat.[141] «Im besonderen kämpft der Leviathan, das sind die Seemächte, gegen die Landmächte, den Behemoth. Dieser sucht den Leviathan mit den Hörnern zu zerreißen, während der Leviathan mit seinen Fischflossen dem Behemoth Mund und Nasenlöcher zuhält und ihn auf diese Weise tötet, was übrigens ein schönes Bild der Bezwingung eines Landes durch eine Blockade ist.»[142] Der Leviathan nimmt den Behemoth «in die Mitte», indem er ihn mit Schwanz und Flossen umfasst. Das ist eine Form des Kampfes, auf die der Behemoth mit den ihm eigenen Waffen nicht eingestellt ist. Er geht zugrunde, ohne eigentlich gekämpft zu haben.

In *Land und Meer* (1942) hat Schmitt diese Überlegung im Hinblick auf die Seekriegführung präzisiert: «Der Landkrieg hat die Tendenz zur entscheidenden offenen Feldschlacht. Im Seekrieg kann es natürlich auch zur Seeschlacht kommen, aber seine typischen Mittel und Methoden sind Beschießung und Blockade feindlicher Küsten und Wegnahme feindlicher und neutraler Handelsschiffe nach Prisenrecht. Im Wesen dieser typischen Seekriegsmittel liegt es begründet, daß sie sich gegen Kämpfende wie Nichtkämpfende richten. Eine Hungerblockade insbesondere trifft unterschiedslos die Bevölkerung des ganzen blockierten Gebietes, Militär und Zivilbevölkerung, Männer und Frauen, Greise und Kinder.»[143] Die Herausforderung für eine deutsche Geostrategie unter den Bedingungen der Einkreisung bestand also darin, nicht nur gleichzeitig an zwei Fronten einen Landkrieg, sondern an einer dritten Front auch noch einen Seekrieg führen zu müssen, wozu Deutschland als klassische Landmacht eigentlich nicht fähig war. Schon am Vorabend des Ersten Weltkriegs war die Mittellage Deutschlands somit mehrfach kodiert: Es wurde einerseits von Frankreich und Russland in die Zange genommen, und gleichzeitig machte das Seeungeheuer Leviathan Anstalten, es zu ersticken, beziehungsweise die Schlange Anakonda wollte es erwürgen. Die Position in der Mitte war unter diesen Umständen alles andere als komfortabel.

Als der langjährige Generalstabschef Alfred von Schlieffen im Jahre 1905 aus dem Amt schied, hinterließ er eine Denkschrift, die später unter der Bezeichnung «Schlieffenplan» von sich reden machte.[144] Darin beschäftigte er sich mit der Frage, wie Deutschland offensiv einen Zweifrontenkrieg führen könnte. Die Pointe von Schlieffens Überlegungen bestand in seinem Vorschlag, den um Deutschland gezogenen Ring nicht an seiner schwächsten,[145] sondern an seiner stärksten Stelle aufzusprengen, um dort die gegnerischen Kräfte ihrerseits in einer großen Umfassungsbewegung einzukreisen und zu vernichten. Schlieffen wollte den Gegnern mit militärischer Münze heimzahlen, was ihnen politisch gelungen war. Aus den Franzosen, die alles darangesetzt hatten, Deutschland in diese unbequeme Lage zu bringen, sollten selber Eingekreiste werden. Um das zu erreichen, war Schlieffen bereit, in der entscheidenden Phase der deutschen Angriffsbewegung den Vorteil der inneren Linie aufzugeben und auf der äußeren Linie zu operieren. Deswegen entschied er sich gegen den Durchbruch und für die Umfassung.

Das allerdings hatte eine Reihe von Voraussetzungen und Konsequenzen, die nicht aufs Militärische beschränkt waren.[146] Dazu gehörte erstens der ungeheure Zeitdruck, der auf dem Plan lastete: Unmittelbar auf die Mobilmachung mussten die ersten Kriegshandlungen folgen, da die deutschen Truppen sonst den Zeitvorteil nicht hätten nutzen können. Und zweitens gehörte dazu die Verletzung der belgischen Neutralität,[147] die mit großer Wahrscheinlichkeit den Kriegseintritt Großbritanniens nach sich ziehen würde. Tatsächlich haben die nach Frankreich verlegten britischen Divisionen dann durch ihren zähen Widerstand die Umfassungsbewegung des rechten deutschen Flügels erheblich gebremst. Darüber hinaus war der Vorstoß durch Belgien schwieriger als geplant; die französische Offensive gegen das Zentrum und den linken deutschen Flügel (Plan XVII) brach früh zusammen, und dadurch entwickelte sich nicht der «Drehtüreffekt», der nötig gewesen wäre, um den Schwung der deutschen Umfassungsbewegung gegen die französische Armee zu kehren; der Vorstoß des rechten deutschen Flügels führte zu Nachschubproblemen; die Kommunikation der Truppenteile ließ zu wünschen übrig; und schließlich setzte sich die «russische Dampfwalze» sehr viel früher als erwartet in Bewegung, sodass zwei Armeekorps von der West- an die Ostfront verlegt werden mussten. Alles in allem erwies sich der Schlieffenplan als zu filigran und zu unflexibel gegenüber den «Friktionen», die nach Clausewitz alle Kriegshandlungen begleiten. Der Ausbruch aus der Mitte, der eine der Einkreisungsmächte in die Mitte nehmen sollte, war zu fein gedacht, um praxistauglich zu sein.

Vermutlich ist Schlieffen bei der Entwicklung seiner Vorstellungen durch die Darstellung des Historikers Hans Delbrück von dem großen Sieg Hannibals über die Römer bei dem Städtchen Cannae inspiriert worden.[148] Schlieffen hat selbst eine Studie zum Schlachtverlauf angefertigt.[149] Daran faszinierte ihn, dass es Hannibal gelungen war, eine Umfassungsschlacht zu schlagen, obwohl er den Römern kräftemäßig unterlegen war.[150] Zwar kommandierte Hannibal ein Heer von Berufssoldaten, während die Römer Milizverbände ins Gefecht schickten, aber dennoch war es hochriskant, den Stoß der römischen Legionen auf das karthagische Zentrum mit einer relativ dünnen Linie von Fußsoldaten aufzufangen und das Gros der eigenen Kräfte auf den Flanken zu postieren, um sie zur Umfassung des römischen Zentrums entfalten zu können. Wäre den Römern der Durchbruch in der Mitte gelungen, hätte Hannibal nicht nur die Schlacht verloren, sondern auch den Krieg. Im Vertrauen auf die Disziplin und Kampfkraft seiner Soldaten ist er dieses Risiko eingegangen. Cannae, einer der glanzvollsten Siege der Weltgeschichte, wurde zum militärischen Mythos, den sich die Generäle vieler Armeen in Europa zum Vorbild nahmen. Dabei wurde jedoch zumeist übersehen, dass Hannibal zwar die Schlacht von Cannae gewonnen, den Krieg aber verloren hat.

Alfred von Schlieffen wollte ein großes Cannae, mit dem nicht nur eine Schlacht, sondern der Krieg im Westen entschieden wurde. Was Hannibal und seinen Berufssoldaten gelungen war, sollte den aktiven Verbänden des preußisch-deutschen Heeres auch möglich sein – deswegen hielt Schlieffen es für möglich, einen Zweifrontenkrieg zu gewinnen, auch wenn man selbst unter Zeitdruck agieren musste, weil die schwierige Versorgungslage der eingekreisten Deutschen zu einer schnellen Niederwerfung des Gegners zwang.

Schlieffens strategische Idee war mindestens so riskant wie Hannibals Taktik bei Cannae. Er wollte den Vorteil der inneren Linie nutzen, um sich die Herausforderung der äußeren Linie bei der Umfassung der Franzosen leisten zu können. Jeder der beiden Gegner sollte also zeitversetzt mit dem Gros der deutschen Kräfte angegriffen werden. Schlieffen vertraute darauf, dass die Russen einige Zeit brauchen würden, bis ihre Truppen in Angriffsstellung waren, und diese Zeit wollte er nutzen, um die deutschen Hauptkräfte gegen Frankreich zu führen und dessen Armee innerhalb weniger Wochen zu vernichten. Danach sollten die Truppen mit der Eisenbahn in den Osten verlegt werden, um dort die russischen Armeen niederzukämpfen. Wie der Krieg im Osten zu führen sei, hat Schlieffen offengelassen. Präzisere Überlegungen enthält seine Denkschrift nur für die Umfassungsbewegung im Westen, von deren Erfolg ohnehin alles abhing. Dort wollte Schlieffen sieben Achtel der deutschen Militärmacht konzentrieren, und das Kräfteverhältnis zwischen rechtem und linkem Flügel wiederum sollte sieben zu eins betragen, damit die deutschen Truppen den französischen Festungsgürtel über Belgien umgehen und den französischen Hauptkräften auf der Höhe von Paris in den Rücken fallen konnten.

Schlieffens großer Plan ist bekanntlich gescheitert. Die französischen Truppen konnten nicht «in die Mitte genommen» und zerschlagen werden. Anfang September gelang es General Joffre, die Deutschen durch eine Gegenoffensive zum Rückzug zu zwingen. Das «Wunder an der Marne» hat ein gigantisches Cannae verhindert. Aber ein kleines Cannae gab es für die Deutschen doch, und zwar dort, wo man es gar nicht vorgesehen hatte: im Osten, bei Tannenberg und an den Masurischen Seen. Hier konnte die deutsche 8. Armee unter dem Kommando Hindenburgs und Ludendorffs nacheinander zwei russische Armeen einkesseln.[151] Der mythische Glanz, den die Schlacht von Tannenberg im kollektiven Gedächtnis der Deutschen zeitweilig hatte, ist nicht zuletzt darauf zurückzuführen, dass dieser Sieg als «Ersatz-Cannae» angesehen werden konnte: Was in großem Stil an der Westfront misslungen war, wurde immerhin in Tannenberg erfolgreich praktiziert – den Gegner zu umfassen, ihn in die Mitte zu nehmen und zu vernichten.

Der Hitler-Stalin-Pakt vom August 1939, in dem sich die Sowjetunion und das nazistische Deutschland über die Aufteilung ihrer jeweiligen Interessensphären in Mittel- und Osteuropa verständigten, wobei sie in einem geheimen Zusatzprotokoll auch Absprachen über die neuerliche Teilung Polens trafen, ist als eine weitere Antwort auf die Herausforderung der Mitte zu sehen. Yves Lacoste, ein französischer Theoretiker der Geopolitik, hat diesen Pakt, bei dem es sich offiziell um einen Nichtangriffsvertrag handelte, als «Triumph der deutschen Geopolitik» bezeichnet.[152] Dabei bezog er sich vor allem auf die Überlegungen Karl Haushofers, die im weiteren Sinne in der Tradition Mackinders standen. Haushofer sowie Hitlers Außenminister Ribbentrop und die ihm nahestehenden Kreise setzten auf eine Kontinentalblockbildung, die Deutschland, Italien, Russland und Japan umfassen sollte.[153]

Durch die Bündnisverträge mit dem faschistischen Italien und dem kaiserlichen Japan hatte man bereits einen ersten großen Schritt in diese Richtung gemacht. Der Vertrag mit der Sowjetunion war der Schlussstein im Gebäude einer neuen Weltordnung, die sich auf den Gegensatz zwischen Land- und Seemächten gründete und in der das Deutsche Reich eine der tragenden Säulen des Landmachtgebäudes darstellen sollte. Das hieß zugleich, dass die zu Beginn des 20. Jahrhunderts vorherrschende Idee einer deutschen Seemacht verabschiedet und ein Kampf um die Weltherrschaft auf den Ozeanen unnötig wurde. Deutschland und die Sowjetunion verleibten sich die nach dem Ersten Weltkrieg entstandenen mitteleuropäischen Staaten ein und konzentrierten sich darauf, die eurasische Landmasse neu zu ordnen. Der Erfolg des Projekts würde wesentlich vom guten Einvernehmen zwischen Berlin und Moskau abhängen. In diesen Plänen Haushofers und anderer war ein Angriff auf die Sowjetunion nicht vorgesehen.

Es ist jedoch überaus fraglich, ob das Viererbündnis zwischen Berlin, Rom, Moskau und Tokio je hätte funktionieren können. Neben dem ideologischen Gegensatz zwischen Nationalsozialismus und Bolschewismus sprachen auch die jeweils unterschiedlichen Interessen der übrigen Bündnispartner dagegen: Das italienische Vorhaben einer Großreichsbildung um das als *mare nostro* bezeichnete Mittelmeer herum konnte bestenfalls als eine Flankierung der Kontinentalblockvorstellungen gedacht werden, zumal Italien mit seinen Kriegen in Libyen und Abessinien bereits nach Nord- und Ostafrika hineindrängte. Ein noch größeres Problem stellte Japan dar. Seine «ostasiatische Wohlstandssphäre» war so angelegt, dass sie neben der kontinentalen eine maritime Komponente besaß und sich außer auf China und Indochina auch in die pazifische Inselwelt hinein erstreckte. Und insofern Japan Mackinders Theorie zufolge zum *inner crescent* gehörte, war es obendrein geopolitisch eher mit England als mit Deutschland vergleichbar. Die Sowjetunion war demzufolge für die deutsche Politik wichtiger als Japan. So jedenfalls sahen es Haushofer und seine Anhänger.

Die machtpolitischen Vorstellungen Hitlers waren jedoch nicht die Haushofers. Ungeachtet der Tatsache, dass Hitler das Britische Weltreich bewunderte und es als «Werk der germanischen Rasse» nicht zerstören wollte, waren seine Feindschaft gegen den Bolschewismus, sein Hass auf die Juden und seine Verachtung der Slawen so groß, dass eine langfristige Zusammenarbeit mit Stalin für ihn undenkbar war. Vermutlich galt das auch umgekehrt, da Stalin dem leninistischen Projekt einer bewaffneten Ausbreitung des Bolschewismus nach Mittel- und Westeuropa nicht abschwören wollte.[154] Nach bolschewistischer Auffassung war Deutschland «das Herz Europas» – schon Lenin hatte festgestellt, wer Deutschland beherrsche, dem gehöre Europa. Was auch immer den Ausschlag für das wachsende Misstrauen zwischen Berlin und Moskau gegeben hat, ein Konflikt über die Aufteilung der Interessen- und Einflussgebiete in Südosteuropa[155] oder die ideologische Feindschaft der beiden Regime – man hatte sich über die Teilung Polens verständigen können, aber damit waren die Gemeinsamkeiten auch schon erschöpft. Das ließ sich durch keine noch so fundierte geopolitische Theorie ändern.

Das zeitweilige Einverständnis zwischen Hitler und Stalin gründete sich auf den gemeinsamen Kampf gegen die in den Verträgen von Versailles, Saint Germain und Trianon neugeschaffene europäische Mitte, die sich als Mittelzone oder, wie man es in Frankreich nannte, *cordon sanitaire* von den baltischen Staaten über Polen und die Tschechoslowakei bis nach Ungarn und Jugoslawien zog und den deutschen Drang nach Osten wie den sowjetischen Drang nach Westen blockieren sollte. Bereits in der unmittelbaren Nachkriegszeit, in den Jahren 1919/20, hatte dies zu bewaffneten Auseinandersetzungen geführt: Auf der einen Seite hatten deutsche Freikorps gegen polnische Gebietsansprüche gekämpft, auf der anderen Seite waren Verbände der Roten Armee unter Marschall Tuchatschewski bis fast nach Warschau vorgestoßen, wo sie von polnischen Truppen unter dem Kommando französischer Offiziere gestoppt wurden. In Analogie zum «Wunder an der Marne» sprach man vom «Wunder an der Weichsel». Der deutsch-sowjetische Vertrag von Rapallo und die geheime Zusammenarbeit zwischen Reichswehr und Roter Armee stehen ebenfalls für dieses beiderseitige Missfallen an der «neuen Mitte». Es gab während der Weimarer Republik, vor allem in der Periode ihrer größten Stabilität zwischen 1923 und 1929/30, freilich Alternativen zu dieser Ausrichtung der deutschen Außenpolitik. Die an einer Ost-West-Balance orientierte Politik Gustav Stresemanns etwa[156] lässt sich durchaus als ein Projekt begreifen, das Deutschlands Position in der europäischen Mitte festigen sollte, ohne den Fortbestand des *cordon sanitaire* in Frage zu stellen.

Nach der für ihn erfolgreich verlaufenen Rheinlandkrise begann Hitler systematisch mit der Auflösung der in Versailles hergestellten Ordnung Mitteleuropas. Vom «Anschluss» Österreichs und dem Münchner Abkommen, in dem die Westmächte der Amputation des Sudetengebiets von der Tschechoslowakei zustimmten, schließlich der Zerschlagung der «Resttschechei» und dem Einmarsch deutscher Truppen in Prag führte der Weg zum deutsch-sowjetischen Nichtangriffsvertrag mit dem geheimen Zusatzprotokoll über die Aufteilung Polens. Die Mitte Europas erhielt neue Konturen. Mit dem Hitler-Stalin-Pakt und dem schnellen Sieg über Polen hatte Deutschland nach Osten vorerst den Rücken frei und konnte seine militärischen Anstrengungen voll gegen den Westen richten. Dass es auch nach Süden ausgriff, Jugoslawien und Griechenland eroberte sowie Truppen nach Nordafrika schickte, hatte mehr mit der militärischen Schwäche des italienischen Bündnispartners als mit weitreichenden strategischen Überlegungen zu tun. Hitlers vermutlich im Herbst 1940 gefasster Entschluss, den Krieg im Westen einzufrieren, auf eine Invasion Englands zu verzichten und stattdessen die Sowjetunion anzugreifen, lief auf einen neuerlichen Zwei-Fronten-Krieg hinaus, bei dem Deutschland das Risiko einging, abermals «in die Zange genommen» zu werden.[157] Hitler hat darauf gesetzt, auch gegen die Sowjetunion einen Blitzkrieg führen zu können, während die USA, denen er zwischenzeitlich den Krieg erklärt hatte, durch den pazifischen Krieg mit Japan gebunden wären. Das war, wie sich bald zeigen sollte, eine Fehlkalkulation. Spätestens im

Winter 1941 war den strategisch versierten Beobachtern klar, dass Deutschland den Krieg verlieren würde.

Genau dies hatten die Anhänger der Kontinentalblockkonzeption zu vermeiden versucht und auf ein dauerhaftes Bündnis zwischen dem Deutschen Reich und der Sowjetunion gesetzt, das die geopolitische Mitte Eurasiens im Sinne der Theorie Mackinders beherrschen sollte. Dass dabei die Sowjetunion aufgrund ihrer geographischen Lage und durch ihre Kontrolle über die großen Rohstoff- und Erdölvorkommen am längeren Hebel sitzen würde, dürfte ihnen klar gewesen sein. Aber im Unterschied zu Hitler, der dieses Problem durch die Eroberung und Besetzung des europäischen Teils der Sowjetunion mit Zugriff aufs «kaspische Öl» lösen wollte, planten sie, das Ungleichgewicht durch deutsche Eroberungen an der Peripherie der asiatischen Landmasse auszugleichen. So sahen ihre freilich vagen Pläne als Alternative zum Angriff auf die Sowjetunion einen Vorstoß in den Vorderen Orient vor, um dort einen eigenen Zugriff auf das benötigte Erdöl zu bekommen. Dabei wäre das Deutsche Reich zwar mit britischen Vormachtsansprüchen kollidiert, hätte aber den direkten Kampf um die Mitte vermieden. Es expandierte in die Peripherie, um in der Mitte an Gewicht zu gewinnen. So sah es jedenfalls das Konzept vor. Ob auf dieser Grundlage ein dauerhaftes Übereinkommen zwischen Deutschland und der Sowjetunion möglich gewesen wäre, ist äußerst fraglich. Kurzfristig jedoch wäre es eine Alternative zum direkten Kampf um die Mitte in Gestalt des Angriffs auf die Sowjetunion gewesen.

Im Unterschied zu Haushofer und seinen Anhängern hat Carl Schmitt die Position der Mitte stark zu machen versucht: Das Reich sollte sich gegen den Imperialismus des Westens und den Weltkommunismus des Ostens im Zentrum Europas als eine eigene, wesentlich europäische Ordnung behaupten und sich gegen die universalen Ansprüche der Flügelmächte völkerrechtlich auf ein «Interventionsverbot für raumfremde Mächte» berufen.[158]

Aber auch diese Vorstellung von einer raumbezogenen, antiuniversalistischen Mitte der Weltordnung ist schon bald an der militärischen Entwicklung gescheitert: Der Westen und der Osten trafen sich in der Mitte und teilten die Mitte unter sich auf. Im Handschlag russischer und amerikanischer Soldaten auf der zerstörten Elbbrücke von Torgau hat das seinen symbolischen Ausdruck gefunden.

4. Das neue Deutschland – eine Republik der Mitte?

I

Nach der Niederlage Hitler-Deutschlands im Mai 1945 begann allmählich die Auseinandersetzung mit seinen Hinterlassenschaften: den zerstörten Städten, den zerrissenen Familien, den furchtbaren Verbrechen. Und dabei wurde auch die Frage gestellt, wie Hitler denn überhaupt an die Macht hatte kommen können. So wurde die Beschäftigung mit dem Nationalsozialismus schnell zu einer Abrechnung mit der Weimarer Republik. Die Erinnerung an sie war eine stete Warnung, welchen Preis es haben kann, wenn man die Mitte aufgibt und sich auf das Spiel mit den Extremen einlässt.

Es kann hier dahingestellt bleiben, ob dieses Bild, das sich in der kollektiven Erinnerung der Deutschen gebildet hat, der Weimarer Republik und insbesondere ihrer Verfassung gerecht wird oder ob damals sozialstrukturelle Konstellationen vorherrschten, die auch mit einer anderen Verfassung und politisch klügeren Wählern kaum in den Griff zu bekommen gewesen wären. So viel freilich wird man sagen können: Die politischen Parteien, die diese Republik im Prinzip getragen haben – die sogenannte Weimarer Koalition[1] aus Sozialdemokraten, katholischem Zentrum und der liberalen Deutschen Demokratischen Partei (DDP) –, haben von Anfang an einen Kampf gegen die Extreme und um die Mitte geführt. Zwar gingen die Meinungen darüber, wo genau diese Mitte liege, auseinander, aber man stimmte grundsätzlich darin überein, dass man sich in der Mitte des politischen Spektrums und nicht an seinen Rändern zu verorten habe. Die Weimarer Koalition war – vielleicht nicht immer im Selbstverständnis der beteiligten

Parteien, aber im historischen Rückblick – ein Bündnis von Parteien, die sich gegen die Extremisten von rechts und links zusammengeschlossen hatten, um die politische Ordnung zu verteidigen. Dabei war ihnen die politische Macht infolge der deutschen Niederlage und der Abdankung des Kaisers mehr in den Schoß gefallen, als dass sie sie hätten erkämpfen müssen.

Für die SPD, die erst wenige Jahre zuvor in der Revisionismusdebatte über ihr Selbstverständnis als revolutionäre oder reformerische Partei gestritten hatte,[2] war die Entscheidung zugunsten der politischen Mitte am schwierigsten. Das katholische Zentrum hingegen hatte sich bereits im Kaiserreich als eine Volkspartei verstanden, in der Angehörige aller sozialen Schichten einen Platz finden konnten, wenn sie die zentralen Werte des Katholizismus teilten,[3] und die DDP als Partei des Liberalismus besetzte schon von ihrer Programmatik her einen Platz in der politischen Mitte. Die SPD hingegen musste für ihre Beteiligung an der Weimarer Koalition und der Verteidigung der Republik einen hohen Preis bezahlen: Indem Ebert, Scheidemann und Noske auf die gesamtstaatliche Mitte bauten und die Verantwortung für das politische Schicksal Deutschlands übernahmen, gaben sie faktisch die Hoffnung auf, die während des Kriegs erfolgte Abspaltung des linken Parteiflügels könne rückgängig gemacht werden. Eine Vermittlung zwischen beiden Lagern wäre nur möglich gewesen, wenn die SPD auf eine Regierungsbeteiligung verzichtet hätte. Die führenden Sozialdemokraten setzten die plötzlich gewonnene Macht jedoch nicht ein, um die ursprünglich angestrebten revolutionären Ziele zu verfolgen, sondern konzentrierten sich auf die Stabilisierung des Erreichten, vor allem die Konsolidierung des zwischen Industriellen und Gewerkschaften geschlossenen Abkommens als Grundlage einer neuen Beschäftigungs- und Sozialpolitik.

Diese von der Mehrheit der Parteimitglieder mitgetragene Entscheidung hatte nicht nur die erbitterte Feindschaft des ehemaligen linken Parteiflügels zur Folge, der sich inzwischen als Kommunistische Partei Deutschlands konstituiert hatte, sondern ließ auch einen neuen Riss entstehen, der mitten durch die SPD hindurchging. Immer wieder mussten sich die Sozialdemokratie die Frage stellen, wie viele Kompromisse sie zwecks Verteidigung der Republik machen durften, ohne sich politisch selbst aufzugeben,[4] und daraus erklärt sich auch das ständige Zögern und Schwanken der SPD bei der Bildung von Koalitionen mit «bürgerlichen Parteien».

Die deutsche Sozialdemokratie hatte in der Entscheidungssituation der Jahre 1918 und 1919 auf die gesamtstaatliche Mitte gesetzt und dabei ihre eigene Mitte verloren.[5] Die Folge war, dass man die Republik trug und verteidigte, dies aber häufiger aus der Opposition heraus als in der Regierung. Das war nicht nur eine Folge der für die SPD enttäuschenden Wahlergebnisse, sondern hatte auch damit zu tun, dass die Sozialdemokraten immer wieder davor zurückschreckten, sich an einem Koalitionskabinett zu beteiligen. Der Weg in die Mitte der Republik hatte die Sozialdemokratie derart angestrengt, dass sie sich mit dem Regieren schwertat. So wurde die Oppositionsrolle für die SPD selbst eine Art Mitte zwischen dem Engagement für die Weimarer Republik und der alten politischen Programmatik. Ohne die Entscheidung der SPD, jenen Weg einzuschlagen, wäre die Weimarer Republik allerdings gar nicht erst entstanden, und als sie mit der Zustimmung der Reichstagsmehrheit zu Hitlers Ermächtigungsgesetz auch verfassungstechnisch endete, waren die sozialdemokratischen Abgeordneten ihre letzten und mutigsten Verteidiger.

Die Weimarer Republik ist freilich nicht am Schwanken der Sozialdemokratie zwischen Regierungsbeteiligung und Oppositionsrolle gescheitert, sondern an einem Zerfall der politischen Mitte als Ganzer: Hatten die staatstragenden Parteien der Weimarer Koalition in der am 19. Januar 1919 gewählten Nationalversammlung eine solide Mehrheit von 76,2 Prozent erlangt, so war ihr Stimmenanteil bei der Wahl zum 8. Reichstag am 5. März 1933 auf 33,3 Prozent zusammengeschmolzen, denen 43,9 Prozent für die NSDAP und 12,3 Prozent für die KPD gegenüberstanden.[6] Dass die Republik buchstäblich zwischen den politischen Extremen zerrieben wurde, ist darauf zurückzuführen, dass sich die soziale Mitte – vor allem der alte Mittelstand, aber auch Teile der neuen Mittelschichten – politisch zu den Extremen hin orientierte. Man hat deswegen mit Blick auf die letzten Jahre der Weimarer Republik auch von einer «Panik im Mittelstand» gesprochen.[7]

Weimar als Warnung: Die Republik der Extreme

Aus der Sicht des Wirtschafts- und Bildungsbürgertums, des alten, teilweise aber auch des neuen Mittelstandes, fiel die Bilanz der Weimarer Republik negativ aus.[8] Dem beginnenden Aufbau des Wohlfahrtsstaates standen erhebliche Einkommenseinbußen im höheren öffentlichen Dienst gegenüber, und durch den Verlust von Vermögenswerten infolge von Krieg und Inflation war es für die Angehörigen der Mittelschicht immer schwerer geworden, einen als standesgemäß empfundenen Lebensstandard zu halten. Das Gefühl einer relativen Sicherheit, das sich im Kaiserreich in fast allen Schichten der Gesellschaft entwickelt hatte, war geschwunden. Hinzu kamen die gerade in den mittleren Schichten als kollektive Demütigung empfundenen Bestimmungen des Friedensvertrags von Versailles, gegen die sich, so der Vorwurf, die Politiker der Weimarer Koalition nicht entschieden genug gewehrt hätten. Die Folge war, dass erhebliche Teile der sozialen Mitte den Parteien der politischen Mitte die Gefolgschaft verweigerten. Das zeigte sich schon bei der Wahl zum ersten Reichstag am 6. Juni 1920, als die Parteien der Mitte insgesamt knapp 30 Prozent der Stimmen verloren und danach im Parlament keine Mehrheit mehr besaßen.

Zwar konnten sie sich während der 1920er Jahre ungefähr auf diesem Niveau stabilisieren, aber seit Beginn der 1930er Jahre sank ihr Stimmenanteil wieder; die Weimarer Koalition besaß keinen Rückhalt mehr in der Bevölkerung. Vor allem das Kleinbürgertum hatte sich zu diesem Zeitpunkt massiv der NSDAP zugewandt, während die KPD die stärksten Zugewinne innerhalb der Arbeiterschaft und unter den Arbeitslosen verzeichnen konnte.

Aber Weimar ist nicht nur deshalb eine Republik der Extreme geworden, weil ihre Bürger an den Wahlurnen die Abwendung von der politischen Mitte zum Ausdruck brachten. Es kam hinzu, dass Künstler und Intellektuelle in der Mitteorientierung den Ausdruck einer antimodernen Geisteshaltung sahen und ihr mit einer in der deutschen Kultur- und Geistesgeschichte beispiellosen Verachtung begegneten. Man kann darin den Einfluss Nietzsches und seiner Kritik des Mittelmäßigen ausmachen,[9] wobei Nietzsche den Überdruss einer ganzen Generation an der Behäbigkeit und Langeweile der Mitte wohl eher vorweggenommen als hervorgebracht hat.[10] Auch wenn dies oft behauptet wird, ist die Mitte keineswegs nur von reaktionären oder revolutionären Kräften bekämpft worden, sondern ebenso aus dem Geiste des ästhetischen Modernismus, für den die Orientierung an der Mitte die Entwicklung neuer Ästhetiken blockierte.[11] Die Abwendung von der politischen Mitte erfolgte hier keineswegs im Gestus des rebellisch gewordenen Spießers, wie er sonst vielfach zu beobachten war, sondern ging mit einem Selbstverständnis der Weltoffenheit und Zukunftszugewandtheit einher. Carl Schmitts Kritik an der politischen Romantik ist das Paradigma dafür.

Wegen ihrer Vorliebe für das «ewige Gespräch» sieht Schmitt in den politischen Romantikern die typischen Vertreter einer Mitte, die sich nicht entscheiden kann und deshalb wieder und wieder dieselben Probleme diskutiert: «Die Wurzel der romantischen Erhabenheit ist die Unfähigkeit, sich zu entscheiden, das ‹höhere Dritte›, von dem sie immer sprechen, ist nicht ein höheres, sondern ein anderes Drittes, d.h. immer der Ausweg vor dem Entweder-Oder.»[12] Diese Entscheidungsunlust hätten die politischen Romantiker, die Schmitt als Vorläufer und Wegbereiter des Liberalismus versteht,[13] mit den Politikern der parlamentarischen Ordnung gemein, und so ist Schmitts Kritik der politischen Romantik der Auftakt für seine Kritik des Parlamentarismus.

Schmitt glaubte entdeckt zu haben, dass der liberale Parlamentarismus aus einer Liaison des Romantischen mit dem Philiströsen hervorgegangen ist: «Mit Satiren gegen den Philister hatte die Romantik begonnen; in ihm erblickte sie die platte und gemeine Wirklichkeit, den Gegensatz der wahren, höheren Realität, die sie suchte. Der Romantiker haßte den Philister. Aber es stellte sich heraus, dass der Philister den Romantiker liebte, und in einem solchen Verhältnis war die Überlegenheit offenbar auf der Seite des Philisters.»[14] Die notorische Entscheidungsunwilligkeit der Romantiker habe sich mit der philiströsen Neigung verbunden, es sich in der Mitte bequem zu machen. Dort tummelten sich somit neben den Philistern beziehungsweise Bildungsphilistern, die bereits Nietzsche in der Ersten seiner *Unzeitgemäßen Betrachtungen* aufs Korn genommen hatte,[15] auch diejenigen, die das «ewige Gespräch» für den Höhepunkt von Intellektualität und Regierungskunst hielten und den Ernst des Politischen nicht begriffen hätten. Die parlamentarische Demokratie ist für Schmitt also nicht der Endpunkt einer langen Entwicklung, die auf Ausweitung politischer Partizipationsrechte und die Mehrung von Bürgerrechten abzielte, sondern ein einziges großes Missverständnis. Politische Mitte, ethisch-ästhetische Mediokrität und habituelle Entscheidungsschwäche fallen in Schmitts Kritik an den intellektuellen Grundlagen der parlamentarischen Demokratie in eins.

Wie eine Reihe anderer Intellektueller und Publizisten auch (die man im Rückblick eher der politischen Rechten zugerechnet hat, die aber eines mit Sicherheit nicht waren: konservativ[16]), wollte Schmitt die durch die Niederlage im Weltkrieg und den Zusammenbruch der alten Ordnung entstandene Lage nutzen, um eine neue, gänzlich andere Ordnung aufzubauen, in der Entschluss und Entscheidung an die Stelle des ewigen Gesprächs und der politischen Debatte treten sollten. Schmitt fürchtete, nach den Opfern und Leiden des Krieges könne, wie in der Friedensära nach dem Wiener Kongress, erneut eine Zeit des Biedermeier entstehen, und das wollte er mit allen Mitteln verhindern. Damit hatte Schmitt seine eigene politisch-intellektuelle Zukunft auf Kampf gestellt: gegen Weimar, gegen Genf, gegen Versailles;[17] gegen den Parlamentarismus, gegen den Völkerbund, gegen die Nachkriegsordnung, schließlich gegen alles, was auf irgendeine Weise den Eindruck erweckte, es könne zur Mitte tendieren und helfen, sie zu stärken.

Es war also nicht nur eine durch politische und wirtschaftliche Verwerfungen ausgelöste Panik der Mitte, die zur Stärkung der Extreme beitrug; auch der von Künstlern und Intellektuellen geprägte Zeitgeist war der Befestigung einer geistigen Mitte nicht günstig. Eine Koalition von Kriegsschriftstellern und politisch vagabundierenden intellektuellen Bohemiens setzte auf die vermittlungslose Entgegensetzung der Extreme, feierte den Entscheidungskampf als das genuin demokratische Verfahren und bezog daraus einen ethisch-ästhetischen Nervenkitzel. Diese Schriftsteller und Intellektuellen lassen sich nicht eindeutig der politischen Linken oder Rechten zuordnen: Sie wechselten immer wieder von einem Extrem zum anderen, ohne sich dabei einen Aufenthalt in der Mitte zu gönnen.[18] Der von Hermann Rauschning geprägte Begriff der *Konservativen Revolution* – ein Oxymoron, also seinerseits ein Zusammenschluss der Extreme unter Aussparung der Mitte – suchte dem Rechnung zu tragen.

Mag beim Kleinbürgertum der *Verlust* der Sicherheit dazu beigetragen haben, dass es sich zu den Extremen (vorzugsweise der extremen Rechten) hin orientierte,[19] so war es bei den Intellektuellen die *Verachtung* der Sicherheit und der Sicherheitssucher, die sie in ihrem Kampf gegen die Mitte bestärkte. Der «heroische Realismus» (Mohler), der sich etwa in Ernst Jüngers Feier des Soldaten und des Arbeiters zeigt, ist als demonstrative Abkehr von einer Sicherheitserwartung zu verstehen, die vor allem in der gesellschaftlichen Mitte vorherrschte. Krieg, Inflation und politische Instabilität hatten diese Sicherheitsversprechen hinfällig gemacht. Ernst Jünger sah darin das Zeichen einer neuen Zeit, in der Sicherheit nicht mehr dieselbe Rolle spielen werde wie in der Vergangenheit, und Carl Schmitt machte ein ums andere Mal geltend, dass Sicherheit nur durch die riskante Bewältigung der Gefahr zu gewinnen sei.[20] Das Politische dürfe nicht mit der Aufgabe verwechselt werden, Ruhe, Sicherheit und Frieden herzustellen, sondern es beruhe auf der «Unterscheidung von *Freund* und *Feind*».[21]

Damit gerät – neben dem ethisch-ästhetischen Unbehagen an Diskussion und Kompromiss – ein weiterer Grund für Schmitts Absage an das Parlament als den Ort und Modus einer ständigen Vermittlung unterschiedlicher Interessen in den Blick. Mit parlamentarischen Verfahren könne nämlich nur ein Ausgleich zwischen Wahrheits- und Gerechtigkeitsansprüchen hergestellt werden, die einander nicht unversöhnlich gegenüberstünden. In den Parlamenten des 19. Jahrhunderts habe sich ein solcher Ausgleich noch herbeiführen lassen, da dort lediglich Interessen- und Meinungsunterschiede innerhalb des Bürgertums aufeinandertrafen (weil entweder bloß Vertreter des Bürgertums Zugang zum Parlament hatten oder die zentralen politischen Entscheidungen außerhalb der Parlamente fielen). Daher sei man dem Irrglauben erlegen, «durch Öffentlichkeit und Diskussion allein» lasse sich «die bloß tatsächliche Macht und Gewalt – für liberal-rechtsstaatliches Denken das an sich Böse, *the way of beasts*, wie Locke sagt – überwinden» und der «Sieg des Rechts über die Macht herbeiführen».[22] Der «absichtlich komplizierte Prozeß der Balancierung» setze allerdings voraus, dass «weder die Staatsgewalt noch irgendeine metaphysische Überzeugung in unmittelbarer Apodiktizität auftrete» und man sich auf einer «gemeinsamen, nichtdiskutierten Grundlage» bewegen könne.[23] Das aber sei inzwischen – Schmitt schrieb das Buch *Zur geistesgeschichtlichen Lage des heutigen Parlamentarismus* unter dem Eindruck der schweren Krisen Anfang der 1920er Jahre – nicht mehr möglich. Die Gegensätze seien unversöhnlich, und die Parteien träten mit apodiktischen Wahrheitsansprüchen auf. Die Zeit der parlamentarischen Vermittlung und Mittebildung sei vorbei, und man müsse sich zwischen den Extremen der Rechten und der Linken entscheiden. Schmitt erklärte die Orientierung auf die Mitte hin für historisch überholt.

Es ist durchaus folgerichtig, dass Schmitt seine Parlamentarismusschrift mit Überlegungen zur Bedeutung des politischen Mythos beendet hat. Aber dass er dabei von einem Sieg des nationalistischen über den internationalistischen Mythos ausging, ist nicht mit einer Parteinahme für die bestehenden Verhältnisse zu verwechseln, und schon gar nicht mit Sympathien für ein an Sicherheit orientiertes Bürgertum, denn sogleich kommt Schmitt auf Georges Sorel und dessen gegen die Bourgeoisie und das Justemilieu gerichtete Idee des Generalstreiks und der Entscheidungsschlacht[24] zu sprechen: «Unter dem Gesichtspunkt dieser Philosophie wird das bürgerliche Ideal friedlicher Verständigung, bei dem alle ihren Vorteil finden und ein gutes Geschäft machen sollen, zu einer Ausgeburt feigen Intellektualismus; die diskutierende, transigierende, parlamentierende Verhandlung erscheint als ein Verrat am Mythos und an der großen Begeisterung, auf die alles ankommt. Dem merkantilen Bild von der Balance tritt ein anderes entgegen, die kriegerische Vorstellung einer blutigen, definitiven, vernichtenden Entscheidungsschlacht.»[25] Damit ist für Schmitt auch Marx abgetan, dessen dialektisches Denken allzu sehr dem Hegel'schen Imperativ der Vermittlung verpflichtet sei An seine Stelle tritt aufseiten der politischen Linken der französische Anarchosozialist Pierre-Joseph Proudhon, der gänzlich undialektisch auf Konflikt und Konfrontation gesetzt habe. Schmitt spricht in diesem Zusammenhang auch von einer «eschatologischen Spannung», die er durch die Gegenüberstellung von Proudhon und Donoso Cortés, dem spanischen Reaktionär, illustriert. Dieser Schlussakzent in Schmitts Parlamentarismusschrift ist freilich mehr seinen ethisch-ästhetischen Vorstellungen von einer Entscheidung zwischen den Extremen und einer Parteinahme zwischen Freund und Feind geschuldet, als dass darin eine präzise Analyse der Weimarer Konstellationen zum Ausdruck kam, und schon gar nicht handelte es sich um eine belastbare Antizipation der ideologischen Konstellationen in der Endphase der Weimarer Republik: Einige der Auffassungen Proudhons passen eher zur SA und zum linken Flügel der NSDAP als zur ideologisch strikt auf Kurs gebrachten KPD, und mit dem reaktionären katholischen Politiktheoretiker Donoso Cortés hätten sich vielleicht Franz von Papen und ein paar rechte Zentrumspolitiker anfreunden können, aber mit Sicherheit nicht Hitler und Goebbels.

Die apokalyptischen Entwürfe vom Ende der Republik[26] mögen geistreich und spannend sein, aber sie nahmen nicht das tatsächliche Ende der Weimarer Republik vorweg, die nicht in einer Entscheidungsschlacht, sondern unter Anwendung der ihr eigenen Regeln zugrunde gerichtet wurde: Was von Goebbels als «Machtergreifung» in Szene gesetzt wurde, war zunächst nichts anderes als eine Kabinettsbildung nach den Regeln des Parlamentarismus. Es war freilich ein Kabinett der antiparlamentarischen Rechten, das unter dem Reichskanzler Hitler gebildet wurde und das nunmehr zielstrebig daranging, die Regeln, nach denen es zustande gekommen war, außer Kraft zu setzen.

Auf die Frage, welche Rolle die Extreme beim Untergang der Weimarer Republik gespielt hatten, fand man nach 1945 im Westen und Osten Deutschlands ganz unterschiedliche Antworten: Während man in der DDR der Vorstellung von den zwei einander antagonistisch gegenüberstehenden Lagern folgte, die NSDAP also umstandslos der Reaktion zurechnete und durch die (Zwangs-)

Vereinigung von KPD und SPD sicherstellen wollte, dass die Linke nicht noch einmal gespalten gegen ihre Feinde antreten musste, verband man im Westen mit der Weimarer Republik die Erinnerung an eine «Demokratie ohne Demokraten», eine «Republik ohne Republikaner» oder wie auch immer die Umschreibungen für die fehlende Mitte lauteten.[27] Man verwies auf den nicht immer glücklichen, bisweilen aber tapferen Abwehrkampf der Mitte gegen die Extreme von rechts und links (wobei die Rolle des Zentrums und der Liberalen gern beschönigt wurde) – mit dem politisch-didaktischen Effekt, dass man gegen eine Wiederholung von Weimar am sichersten geschützt sei, indem man die politische Mitte stark mache und sich klar gegen die Gruppierungen an den Extremen abgrenze. So wurde der politische Kampf gegen die Extremisten von links und rechts zur Verfassungsräson der Bonner Republik.

«Nivellierte Mittelstandsgesellschaft»: Die Bonner Republik

Eher beiläufig und keineswegs mit großem definitorischem Gestus hat der Soziologe Helmut Schelsky den Begriff geprägt, der zur sozialstrukturell charakterisierenden Bezeichnung der Bundesrepublik von den 1950ern bis in die 1970er Jahre, der Bonner Republik, geworden ist: «nivellierte Mittelstandsgesellschaft».[28] Schelsky wollte damit ursprünglich bloß das Zusammenspiel von Auf- und Abstiegsprozessen bezeichnen,[29] das in der Summe auf eine gewisse Nivellierung in der Mitte der Gesellschaft hinauslief. Aber zum Erscheinungsbild einer Republik, deren Eliten um Unauffälligkeit bemüht waren, deren Hauptstadt sich als Provisorium verstand und deren gesellschaftlicher Zusammenhalt durch den bereits erreichten oder zumindest fest erwarteten sozialen Aufstieg gewährleistet wurde, passte der Begriff – der vielleicht besser «nivellierte Mittel*schicht*gesellschaft» gelautet hätte – so gut, dass er sich gegenüber den ursprünglich damit verbundenen Absichten verselbständigte und zu einer der zentralen Antworten auf die Frage wurde, warum Bonn nicht Weimar sei.

Bereits in den 1980er Jahren jedoch, also noch vor dem Zusammenbruch der DDR und der Vereinigung der beiden deutschen Staaten, wurde die Bezeichnung der Bonner Republik als nivellierte Mittelstandsgesellschaft in Frage gestellt, denn der säkulare Trend zur allmählichen Angleichung der Einkommen, der seit Anfang des 20. Jahrhunderts zu beobachten war,[30] hatte sich zwischenzeitlich umgekehrt, und stattdessen zeigte sich eine neuerliche Einkommens- und Vermögensspreizung. Im Unterschied zur Bundesrepublik hatte sich die DDR selbst als «Arbeiter-und-Bauern-Staat» bezeichnet, und so ließ sich in dem schließlich auch zur Selbstetikettierung der Bonner Republik verwendeten Begriff der nivellierten Mittelstandsgesellschaft das semantische Pendant zur Arbeitergesellschaft der DDR sehen, durch das dem anderen deutschen Staat der Anspruch sozialer Gerechtigkeit nicht allein überlassen wurde. Die Trendumkehr der 1980er Jahre zeigt jedoch, dass die Prozesse der Vermittelschichtung der Bonner Republik nicht wesentlich das Ergebnis einer durch die Existenz der DDR-Gesellschaft erzwungenen Politik waren, mit denen die potentielle Attraktivität sozialistischer Projekte blockiert werden sollte, sondern es sich um eine Entwicklung handelte, die mit der Existenz zweier deutscher Staaten nur bedingt zu tun hatte.

Eher wird man sagen können, dass die relative Angleichung der Einkommen auf mittlerem Niveau eine Folge des Industrialisierungsprozesses war, in dessen Verlauf an die Stelle von überwiegend schlecht bezahlten Tätigkeiten im Dienstleistungsbereich – heute würde man von «haushaltsnahen Dienstleistungen» sprechen – zunehmend Industriearbeitsplätze traten. Neben dem deutlich höheren Organisationsgrad der Industriearbeiterschaft spielte bei der Einkommensentwicklung die industrielle Wertschöpfung die Hauptrolle. Tatsächlich hatte der für die Bundesrepublik charakteristische Trend zur Angleichung der Einkommen bereits im Kaiserreich mit dem Erstarken der Gewerkschaften als selbstbewusste Interessenvertretung der Arbeiterschaft eingesetzt[31] und in der Bundesrepublik schließlich – durch den schnellen Wiederaufbau, die Marshall-Plan-Hilfe und die damit verbundene Eingliederung ins amerikanisch dominierte Wirtschaftssystem, schließlich den sogenannten Korea-Boom, durch den der deutschen Industrie unerwartete Exportchancen zuwuchsen – einen ungeahnten Schub erfahren.

Der breite soziale Aufstieg, der damit einsetzte, zog eine Verbürgerlichung der Arbeiterschaft nach sich, in deren Folge ein tendenziell einheitliches Klassenbewusstsein durch individuelle Leistungsorientierung ersetzt wurde.[32] «Armut wurde auch von den Arbeitern nicht länger als proletarisches Klassenschicksal wahrgenommen, sondern als persönliches Versagen.»[33] Dieser Wandel in der Wahrnehmung und Beurteilung des sozialen Schicksals trug maßgeblich zur Entstehung einer Mittelschichtsgesellschaft bei, zu deren mentalen Voraussetzungen gehört, dass die soziale Position der Menschen im Großen und Ganzen auf individuelle Leistung oder persönliches Versagen zurückgeführt wird, dass soziale Schranken und institutionelle Barrieren keine Blockadewirkung entfalten, dass der sozialen Herkunft keine determinierende Relevanz zukommt und Unglücksfälle, die nicht auf moralisches Versagen oder mangelnde Leistungsbereitschaft zurückzuführen sind, sozial abgefedert werden. Der Ausbau des Sozialstaats und die Vermittelschichtung der westdeutschen Gesellschaft bedingten sich gegenseitig.

Kaum zu bestreiten ist freilich, dass in der nationalsozialistischen Ideologie der Volksgemeinschaft einige Elemente dessen, was Schelsky später als nivellierte Mittelstandsgesellschaft bezeichnet hat, vorweggenommen worden sind. Aber man sollte diese

Ähnlichkeiten und Verbindungslinien nicht überbetonen, denn abgesehen davon, dass die Vorstellung sozialer Kohärenz im Kontext der Volksgemeinschaftsideologie rassistisch ausgeprägt war, bestehen deutliche Unterschiede zwischen dem, was als Gemeinschaft, und dem, was als Gesellschaft bezeichnet werden kann.[34] Vor allem hat die Tatsache, dass viele Angehörige der alten Eliten ums Leben gekommen waren – während des Krieges und infolge der Rachemaßnahmen, mit denen Hitler gegen die Attentäter des 20. Juli und die Kreise vorging, denen sie zugehörten –, freilich auch die moralische Desavouierung dieser Eliten durch das zuvor mit dem NS-Staat eingegangene Bündnis, schließlich der Verlust ihrer traditionellen Machtbasis in Offizierskorps und Staatsbürokratie die soziopolitische Dominanz der Mitte gegenüber der Spitze stark begünstigt: Dass das Bild der Zwiebel für die gesellschaftliche Ordnung in der Bundesrepublik das der Pyramide ersetzen konnte, ist nicht nur auf eine Annäherung der Einkommen zurückzuführen, sondern auch auf die Enthauptung des alten Regimes und die Entmachtung eines Teils der alten Eliten. Deren Reputationsverlust und die Entfernung der herausgehobenen Nationalsozialisten aus den staatlichen Ämtern schufen den Platz, in den Angehörige der Mittelschicht vorstoßen konnten. Auch wenn seit Mitte der 1960er Jahre die Kritik laut wurde, die sogenannte Entnazifizierung sei nicht konsequent genug betrieben worden, sodass eine Reihe von Personen, die im NS-Regime Karriere gemacht hatten, in ihren Ämtern verblieben oder nach einiger Zeit wieder Schlüsselpositionen besetzten, vollzog sich insgesamt doch ein so starker Wechsel an der Spitze von Staat und Gesellschaft, dass die Mittelschichten den Eindruck gewinnen konnten, dieser Staat sei ihr Staat und sie hätten darin die Macht übernommen.

Parallel zum Dominantwerden der sozialen Mitte gab die Bonner Republik schrittweise den mit der Gründung des Deutschen Reichs erhobenen Anspruch auf, die geopolitische Mitte des Kontinents zu sein beziehungsweise diese beherrschen zu wollen. Hatte es zunächst noch den Anschein gehabt, als werde die Teilung Deutschlands bloß eine Übergangsphase auf dem Weg zu einem geeinten und friedliebenden Deutschland in der Mitte Europas sein, so wurde allmählich klar, dass es ein geeintes Deutschland für lange Zeit, womöglich für immer, nicht mehr geben werde. Schneller als die Bonner Politik, die noch lange auf der Gültigkeit der Grenzen von 1937 beharrte, fand sich die Mehrheit der Bundesbürger damit ab.[35] Die Westdeutschen führten gewissermaßen einen Mittetausch durch: Sie wurden zu einer Mittelstandsgesellschaft, und dafür verzichteten sie auf jene geopolitischen Mittevorstellungen, die ihren Vätern und Großvätern so wichtig gewesen waren, dass sie zwei verheerende Kriege geführt hatten, um ihnen Geltung zu verschaffen.

Mit der nivellierten Mittelstandsgesellschaft kam freilich eine Form selbstzufriedener Behäbigkeit auf, die auch als ein Triumph der Mittelmäßigkeit begriffen werden kann. Die Warnung vor dieser Mittelmäßigkeit wurde schon bald zur steten Begleiterin der Bonner Republik, ebenso wie die periodischen Rebellionen gegen Mitte und Mittelmaß. Während die politische Rechte vor dem Triumph des Mittelmaßes warnte und darin den Niedergang Deutschlands sah, rebellierte die Linke gegen die von der Mitte eingeforderte Anpassung an deren Verhaltensregeln. Hans Magnus Enzensberger hat die Ambivalenz von Mitte und Mittelmaß prägnant zusammengefasst: «Diese Gesellschaft ist mittelmäßig. Mittelmäßig sind ihre Machthaber und ihre Kunstwerke, ihre Repräsentanten und ihr Geschmack, ihre Freuden, ihre Meinungen, ihre Architektur, ihre Medien, ihre Ängste, Laster, Leiden und Gebräuche … Diese Einsicht hat etwas Erlösendes.»[36]

Seit sich die Deutschen mit dem Mittelmaß abgefunden haben, sind sie selbst zur Ruhe gekommen und mit ihnen der ganze Kontinent. Das Ins-Gleichgewicht-Kommen mit den andern, zunächst mit dem Westen und seit Ende der 1960er Jahre auch mit dem Osten, und das Ins-Gleichgewicht-Kommen mit sich selbst gingen

Hand in Hand. Dass dies nach den Erfahrungen der Weimarer Republik, dem Zerfall der politischen Mitte und der starken Bewegung zu den Extremen hin möglich war, ist von den Zeitgenossen als das – neben dem «Wirtschaftswunder» – zweite Wunder der westdeutschen Geschichte angesehen worden. So konnte der Schweizer Publizist Fritz René Allemann bereits 1956 erleichtert feststellen: «Bonn ist nicht Weimar.»[37] Diese Formel besänftigte die Ängste der Deutschen vor sich selbst und beruhigte die Nachbarn, auch wenn sie weiterhin die politischen Entwicklungen in (West-)Deutschland kritisch verfolgten.

Die Bundesdeutschen, denen ständig der Spiegel von Weimar vor Augen gehalten wurde, waren in geradezu ängstlicher Weise bestrebt, alles so zu tun, wie man es in Weimar *nicht* getan hatte. Diese zwanghafte Fixierung auf die Mitte, das strikte Gebot, sich von Extremen fernzuhalten, und die Aggressivität, mit der man jeder Form von Zuwiderhandlung begegnete, prägte den Geist der Adenauerzeit, die im Rückblick als eine Periode der sozialen und politischen Stabilisierung, aber auch der kulturellen Spießigkeit und politischen Heuchelei erscheint.[38]

In Nietzsche'schem Gestus hat der Publizist Johannes Gross, ein dezidierter Konservativer, der die Geschichte der Bonner Republik kritisch begleitet hat, die Schwammigkeit und Konturlosigkeit der neu gefundenen Mitte herausgestellt.[39] Dabei hat sich Gross den *deutschen Michel* als «offizielles Selbstportrait der Deutschen» ausgesucht,[40] um einigen Eigentümlichkeiten des deutschen Nationalcharakters nachzuspüren. Während in England Oberschichten und Eliten das Nationalstereotyp geprägt hätten, sei in Deutschland in der Zeit des Biedermeier der brave Bürgersmann, der Philister und Spießer, zum nationalen Stereotyp geworden. «Der Philister ist der zufriedene Bourgeois, der seiner Familie und dem Gewerbe lebt, an den öffentlichen Angelegenheiten so wenig teilnimmt wie an den Überschwängen der Poesie und Spekulation.»[41] Dieser Sozialtypus habe im *deutschen Michel* –

eine Verballhornung des Erzengels Michael, des alten Schutzpatrons der Deutschen – seine Gestalt gefunden: «Er blickt mit runden Augen naiv in die Welt, keiner heroischen oder pathetischen Pose fähig, in Gesellschaft der andern bescheiden und blöde im ursprünglichen Sinn des Wortes. Er ist nicht geschickt zum Geschäft der Welt, zu einer bedeutenden Rolle jedenfalls unfähig und unwillig. Es ist, als denke er immer, was einst Asinius Pollio für den Senat im römischen Bürgerkriege sagte: ‹Laßt uns fern von eurem Streite bleiben, wir wollen die Beute des Siegers sein.› Der Michel ist der dumme Bauer, der von den gerissenen Leuten aus der Stadt übers Ohr gehauen wird, oder der harmlose Bürgersmann, der seine Ruhe haben will.»[42]

Nun war Gross freilich bewusst, dass die Deutschen der frühen Bundesrepublik sich selbst so gesehen haben mögen, dass die Nachbarn aber in Erinnerung an die beiden Weltkriege ein ganz anderes Bild von ihnen hatten. Gross glaubte jedoch, dass sich diese Kluft zwischen Selbst- und Fremdwahrnehmung mit der Zeit schließen werde: In der Epoche des Massentourismus, die nunmehr angebrochen sei, werde so manchem Deutschen klar, dass nicht jeder Engländer sich wie ein vornehmer Lord benehme und die Franzosen keineswegs alle über einen so guten Geschmack und so erlesene Umgangsformen verfügten, wie sie ihnen im Nationalstereotyp zugeschrieben wurden. Umgekehrt würden die anderen dann auch bemerken, dass die Deutschen der Bonner Republik tatsächlich dem Bild vom «deutschen Michel» entsprachen. Im Zeichen von Mittelmäßigkeit und Vermittelmäßigung habe die Bonner Republik Selbstporträt und Wirklichkeit der Deutschen zur Deckung gebracht. Diese Einsicht hatte allerdings für Gross – anders als für Enzensberger – nichts Erlösendes. Gross konnte die politischen Vorzüge der «Vermittelmäßigung» zwar nicht bestreiten, aber man spürt in jeder Zeile den ethisch-ästhetischen Widerwillen, den er dagegen hatte. Mit sicherem Instinkt hat er die notorische Entscheidungsunlust der Deutschen und ihr Zurückschrecken vor allem Markanten und Eindeutigen registriert. Angesichts einer kollektiven Verpflichtung auf die Mitte standen Eindeutigkeit und Exponiertheit unter Extremismusverdacht. Die soziopolitische Mitte in Deutschland lehnte Entscheidungen nach dem Typ eines «Entweder-oder» ab und bevorzugte Kompromisse, die den Vorgaben eines «Sowohl-als-auch» folgten.

Die Vorbehalte gegenüber einer als solche sichtbar gemachten Entscheidung teilten zunächst auch die meisten Intellektuellen der Bundesrepublik. Indem sie sich vom Kult der Entscheidung distanzierten, wie er in der Zwischenkriegszeit gepflegt worden war, wollten sie ihren Beitrag dazu leisten, dass Weimar sich nicht wiederholte. Erst die «68er» haben den Gestus der Entscheidung (im Sinne einer politischen Parteinahme gegen die soziale Herkunft) wieder hoffähig gemacht, politische Entscheidungen moralisch aufgeladen, ja, regelrecht zelebriert – und damit prompt die Furcht heraufbeschworen, Bonn könne womöglich doch wieder Weimar werden.[43]

Dabei sind im ersten Jahrzehnt der Bonner Republik tatsächlich – von der Westintegration bis zur Wiederbewaffnung – eine ganze Reihe ebenso grundlegender wie weitreichender Entscheidungen getroffen worden, nur dass man dabei lieber von politischen Erfordernissen, kluger Interessenverfolgung oder sachlicher Alternativlosigkeit sprach. Dem Weimarer Kult der Entscheidung setzte die Bundesrepublik die Orientierung an Sachlogik und vernünftiger Steuerung entgegen. Es gehört zur politischen Kultur der Mitte, den Entscheidungscharakter des Politischen zu leugnen oder jedenfalls zu verschleiern und eher von politischer Vernunft, Sachzwängen oder auch vom «zwanglosen Zwang des besseren Arguments» (Kant/Habermas) zu sprechen. Auf diese Weise wird – zumindest scheinbar – alles Willkürliche ins Vernünftige überführt. So hat die Bonner Republik immer unter dem Eindruck gestanden, eigentlich sei schon alles entschieden und es komme nur noch darauf an, das Beste daraus zu machen. Im Anschluss an

Nietzsche hat Johannes Gross darin eher ein Zeichen der Schwäche als der politischen Klugheit gesehen.

Die Vorstellung, dass die Mitte mitsamt dem ihr zugehörigen Mittelmaß Großes und Herausragendes ermögliche – ein Gedanke, der sich in Nietzsches Aphorismen über die Mediokrität sehr wohl findet, den Nietzsche dann jedoch zugunsten der Sorge um die Herausragenden und Ausnahmemenschen hat fallenlassen[44] –, ist in Sozialphilosophie und Politiktheorie zwar nie sonderlich prominent geworden, aber gelegentlich doch in Form eines Kompensationstheorems durchdacht worden. Nicht der von der Mitte ausgehende Zwang zur Anpassung, sondern die mit ihr verbundenen Vorstellungen von Maß und Maßhalten stehen hier im Zentrum. Die Mitte wird als notwendiges Gegengewicht verstanden, ohne dass Modernisierung, Differenzierung und Individualisierung die gesellschaftliche Ordnung gefährden würden. Eine starke Mitte zehrt demnach das Außergewöhnliche, das Überragende oder auch bloß Unangepasste keineswegs auf, sondern verschafft ihm allererst die Möglichkeit, sich zu entfalten. Man kann dieses liberal-konservative Kompensationstheorem, wie es etwa von Hermann Lübbe oder Odo Marquardt entwickelt worden ist,[45] zu der These zuspitzen, eine Gesellschaft könne sich umso mehr Modernisierung, lebenspraktische Differenzierung und Individualisierung leisten, je schwergewichtiger und selbstbewusster ihre Mitte ist. Der Politikwissenschaftler Karl Deutsch hat dies auf die griffige Formel gebracht, ein Auto könne umso schneller fahren, je bessere Bremsen es habe.

Vor allem Hermann Lübbe hat immer wieder über die Notwendigkeit von Kompensationen und Gegengewichten im Prozess der Modernisierung und Individualisierung von Gesellschaften nachgedacht und daraus eine Rechtfertigung für die durchaus problematischen Seiten der deutschen Geschichte in den 1950er/1960er Jahren entwickelt: Das anfängliche Desinteresse an einer energischen Aufarbeitung der Nazi-Diktatur, die eher nachlässig betriebene Strafverfolgung, schließlich die rasche Integration ehemaliger Nationalsozialisten in die politische und gesellschaftliche Mitte der Republik hätten das Gegenteil dessen bewirkt, was man zunächst erwarten würde.[46] Dass man peinlich vermied, sich mit der unmittelbaren Vergangenheit auseinanderzusetzen, führte nämlich nicht zu einer dauerhaften Verdrängung des Nationalsozialismus und seiner Verbrechen und auch nicht dazu, dass alle weitermachten, als wäre nichts geschehen, sondern ermöglichte im Gegenteil Demokratisierung und Emanzipation in einem ungeahnten Maße.

Parallel zu Gross' Kritik der Mitte, die man als eine Kritik von rechts bezeichnen kann, hat sich in der frühen Bundesrepublik auch eine eher von links kommende Kritik der Mitte entwickelt, die auf den von der Mitte ausgehenden Zwang zu Anpassung, den Normalismus, zielte. «Normalismus», so Thomas Ahbe, «ist der Steuerungsmodus für eine Gesellschaft, die keine Utopie, kein Programm, kein Ziel und keinen Master-Plan hat.»[47] Diese Charakterisierung wird man für die frühe Bundesrepublik gelten lassen können, deren Vorstellung vom Fortschritt sich (mittekompatibel) im Wesentlichen auf die Mehrung von Konsumchancen beschränkte. Von den Anhängern der Kritischen Theorie wurden die Auswirkungen, die Normalismus und Konsumorientierung auf die Gesellschaft haben, eingehend untersucht. Der Normalismus – so die dem Kompensationstheorem widersprechende Grundauffassung der Frankfurter Schule – verhindere, dass sich Individualität entwickelt, und sei daher die Ursache für eine schleichende Vermassung in den kapitalistischen Gesellschaften des Westens.

Vor allem Herbert Marcuse hat die Vermittelmäßigung durch exzessiven Konsum ins Zentrum seiner Überlegungen gerückt und in ihnen eine subtile Form der Repression gesehen: Die Menschen werden nicht zu dem, was sie werden könnten, weil sie von den scheinbaren Annehmlichkeiten der Mitte betäubt sind; Konsum ist das Narkotikum für das Leiden an einem im Kapitalismus steckengebliebenen, unfertigen Leben.[48] So verhindert die (scheinbare) Liberalität der Mitte, dass sich die in der Gesellschaft bestehenden Entwicklungsmöglichkeiten entfalten können. Marcuse hat dafür die Formel von der «repressiven Toleranz» geprägt. Wo sich die Dominanz der Mitte auf ein breites Konsumangebot stützt, das alle Hoffnungen und Sehnsüchte der Menschen absorbiert, müssten sich die wenigen, die sich Phantasie und Mut zur Utopie nicht haben abkaufen lassen, gegen diese Mitte wenden, ja, sie geradezu bekämpfen – das war die Botschaft, mit der Herbert Marcuse zum Idol der westdeutschen Studentenbewegung wurde. In ihrer großen Mehrheit stand diese nicht in den Traditionen der sozialistischen Arbeiterbewegung, auch wenn sie mit ihnen kokettierte, sondern pflegte eine Revolte gegen den Normalismus, der sich in der Bonner Republik ausgebreitet hatte. Indem die «68er» gegen diese Mitte aufbegehrten, die schon auf kleinste Formen der Abweichung aggressiv reagierte und mit Ausbürgerung oder Zwangsabschiebung drohte («Geh doch nach drüben», womit der Osten beziehungsweise die DDR gemeint war), zwangen sie die Republik, die Mitte jenseits von Konformität und Anpassung neu zu definieren.

Alte und neue Mitten

In einem fulminanten Essay hat Hans Magnus Enzensberger Ende der 1980er Jahre das in den 1970er Jahren gefundene neue Mittelmaß der Bonner Republik gegen dessen Kritiker verteidigt und seinerseits deren eigene Befindlichkeiten unter die Lupe genommen: «Auch die Fundamentalopposition leidet unter massiver Zufriedenheit.»[49] Im Unterschied zum kulturellen Außenseitertum müsse sie aber nicht befürchten, vom Erfolg eingeholt und von Beifall überschüttet zu werden. Während die gesellschaftliche Mitte kulturelle Außenseiter feiere und alimentiere, bleibe sie gegenüber politischem Außenseitertum auf Distanz. Aber die Hegemonie der Mitte habe dazu geführt, dass auch die Fundamentalopposition behäbig geworden sei. Die Einvernahme alternativer Gesellschaftsentwürfe und Lebensweisen durch die bestehende Gesellschaft wird von Enzensberger allerdings nicht als moralisches Desaster und politische Katastrophe begriffen, wie das in der Tradition der Frankfurter Schule lange der Fall war, sondern erweist sich bei genauerem Hinsehen als eine Bereicherung der Mitte, die keineswegs so behäbig und konformistisch sei, wie es den Anschein habe. «Das Mittelmaß, das in dieser Republik herrscht, zeichnet sich durch ein Maximum an Variation und Differenzierung aus. Subjektiv erscheint diese bewegliche Mischung als ein Zuwachs an Freiheitsgraden, Chancen, Wahlmöglichkeiten.»[50]

Die gesellschaftliche und politische Mitte hat im Verlauf der bundesdeutschen Geschichte sogar von den Intellektuellen und Schriftstellern, die ihr zunächst skeptisch bis ablehnend gegenüberstanden, Beifall bekommen und Zustimmung erlangt. Man hat das auch als die in den 1980er Jahren vollzogene «Selbstanerkennung» der Bundesrepublik bezeichnet. Das hat freilich nicht nur mit einem Positionswechsel oder Lernprozess bei den Intellektuellen zu tun, sondern auch mit einem Wandel der Mitte selbst. Sie ist im Verlauf der bundesdeutschen Geschichte liberaler und vielfältiger, bunter und munterer geworden. War sie in den 1950er/1960er Jahren noch durch ein Gemisch aus kleinbürgerlichen Lebensweisen und bildungsbürgerlichen Erwartungen geprägt, so konnte davon seit den 1980er Jahren nicht mehr die Rede sein.[51] Mit dem Erfolg der «68er» sowohl in klassisch bildungsbürgerlichen Berufen als auch in den neuen Feldern der

Kreativwirtschaft hat die Mitte an kultureller und mentaler Vielfalt gewonnen.[52]

Das fand seinen politischen Niederschlag darin, dass bald alle Parteien der alten Bundesrepublik – Freidemokraten, Sozialdemokraten, Christdemokraten und mit einem gewissen Verzögerungseffekt auch die neu entstandene Bewegung der Grünen – nach Wählern in der Mitte Ausschau hielten. Das war bei CDU und FDP nicht verwunderlich, handelte es sich bei ihnen doch um klassische Interessenvertretungen der bürgerlichen Mitte. Die SPD wiederum hatte sich, nachdem ein beachtlicher Teil der sozialdemokratischen Anhängerschaft den sozialen Aufstieg in die Mitte geschafft hatte, programmatisch geöffnet, weil sie diese Wähler nicht an die «bürgerlichen Parteien» verlieren wollte. Überraschend war eher, dass die aus Anhängern der Ökologiebewegung und ehemaligen Kadern linksradikaler Gruppierungen hervorgegangenen Grünen etwa ein Jahrzehnt nach der Parteigründung ebenfalls in der gesellschaftlichen Mitte ankamen und dort stabile Klientelstrukturen aufbauen konnten – zunächst überwiegend in den Großstädten, bald aber auch im kleinstädtischen Milieu. Kulturelle Differenzierung und mentale Vielfalt führten dazu, dass sich spätestens seit den 1990er Jahren die politischen Parteien in der Mitte tummelten und, wenn auch mit unterschiedlichen Epitheta, den Anspruch erhoben, Parteien der Mitte zu sein. Das von Enzensberger für Lebensweise, Werthorizont und kulturelle Vorstellungen konstatierte «Maximum an Variation und Differenzierung» zeigte sich von nun an auch in der politischen Präferenzbildung. Die sozialstrukturelle Mitte der Gesellschaft hat sich im Hinblick auf ihre Werte und Normen, Befürchtungen und Erwartungen so sehr diversifiziert, dass dies nur noch in einer recht bunten Vielfalt von Parteien zum Ausdruck kommen kann. Umgekehrt hat das Verschwinden politisch relevanter Extreme auch die Diversifikation der Mitte beschleunigt.

Der Drang zur politischen Mitte hat freilich auch dazu geführt, dass die politischen Konturen der Parteien immer unschärfer geworden sind beziehungsweise dass deren Programme oder Wahlaussagen – wegen der Notwendigkeit, innerhalb wechselnder Koalitionen Kompromisse einzugehen – in der tatsächlich betriebenen Politik immer weniger Spuren hinterlassen. Die vieldiskutierte Politikverdrossenheit ist nicht zuletzt eine Konsequenz aus der Tatsache, dass sich die Programme der Parteien einander angenähert haben. Unüberhörbar geworden ist eine Nostalgie, die davon spricht, dass man früher noch eine Wahl gehabt habe bei den Wahlen. Die Alternativen, die im politischen Spektrum entwickelt werden, betreffen unterschiedliche Erwartungen *innerhalb* der Mitte, sind aber nicht – wie etwa in Weimar – auf einander gegenüberstehende Extreme hin formuliert. Das Parteienspektrum der späten Bonner und vor allem der Berliner Republik ist fast so vielfältig wie das von Weimar, aber die Vielfalt kommt nicht von den Rändern her, sondern hat sich aus der Mitte heraus entwickelt.

Bei aller Klage über die «Kosten» des Drangs der Parteien zur Mitte sollte aber auch dessen Nutzen nicht übersehen werden: Das Ankommen in der politischen Mitte ist der Ausweis, wenn nicht die Vorbedingung für die Koalitionsfähigkeit mit allen anderen Parteien, die ebenfalls Ansprüche auf die politische Mitte geltend machen. Wer das nicht tut, signalisiert, dass er in der Opposition bleiben will: Eine Partei, die nicht auf irgendeine Weise von sich behaupten kann, eine Partei der Mitte zu sein, ist auch in der Berliner Republik nicht koalitions- und also nicht regierungsfähig. Nur scheinbar ist die vereinzelte Regierungsbeteiligung der Linkspartei ein Einwand dagegen. In den neuen Bundesländern nämlich, wo «Die Linke» als Juniorpartner an einigen Landesregierungen beteiligt war und ist, handelt es sich bei ihr um eine Regionalpartei mit einer breiten sozialen Streuung der Wählerschaft, die auch erhebliche Teile der gesellschaftlichen Mitte umfasst. In den alten Bundesländern hingegen, wo die Linkspartei sich als ein Konglomerat aus linken Gewerkschaftlern, enttäuschten Sozialdemokraten und Angehörigen früherer Splittergruppen präsentiert, ist vorerst nicht erkennbar, dass sie zu einem ernsthaften Koalitionspartner werden kann. Die Verluste, die Sozialdemokraten wie Grüne damit in der Mitte ihrer Wählerschaft riskieren, wären für sie politisch schwer zu verkraften. Die Mitte ist ein koalitionspolitischer Verbindungsraum – und wer sich nicht darin aufhält und auch nicht dorthin gelangen will, gilt als nicht regierungsfähig.

Nun könnte man im Ausschluss der Linkspartei eine Form politischer Kartellbildung sehen, in der sich letzten Endes die Konstellationen der frühen Bonner Republik wiederholen. Das Problematische an der Dominanz der Mitte im deutschen Parteiensystem jedoch ist nicht so sehr der dauerhafte Ausschluss bestimmter politischer Positionen von der Beteiligung an der Macht – das gehört, was rechtsradikale und dezidiert nationalistische Positionen angeht, bekanntlich zur Verfassungsräson der Bundesrepublik und bleibt eine Voraussetzung dafür, dass die Existenz des wiedervereinigten Deutschlands von seinen europäischen Nachbarn akzeptiert wird – als vielmehr die Einschränkung politischer Programmatiken auf ein durch die Ränder der Mitte begrenztes Spektrum. Man kann auch von einer politischen Horizontverengung sprechen. Dass es eine solche Einschränkung des Programmatischen gibt, lässt sich kaum bestreiten; sie zeigt sich unter anderem daran, dass keine großen Parlamentsdebatten über grundlegende oder richtungsweisende Fragen der deutschen Politik mehr stattfinden.

Die programmatischen Unterschiede zwischen den politischen Parteien sind zwar nicht gänzlich verschwunden, aber man muss genauer hinsehen, um sie zu erkennen. Die einst scharf gegeneinander konturierten Programme von SPD und CDU waren auf die jeweiligen politischen Lager zugeschnitten und auf die entsprechenden Milieus, denen ihre Anhänger entstammten.[53] Nach dem Zerfall dieser Lager konnte man sich nicht mehr auf schlagwortartig angepriesene Gegensätze verlassen. Gleichzeitig gewann die Ästhetik der Wahlwerbung gegenüber programmatischen Aussagen immer stärker an Gewicht. Dass sich jene Programme in der Berliner Republik nur noch in Nuancen unterscheiden, hängt aber auch mit der Ausrichtung der politischen Aufgaben und Ziele auf eine weit mehr als die Hälfte der Bevölkerung umfassende gesellschaftliche Mitte zusammen. Eine so differenzierte und facettenreiche Mitte kann politisch nicht von einer Partei allein vertreten werden.

Dass Machtausübung zu Abspaltungen führt, hat insbesondere die deutsche Sozialdemokratie in ihrer Geschichte immer wieder erfahren müssen. Aber sie ist da keineswegs allein: Solange der Liberalismus in Deutschland politisch ohne Einfluss war, konnte er für sich beanspruchen, die Interessen und Werte der gesellschaftlichen Mitte in ihrer Gänze zu vertreten. Kaum jedoch hatten die Liberalen mit der Reichsgründung ein gewisses Maß an politischer Macht erlangt, trennten sie sich in Linksliberale und Nationalliberale voneinander.[54] Infolge der konfessionellen Spaltung Deutschlands reichten aber selbst zwei liberale Parteien nicht aus, um die soziale Mitte politisch zu repräsentieren: Von Anfang an erhob auch das Zentrum, obwohl es sich als Partei der Katholiken aus allen Gesellschaftsschichten verstand, den Anspruch, vor allem die soziale Mitte zu vertreten. Schon durch seine Namensgebung machte es deutlich, dass es sich als Partei der politischen Mitte verstand.[55] In einer konfessionell gespaltenen und regional heterogenen Gesellschaft wie der deutschen war es seit dem 19. Jahrhundert also selbstverständlich, dass die soziale Mitte politisch differenziert vertreten wurde, und so stellt die kurze Periode, in der es der Adenauer-CDU gelang, einen weitgehenden Alleinvertretungsanspruch durchzusetzen, eher eine Ausnahme in der deutschen Geschichte dar.[56] Es waren die Erinnerungen an Weimar und die Schrecken des Krieges, die die Mitte zusammenrücken ließen.

Als sich beides allmählich abschwächte, traten die Unterschiede wieder deutlicher hervor.

Knapp zwei Jahrzehnte haben CDU und FDP für sich in Anspruch nehmen können, die gesellschaftliche Mitte politisch zu repräsentieren. Die von ihnen gestellten Regierungen werden bis heute als «bürgerliche Koalitionen» bezeichnet, obwohl sich in der gesellschaftlichen Mitte keine festumrissene bürgerliche Schicht identifizieren lässt und Christdemokraten und Liberale schon seit den 1960er Jahren kein Monopol mehr auf die politische Vertretung der Mitte haben. Damals nämlich drängte auch die SPD in die Mitte, wohin ein Teil ihrer Stammwählerschaft infolge des «Fahrstuhl-Effekts» aufgestiegen war.[57] Auf dem Weg dorthin durften die Sozialdemokraten freilich nicht die Bindung an ihre traditionelle Klientel aufgeben, sondern mussten eine politische Brücke zwischen der alten Unterschicht und der neuen Mittelschicht schlagen.

Willy Brandts historischer Wahlsieg vom Herbst 1972 ist nicht zuletzt damit zu erklären, dass er den Begriff der Mitte linksliberal zu besetzen wusste. Während die konservativen beziehungsweise liberal-konservativen Politiker und Publizisten, die zuvor die Mitte für sich allein reklamiert hatten,[58] mit ihr «wirtschaftliche Prosperität» und «stabilen Wohlstand» verbanden, assoziierte die Sozialdemokratie die Mitte mit Gerechtigkeit und Solidarität. Die Mitte (beziehungsweise «neue Mitte», wie sie von Peter Glotz 1973 erstmals bezeichnet wurde[59]) wurde dadurch zum Zentrum einer Arbeitnehmergesellschaft, in der Lebenschancen – unabhängig von sozialer Herkunft und persönlichen Beziehungen – nach individueller Leistung verteilt sein sollten, ohne dass dabei die Solidarität mit den sozial Schwächeren vergessen wurde.[60] Die Sozialdemokratie trat mit dem Anspruch an, ein gerechtes Maß zwischen Leistungsprinzip und Solidaritätsversprechen zu finden. Am Streit über dieses Maß[61] ist die sozialliberale Koalition 1982 nach dreizehnjähriger Regierungszeit zerbrochen. Die rot-grüne Koalition unter Gerhard Schröder hat an dieses Projekt anzuschließen versucht. Dabei hat sich die SPD ausdrücklich auf «die neue Mitte» berufen.

Die Sozialdemokratie bezog ihre Stärke seit Gründung der Bundesrepublik daraus, dass sie eine eigene Mitte hielt zwischen den Ansprüchen und Forderungen derer, die «es geschafft hatten», und den Sorgen derer, die (unverschuldet) in Not gerieten oder denen der Aufstieg (bisher) nicht gelungen war. Dieser Balanceakt ist der SPD über längere Zeit gelungen, aber dieses Gelingen hing in hohem Maße davon ab, dass ausreichend staatliche Finanzmittel zur Verfügung standen, um beide Seiten angemessen zu bedienen: die Erfolgreichen steuerlich nicht über Gebühr zu belasten und für die in Not Geratenen ein tragfähiges soziales Netz zu spannen. In den 1990er Jahren wurde es jedoch zusehends schwieriger, hier das «rechte Maß» zu finden, und daran ist die Regierung Schröder/Fischer 2005 schließlich gescheitert. Im Machtkampf zwischen Gerhard Schröder und Oskar Lafontaine war schon zuvor sichtbar geworden, dass die Sozialdemokratie die Mitte zwischen den «Gewinnern» und «Verlierern» nicht mehr zu halten vermochte.[62] Die Abspaltung der WASG und schließlich deren Vereinigung mit der ostdeutschen PDS zur Partei «Die Linke» waren die Folge.

Wenn große Parteien auf die Mitte setzen, riskieren sie Verluste und Abspaltungen an ihren Rändern. Die Geschichte der deutschen und europäischen Sozialdemokratie während der letzten beiden Jahrzehnte ist ein anschauliches Beispiel für die politischen Risiken, die mit dem Drang zur Mitte einhergehen. Parteien, die vom politischen Rand her oder aus dem unteren Teil der Gesellschaft kommen, sind dabei Vermittlungsanforderungen ausgesetzt, die sie schnell vor eine Zerreißprobe stellen können, zumal dann, wenn sich unterdessen neue politische Gruppierungen formieren, die das ursprüngliche Terrain der Partei zu besetzen versuchen. Genau das ist der europäischen Sozialdemokratie passiert: Sie ist zwar in der Mitte angekommen, gerät dort allerdings in die Zange zwischen aggressiven Rechtspopulisten, denen immer mehr Arbeiter die Stimme geben, und zunehmend selbstbewussten Linkssozialisten.[63] Parteipolitisch gesehen, befindet sie sich in einer ähnlichen Lage wie das Deutsche Reich zu Beginn des 20. Jahrhunderts in geopolitischer Hinsicht. Dabei ist die Situation für die SPD im Vergleich mit den sozialdemokratischen Parteien anderer Länder noch relativ komfortabel, weil hierzulande ein aggressiver Rechtspopulismus nur sehr begrenzte Entfaltungsmöglichkeiten hat. Aber die Chancen, aus dieser Umklammerung auszubrechen, sind gering.

Auch der CDU als der anderen großen Volkspartei der Bonner und Berliner Republik fällt es nicht leicht, sich in der Mitte zu behaupten. Zunächst war es den Christdemokraten (beziehungsweise den Christsozialen in Bayern) gelungen, sich als die «Partei von Maß und Mitte»[64] schlechthin zu präsentieren, und den daraus abgeleiteten Mehrheitsanspruch verbanden sie mit dem Habitus eines kleinbürgerlichen Justemilieu. Das war über mehrere Jahrzehnte das Erfolgsrezept, mit dem sich die CDU in Sichtweite der absoluten Mehrheit halten konnte. Aber die Bindung ans kleinbürgerliche Justemilieu ist, wie der Parteienforscher Franz Walter gezeigt hat,[65] auch die Achillesferse der CDU: Die in diesen Schichten vorherrschende selbstzufriedene Orientierung am Status quo geht mit einer Abneigung gegen Veränderungen einher, die jeden Modernisierungsbeschluss der Partei zu einem hochriskanten Abenteuer werden lässt. Der Reformstau in der Schlussphase der Kohl-Ära und Angela Merkels zögerliche Politik des Moderierens lassen sich nicht mit einem auf persönliche Charaktereigenschaften reduzierbaren Führungsstil erklären, wie das in der Öffentlichkeit und in den Medien gern getan wird, sondern sie sind vor allem das Ergebnis einer strukturellen Verankerung der CDU im kleinbürgerlichen Justemilieu. Wenn jede Bewegung – ganz gleich, in welche

Richtung – zu beachtlichen Stimmverlusten führt, ist es naheliegend, auf eine Politik des Aussitzens zu vertrauen.

Helmut Kohl, der die von ihm geführten Regierungen als «Koalitionen der Mitte» bezeichnete und zu Beginn seiner Kanzlerschaft von einer «geistig-moralischen Wende» sprach,[66] die den traditionellen bürgerlichen Werten der Mitte wieder Geltung verschaffen sollte, hatte ein ausgeprägtes Gespür für die mentalen Befindlichkeiten der Mitte und wusste sie virtuos zu bedienen: Man durfte die Menschen nicht überfordern, überanstrengen oder verunsichern.[67] In der Kohl-Ära bekam die Mitte ein eher joviales Aussehen. Mit der Zeit geriet Kohl dadurch jedoch in eine Position politischer Bewegungsunfähigkeit, die schließlich heikel wurde, als mit dem unterdessen stattfindenden Generationenwechsel innerhalb der CDU-Klientel Veränderungs- und Reformerwartungen entstanden, die nicht mehr erfüllt werden konnten. Damit wuchs das Risiko, dass große Teile der jüngeren Generationen zu anderen Parteien abwanderten, die sich ebenfalls in der Mitte angesiedelt hatten und von Programmatik und Auftreten her genau die Erwartungen bedienten, denen die CDU immer weniger gerecht zu werden vermochte.

CDU und CSU, die über Jahrzehnte die Balance zwischen Traditionalisten und Modernisierern gehalten haben, sind in eine doppelte Zwickmühle geraten, aus der sie keinen Ausweg finden. Folgt die CDU, wie auf dem Leipziger Parteitag von 2005, den wirtschaftsliberalen Modernisierern, so verliert sie Anhänger aus dem Lager der Sozialkatholiken, und versucht sie sich in eine moderne Großstadtpartei zu verwandeln, verprellt sie die dezidierten Konservativen.[68] Dass sich Sozialkatholiken wie Konservative, die zur Stammwählerschaft der alten CDU gehörten, im Zuge der politischen Erneuerung nach dem Machtverlust von 1998 zunehmend an den Rand gedrängt fühlten, lässt die 40-Prozent-Marke, die zu übertreffen für die Partei früher eine Selbstverständlichkeit gewesen ist, außer Reichweite geraten. Die Alternative kann freilich für die CDU auch nicht darin bestehen, auf Konservative und/oder Sozialkatholiken zu setzen und die Modernisierer und Wirtschaftsliberalen außer Acht zu lassen. So hat die CDU bei einer anderen Ausgangslage ein ähnliches Problem wie die SPD, nur dass sie damit bislang geschickter umgegangen ist und demonstrative Entscheidungen, wie die SPD sie mit den Hartz-Reformen getroffen hat, zu vermeiden wusste. Die wachsende Kritik am Regierungsstil Angela Merkels[69] ist auch eine Kritik an dieser Strategie der Entscheidungsvermeidung. Was bei den Sozialdemokraten eine vorübergehende Entscheidungsfreude war, dürfte bei den Christdemokraten die Entscheidungsvermeidung durch Moderation werden: die Ursache für einen zeitweiligen Machtverlust.

FDP und Grüne sind die Nutznießer der Probleme, mit denen die beiden Volksparteien seit längerem zu kämpfen haben. Aber je näher sie von ihrem Stimmenanteil her zu CDU und SPD aufschließen, desto mehr werden sie mit ähnlichen Schwierigkeiten konfrontiert. Kleinere Parteien kommen – solange sie kleine Parteien bleiben – erheblich besser mit der beschriebenen sozialen und kulturellen Differenzierung zurecht als die freilich schon gar nicht mehr so großen Volksparteien. Wegen der Vermittelschichtung der bundesdeutschen Gesellschaft mussten sich die großen Volksparteien als Parteien der Mitte präsentieren, und die mit der Auflösung der klassischen Milieus einhergehenden sozialstrukturellen wie sozialmoralischen Differenzierungen in der Mitte haben schließlich dazu geführt, dass das Ende der großen Volksparteien in Sicht gekommen ist.

Diese Entwicklung hat in den meisten europäischen Ländern früher eingesetzt als in der Bundesrepublik. Deutschland ist hier eher ein Nachzügler als ein Vorreiter. Das Fünf-Parteien-System, das sich hierzulande mittlerweile etabliert hat, dürfte nur der Anfang einer Entwicklung sein, in deren Verlauf immer wieder Parteien entstehen, die sich an der Peripherie der Mitte – nicht, wie in anderen europäischen Ländern, an den Extremen – bilden und dann allmählich nach innen wandern. Aber auch sie werden es sich dort nicht bequem machen können, wie das in den ersten Jahrzehnten der Bonner Republik der Fall war. Das hat die FDP bereits schmerzhaft erfahren müssen, deren spezifisches Mitte-Problem im Missverhältnis zwischen ihrer Programmatik beziehungsweise Rhetorik und den sehr begrenzten Reformen besteht, die sie als Regierungspartei hat durchsetzen können.[70] Auch die in der Wählergunst robusteren Grünen werden die Probleme der Mitte noch zu spüren bekommen, sobald sie in wechselnden Koalitionen wieder stärker Regierungsverantwortung übernehmen. Franz Walter hat die grüne Bruchlinie in der Spannung zwischen der dann notwendigen politischen Anpassung und dem für viele Mitglieder wichtigen Gestus der Unangepasstheit ausgemacht.[71] Es ist zu bezweifeln, dass den Grünen dieser Spagat auf Dauer mit Hilfe einer Doppelung von Führungspositionen in Partei und Fraktion gelingen wird. Und selbst die Linkspartei wird dort, wo sie – wie in den neuen Bundesländern – den Anspruch erhebt, die Mitte der Gesellschaft zu vertreten, einer Zerreißprobe zwischen Regierungsverantwortung und Fundamentalopposition nicht entgehen. Die offiziell gepflegte Rhetorik des Zusammenwachsens wird dieses Problem freilich noch eine gewisse Zeit verdecken.

Unter diesen Umständen spricht vieles dafür, dass die Bedeutung charismatischer Persönlichkeiten an der Spitze der Parteien wieder zunehmen wird. Das Charisma des Spitzenkandidaten ist in der Lage, programmatische Unschärfen zumindest vorübergehend zu verdecken. Der «Hoffnungsträger» bedient Erwartungen der Mitte an die Mitte, die nicht in dieselbe Richtung weisen. Da er an sich widersprüchlichen Hoffnungen und Erwartungen – auf Beharrung und Bewegung, Bewahrung und Veränderung – eine Projektionsfläche bietet, kann ihm zumindest zeitweilig die politische Quadratur des Kreises gelingen. Sobald es seine Partei jedoch geschafft hat, an die Regierung zu kommen, tauchen alle Widersprüche, die durch die Erwartungen an die charismatische Persönlichkeit überdeckt waren, wieder auf. Eine andere Möglichkeit, die Spannungen und Gegensätze in größeren Parteien mit Anspruch auf die politische Mitte abzumildern, besteht im Rückgriff auf populistische Parolen, mit denen die statische Differenziertheit der Mitte in Schwingung versetzt und von den Umrisslinien politischer Programmatiken abgelenkt wird. Der frühere hessische Ministerpräsident Roland Koch hat damit zeitweilig beachtliche Erfolge gehabt.

Die Ablösung des Recht-Links-Schemas und das Dominantwerden der politischen Mitte hat nicht zu einer dauerhaften Beruhigung der politischen Konstellationen geführt. Die mit links und rechts verbundenen politischen Erwartungen bestehen fort. Sie haben sich bloß von den Extrempositionen der Ränder in die Mitte verlagert. Die Folge ist, dass die beiden Volksparteien an Stärke verloren haben, sodass die Bildung von Zweier-Koalitionen in Zukunft eher unwahrscheinlich sein dürfte. Zu den paradoxen Effekten der Versammlung von immer mehr Parteien in der Mitte des politischen Spektrums gehört also auch, dass die Konflikte innerhalb von Koalitionen wachsen, weil die Koalitionspartner um dieselben Wählergruppen kämpfen.

Was sich in sozialstruktureller Hinsicht als Auseinanderdriften von oberer und unterer Mitte beobachten lässt, ist in parteipolitischer Hinsicht an den inneren Gegensätzen der Volksparteien und einer Zunahme von Parteien der Mitte abzulesen. Dieser Prozess dürfte das kommende Jahrzehnt bestimmen, und er dürfte sich erst wieder ändern, wenn es zu einem deutlichen Gewichtszuwachs der sozialen und politischen Peripherie käme. Dafür gibt es durchaus Anzeichen. Aber sie sind nicht so stark, dass damit in absehbarer Zeit zu rechnen ist. Vielmehr dürfte die politische Bewegung in der Mitte selbst während der nächsten Jahren stärker und intensiver werden.

Anmerkungen

I

1. Mitte und Maß

1 Zit. nach Schulz, *Leonardo da Vinci*, S. 38.

2 Dazu Blumenberg, *Die Genesis der kopernikanischen Welt*, S. 200ff.

3 Vgl. Mayer-Tasch, *Mitte und Maß*, S. 19ff.

4 Nietzsche, *Jenseits von Gut und Böse*, S. 74.

5 Hierzu und zum Folgenden vgl. Fränkel, *Dichtung und Philosophie des frühen Griechentums*, S. 258ff.

6 Zit. nach ebd., S. 258.

7 Für eine ideengeschichtliche Darstellung dieses Komplementaritätsverhältnisses vgl. Mayer-Tasch, *Mitte und Maß*, passim.

8 Dazu unten, S. 82ff.

9 Dazu Wittkower, *Born under Saturn*, S. 98ff., sowie Klibansky/Panofsky/Saxl, *Saturn und Melancholie*, S. 91ff.

10 Horaz, Carmina 2, 10, 5ff.:
«Auream quisquis mediocritatem/diligit, tutus caret obsoleti/sordibus tecti, caret invidenda/sobrius aula.»

11 Enzensberger, *Mittelmaß und Wahn*, S. 272.

12 Dazu unten, S. 82.

13 Dazu das Kapitel «Mitte und Macht».

14 Plessner, *Die Stufen des Organischen und der Mensch*, S. 316.

15 Die Dimension des Institutionellen ist freilich noch stärker bei Gehlen als bei Plessner ausgeprägt; vgl. etwa Gehlen, *Moral und Hypermoral*, S. 95ff.

16 Dazu ausführlich unten, S. 83.

17 Das Begriffspaar Erfahrungsraum und Erwartungshorizont wurde geprägt von Koselleck, «‹Erfahrungsraum› und ‹Erwartungshorizont›»,

S. 349ff. Es wird auch nachfolgend zugrunde gelegt, wenn von gesellschaftlichen Selbstbeschreibungen die Rede ist.

18 Zum Bild der Marschkolonne als fortschrittsaffiner Selbstbeschreibung von Gesellschaften vgl. Link, *Versuch über den Normalismus*, S. 399ff.

19 Taubes, *Abendländische Eschatologie*, S. 32ff.

20 Michael Walzer hat anhand der Erzählung vom Exodus des Volkes Israel und seiner Wanderung in der Wüste zwischen einer «sozialdemokratischen» und einer «leninistischen» Lösung im Umgang mit den Zweifelnden und Murrenden unterschieden: Die leninistische Lösung läuft auf eine Politik der «Säuberungen» und Gewaltmaßnahmen hinaus, während die sozialdemokratische Lösung eine politische Erziehung des Volkes bevorzugt; Walzer, *Exodus und Revolution*, S. 139ff.

21 Taubes, *Abendländische Eschatologie*, S. 32.

22 Hirschman, *Engagement und Enttäuschung*, S. 69ff.

23 Hirschman lehnt sich an die Theorie der Langen Wellen von Nikolai Kondratieff an. Er beziffert die Dauer eines Kondratieffzyklus auf fünfzig bis sechzig Jahre (ebd., S. 10), geht aber davon aus, dass die Engagement-Enttäuschungs-Zyklen kürzer seien. Die sich aus seinen Beispielen ergebende Gesamtdauer eines solchen Zyklus beträgt in etwa vierzig Jahre – exakt die Zeitspanne, die nach dem Bericht des Buchs *Exodus* im Alten Testament auch die Wanderung des Volkes Israel in der Wüste währte.

24 Karl Löwith hat in seinem Buch *Weltgeschichte und Heilsgeschehen* eindrucksvoll dargestellt, wie die Vorstellung des Heils durch einen göttlichen Eingriff auf die Geschichte übertragen wurde auf einen sich unter menschlicher Ägide vollziehenden Fortschrittsprozess.

25 Marx/Engels, *Kommunistisches Manifest*, S. 9f.

26 Ebd., S. 10.

27 Ebd., S. 20.

28 Ebd., S. 5.

29 Ebd., S. 3.

30 Zur Relevanz der Geschichte in der Marx'schen Theorie, auch und gerade für die Kritik der politischen Ökonomie, vgl. Schmidt, *Geschichte und Struktur*, S. 9ff. sowie S. 126ff.

31 Ende der 1930er Jahre hat Eric Voegelin den Begriff der «politischen

Religion» geprägt, mit dem er die modernen Massenbewegungen zu erfassen suchte, die sich in der bolschewistischen Sowjetunion, im faschistischen Italien und im nationalsozialistischen Deutschland daranmachten, «neue Welten» zu schaffen; vgl. Voegelin, *Die politischen Religionen*, S. 35ff.; zur Weiterführung dieses Konzepts vgl. Lübbe (Hg.), *Heilserwartung und Terror*, sowie Maier, *Politische Religionen*.

32 Zur gnostischen Weltsicht vgl. Jonas, *Gnosis*, S. 55ff.; zum nicht unumstrittenen Fortwirken gnostischer Vorstellungen in den politischen Bewegungen vom Mittelalter bis ins 20. Jahrhundert vgl. Brumlik, *Die Gnostiker*, S. 165ff. und 238ff. Im Gegensatz dazu hat Hans Blumenberg die Neuzeit als Überwindung der gnostischen Herausforderung interpretiert, vgl. Blumenberg, *Legitimität der Neuzeit*, S. 77ff.; zur Debatte über Blumenbergs Thesen von der neuzeitlichen Überwindung der Gnosis vgl. Taubes (Hg.), *Gnosis und Politik*.

33 Dazu ausführlich unten, S. 180ff.

34 Für eine ausführliche Darstellung des apokalyptischen Geschichtsdenkens in Deutschland und den Apokalypse-Aufwallungen von 1914 und in den Jahren nach 1933 vgl. Vondung, *Apokalypse in Deutschland*, S. 85ff. sowie insbes. S. 189ff. und 207ff.

35 Enzensberger, *Mittelmaß und Wahn*, S. 266.

36 Ebd.

37 Sternberger, *Drei Wurzeln der Politik*, Bd. 1, S. 87ff., 159ff. und 309ff.

38 In «Politik als Beruf» schreibt Weber (*Gesammelte Politische Schriften*, S. 550): «Wer Politik überhaupt und wer vollends Politik als Beruf betreiben will, […] läßt sich […] mit den diabolischen Mächten ein, die in jeder Gewaltsamkeit lauern.» Und an anderer Stelle erklärt er: «Zur Wiederaufrichtung Deutschlands in seiner alten Herrlichkeit würde ich mich gewiß mit jeder Macht der Erde und auch mit dem leibhaftigen Teufel verbünden, nur nicht mit der Macht der Dummheit.» Zit. nach Mommsen, *Weber und die deutsche Politik*, S. 346 und 536.

39 Vgl. Münkler, *Die Deutschen und ihre Mythen*, S. 125ff.

40 Sternberger, *Drei Wurzeln der Politik*, Bd. 1, S. 269ff.

41 Ebd., S. 383ff.; Mitte und Bürgerschaftlichkeit sind für Sternberger weitgehend eins; vgl. dazu seine Essaysammlung *Ich wünschte ein Bürger zu sein*, S. 10ff. und 170ff.

42 Sternberger, *Über die verschiedenen Begriffe des Friedens*, S. 9ff. – Sternberger setzt sich dabei auch mit der Schrift seines Schülers Franz Alt, *Frieden ist möglich*, auseinander und deutet Alts Rückgriff auf die Bergpredigt als ein Erliegen gegenüber eschatologischen Verheißungen (S. 41ff.).

43 Vgl. unten, S. 82ff.

44 Dazu Groh, *Negative Integration und revolutionärer Attentismus*, S. 167ff., sowie Koth, *Das Leben des Karl Kautsky*, S. 83ff.

45 Kautsky, «Zwischen Baden und Luxemburg», S. 652ff.

46 Bernstein, *Texte zum Revisionismus*, passim, sowie Meyer, *Bernsteins konstruktiver Sozialismus*, insbes. S. 203ff., und Carsten, *Eduard Bernstein*, S. 81ff.

47 Luxemburg, *Schriften zur Theorie der Spontaneität*, S. 18ff. (Hervorhebung im Text).

48 Ebd., S. 58f.

49 Zur Differenzierung moderner Mittelschichtmilieus vgl. Hradil/Schmidt, «Angst und Chancen», S. 199ff.

50 Zu Geschichte und Wandel der gesellschaftlichen Mitte in Deutschland während des 19. und 20. Jahrhunderts vgl. Nolte/Hilpert, «Wandel und Selbstbehauptung», S. 34ff.

51 Hradil/Schmidt, «Angst und Chancen», S. 174.

52 Ebd., S. 175f.

53 Nolte/Hilpert, «Wandel und Selbstbehauptung», S. 29f.; Wehler, *Deutsche Gesellschaftsgeschichte*, Bd. 3, S. 704–712; Hradil, *Soziale Ungleichheit in Deutschland*, S. 70ff., 92ff.

54 Das Zwiebel-Modell ist durch den Soziologen Karl Martin Bolte entwickelt und popularisiert worden; vgl. Bolte, «Typen sozialer Schichtung», S. 150ff.; zur Gegenüberstellung von Pyramide und Zwiebel vgl. Hradil, *Soziale Ungleichheit in Deutschland*, S. 352 und 406.

55 Hradil/Schmidt, «Angst und Chancen», S. 206.

56 Noll, «Wahrnehmung und Rechtfertigung», S. 65.

57 Nolte/Hilpert, «Wandel und Selbstbehauptung», S. 31; Geißler, *Die Sozialstruktur Deutschlands*, S. 72.

58 Walter, *Die SPD*, S. 147ff.

59 Vgl. Schäfer, *Geschichte des Bürgertums*, S. 179f., 235.

60 Zur Entwicklung des Konsums im 20. Jahrhundert und der Lokomo-

tivfunktion der USA dabei vgl. König, *Kleine Geschichte der Konsumgesellschaft*, S. 96ff.

61 Vermutlich lässt sich etwas Ähnliches schon im alten Mittelstand beobachten. Der für die Mittebildung in massenkulturellen Konsumgesellschaften charakteristische Unterschied dazu ist die geschwundene selbstidentifikatorische Bedeutung der moralischen Haltung. An deren Stelle ist die Selbstaffirmation durch Einkommen und Konsum getreten. Die Folge ist, dass es der Mitte schwerfällt, weiterhin der Hüter des gesellschaftlich verbindlichen Maßes zu sein.

62 Nolte/Hilpert, «Wandel und Selbstbehauptung», S. 24.

63 Die Vorreiter- und Vorbildrolle der USA bei der Umstellung der Werte und Mentalitäten auf Konsum auch und gerade in der gesellschaftlichen Mitte wird sehr klar herausgearbeitet bei König, *Kleine Geschichte der Konsumgesellschaft*, S. 31ff., 113ff., 145ff., 186ff.

64 Nolte/Hilpert, «Wandel und Selbstbehauptung», S. 43–64.

65 Ebd., S. 61; zur Entwicklung des Sozialstaates in Deutschland nach dem Zweiten Weltkrieg vgl. Metzler, *Der deutsche Sozialstaat*, S. 140ff., sowie Kaufmann, *Sozialpolitisches Denken*, S. 124ff.

66 Die zentrale Bedeutung einer gesicherten Lebensführung bzw. des Sicherheitsgefühls angesichts arbeits- und lebensweltlicher Risiken wird herausgearbeitet bei Kaufmann, *Sicherheit*, S. 91ff., sowie ders., «Sicherheit», S. 73ff.

67 Nolte/Hilpert, «Wandel und Selbstbehauptung», S. 64–86.

68 Ebd., S. 77.

69 Alle einschlägigen Untersuchungen zeigen, dass Gemeinwohlorientierung und Gemeinsinn ihren sozialen Platz vor allem in der gesellschaftlichen Mitte haben; dazu auch Münkler/Bluhm/Fischer (Hg.), *Gemeinwohl und Gemeinsinn*, 4 Bde.

70 Vgl. oben, S. 30ff.

71 Conze, «Mittelstand», S. 76ff.; Kaufmann, *Sozialpolitisches Denken*, S. 24ff. und 42.

72 Ehrenreich, *Angst vor dem Absturz*, S. 17.

73 Ebd., S. 13.

74 Ebd., S. 253.

75 Ob Ehrenreichs Diagnosen von der Spaltung der amerikanischen Mittelklasse zutreffen, ist umstritten. Adam Posen etwa hat auf einer brei-

ten Datenbasis zu zeigen versucht, «dass die Minderung des Schutzes für weiße Männer (durch schwindende Geschlechter- und Rassendiskriminierung) sowie der Trend zum Ausgleich der wirtschaftlichen Anpassungslasten zwischen demografischen Gruppen die Hauptphänomene auf dem Arbeitsmarkt der letzten drei und mehr Jahrzehnte darstellen» (Posen, «Motor oder Bremse?», S. 24), und hinzugefügt: «Die einzige schlechte Nachricht ist die, dass die Löhne gering qualifizierter weißer Männer seit den späten siebziger Jahren weitgehend stagnieren» (ebd., S. 25). Hinzu komme freilich eine höhere «Volatilität der Familienverhältnisse», die zur Folge habe, dass alleinerziehende Mütter höheren Armutsrisiken ausgesetzt sind, als das bei intakten Familien der Fall ist (S. 30f.). Man muss hier freilich in Rechnung stellen, dass Ehrenreich und Posen nicht unbedingt über dieselbe Schicht in der Mitte der Gesellschaft sprechen: Ehrenreich hat die obere, Posen die untere Mittelschicht im Blick.

76 Aus der kaum noch überschaubaren Fülle von Büchern zur Bedrohung der Mitte und Spaltung der Gesellschaft hier exemplarisch einige Beispiele: Afheldt, *Wirtschaft, die arm macht*; Kuhn, *Arm, Reich – und dazwischen nichts*?; Lauterbach, *Der Zweiklassenstaat*; Beck/Meine, *Armut im Überfluss*; Beise, *Die Ausplünderung der Mittelschicht*, sowie das Problem nicht in staatlichen, sondern im globalen Zusammenhang thematisierend Sabet, *Globale Maßlosigkeit*.

77 Dabei bleibt offen, ob mit der guten Vergangenheit der bundesrepublikanische Sozialstaat oder die «Einheit von Wirtschafts- und Sozialpolitik» gemeint ist, wie sie in der DDR in den zwei Jahrzehnten vor dem Zusammenbruch praktiziert wurde.

78 Vgl. unten, S. 225ff. – Zum politischen Kampf um die Mitte gehört auch die von Ulrike Herrmann (*Hurra, wir dürfen zahlen. Der Selbstbetrug der Mittelschicht*) ins Spiel gebrachte These, die bei Individuen häufig beobachtete Identifikation mit dem Aggressor zeige sich auch im kollektiven Wahlverhalten der Mittelschichten, die für Parteien mit Orientierung an Eliteinteressen stimmten und so ihre eigene Selbstzerstörung beförderten. Zur politischen Neuorientierung der gesellschaftlichen Mitte vgl. auch Walter, *Gelb oder Grün*?

79 Die Versuche einer sozioökonomischen Definition des Prekariats sind wenig überzeugend, da die Erfahrung oder Empfindung von

Prekarität bis weit in die Mitte der Gesellschaft hineinragt (vgl. Vogel, *Wohlstandskonflikte*, S. 205f.). Überzeugender sind dagegen soziokulturelle Definitionen, die sich auf den Verlust mentaler Sicherheiten und Gewissheiten beziehen und mit dem Kollaps der «Erwartungshorizonte und Hoffnungsräume» argumentieren (ebd., S. 212f.).

80 Adam, «Die Erosion der Mitte», S. 1084ff.

81 Sloterdijk, «Die Revolution der gebenden Hand».

82 Sloterdijk übersieht in seiner Argumentation, dass das Stiftungsrecht in Deutschland jedem Steuerzahler in begrenztem Maße die Möglichkeit verschafft, «Zwangssteuern» in «Geschenke an die Allgemeinheit» zu verwandeln. Zur Rolle steuerbegünstigten bürgerlichen Mäzenatentums und seinen Grenzen vgl. Münkler, «Anstifter, Unruhestifter», S. 202ff.

83 Honneth, «Fataler Tiefsinn».

84 Als Debattenbeiträge sind zu nennen: Gumbrecht, «Der Spieler und der Baumeister», Menke, «Wahrheit. Nicht Stil», sowie Bohrer, «Lobdudeleien der Gleichheit».

85 Dazu Vester (Hg.): Soziale Milieus im gesellschaftlichen Strukturwandel, passim.

86 Walter, *Im Herbst der Volksparteien*, S. 49.

87 Nolte/Hilpert, «Wandel und Selbstbehauptung», S. 64.

88 Hradil/Schmidt, «Angst und Chancen», S. 203.

89 Ebd., S. 205.

90 Auch dass im sozialpolitischen Diskurs der Begriff «Sicherheit» durch den der «Flexibilität» verdrängt wird, dürfte das Unsicherheitsempfinden der Menschen verstärkt haben; vgl. Lessenich, *Die Neuerfindung des Sozialen*, S. 73ff.

91 Zwischen 2000 und 2005 betrug der Anstieg der Abgabenlast in der gesellschaftlichen Mitte durchschnittlich 145 Euro, während sie im Gesamtdurchschnitt nur um 90 Euro anstieg; Hradil/Schmidt, «Angst und Chancen», S. 206.

92 Ebd.

93 Das ist die zentrale These bei Vogel, *Wohlstandskonflikte*, S. 307ff.

94 So die Argumentation bei Beise, *Die Ausplünderung der Mittelschicht*, S. 9ff. und 117ff., sowie Adam, «Die Erosion der Mitte», S. 1084ff.

95 Der Aspekt gesicherter Zukunft für soziales Selbstbewusstsein wird herausgestellt bei Lessenich, *Die Neuerfindung des Sozialen*, S. 80ff., und Vogel, *Wohlstandskonflikte*, S. 294ff.

96 Hradil/Schmidt, «Angst und Chancen», S. 174.

97 Bude, *Die Ausgeschlossenen*, S. 9ff.

98 Unter den achtzehn Lastern, die Wolfgang Sofsky in seinem *Buch der Laster* behandelt, kommt die Gier gleich zweimal vor: einmal als Habgier (S. 116ff.) und sodann noch einmal als Maßlosigkeit (S. 140ff.).

99 Vgl. hierzu Mierczejewski, *Ludwig Erhard*, S. 191ff.

100 Die revitalisierende Funktion der Zerstörung, die kapitalistisches Wirtschaften ständig begleitet, hat Schumpeter mit der Figur des Unternehmers verbunden; vgl. den Artikel «Unternehmer» in Schumpeter, *Beiträge zur Sozialökonomik*, S. 137ff.; zum Untergang des Kapitalismus infolge Ermüdung ders., *Kapitalismus, Sozialismus und Demokratie*, S. 226ff.; der Begriff des Spätkapitalismus ist von Sombart in seinem Hauptwerk *Der moderne Kapitalismus*, Bd. 3, 2. Halbbd., S. 1012ff. in die Debatte eingeführt worden. Dort heißt es: «Wir werden uns […] an den Gedanken gewöhnen müssen, daß der Unterschied zwischen einem stabilisierten und reglementierten Kapitalismus und einem technifizierten und rationalisierten Sozialismus kein großer ist, und daß es somit für das Schicksal der Menschen und ihrer Kultur ziemlich *gleichgültig* ist, ob die Wirtschaft sich *kapitalistisch oder sozialistisch* gestalten wird.» (S. 1016, Hervorh. im Text) Schumpeter hat in *Kapitalismus, Sozialismus und Demokratie* (S. 213ff.) diese Perspektive weitgehend geteilt – nicht jedoch die Bewertung.

101 Röpke, *Maß und Mitte*, S. 176.

102 Pieper, *Zucht und Maß*, S. 11f.

103 Ebd., S. 56ff.

104 Ebd., S. 26f. und 74ff.

105 Vgl. Kaufmann, *Wie überlebt das Christentum?*, S. 98ff. und 126ff.

106 Walz, *Maß und Mitte*, insbes. S. 112ff.

107 Vgl. Mayer-Tasch, *Mitte und Maß*, passim.

108 Dazu eher in der Tradition des Aristotelismus Gralher, «Mitte – Mischung – Mäßigung», S. 82ff., sowie mit Blick auf die Verfassungstheorie Montesquieus und die mit ihr verbundene politische Semantik Kuhfuß, *Mäßigung und Politik*, passim.

109 So im Anschluss an die Arbeiten Michel Foucaults zum Wandel der gouvernementalen Ordnungen Bauman, *Gemeinschaften*, S. 159ff.

110 Die These einer um sich greifenden Selbst-Normalisierung der Menschen und der Entwicklung zu einem universalen Normalismus findet sich, ebenfalls im Anschluss an Foucault, bei Link, *Versuch über den Normalismus*, S. 368ff. und 395ff.

111 Bauman, *Gemeinschaften*, S. 29ff.

112 Zur Debatte über die «neue Bürgerlichkeit» vgl. zuletzt Heft 4/2010 der Zeitschrift *Neue Gesellschaft/Frankfurter Hefte*.

113 Während der französische Soziologe Pierre Bourdieu (*Die feinen Unterschiede*) soziales Kapital und gesellschaftliche Distinktion miteinander verbunden hat, verknüpft der amerikanische Politikwissenschaftler Robert Putnam (*Making democracy Work*, «Bowling alone») den Begriff des Sozialkapitals mit dem des gesellschaftlichen Vertrauens und vertritt die These, dass Demokratien umso besser funktionieren, je mehr sie auf solches Sozialkapital zurückgreifen können.

114 Schulze, *Die Erlebnisgesellschaft*, S. 34–54.

115 Der Kommunikationswissenschaftler Norbert Bolz hat dieses Engagement folglich nicht der Zivilgesellschaft, sondern dem «Markt der Sorge» zugerechnet, den er als bürgerliches Refugium gegen den Fürsorgestaat begreift. Bolz, *Diskurs über die Ungleichheit*, S. 166ff.

116 Ebd., S. 158f.

117 Hier setzt sich Bolz von Schumpeters ökonomischer Demokratietheorie ab, der Wählpräferenz nach dem Konsumentenmodell gedacht wissen wollte.

118 Zu Begriff und Definition des Normalarbeitsverhältnisses vgl. Mückenberger, «Normalarbeitsverhältnis», S. 158ff.

119 Mückenberger, «Die Krise des Normalarbeitsverhältnisses», S. 415ff. und 457ff.

120 Die Entstehung projektförmiger Beschäftigungsverhältnisse ist nicht nur im unteren Einkommensbereich, sondern gerade auch bei den sogenannten Besserverdienenden zu beobachten; vgl. Sennett, *Der flexible Mensch*, S. 57ff.

121 Diese Entwicklung ist von Barbara Ehrenreich in den USA schon vor längerem beobachtet und mit dem Wandel von der Industrie- zur

Dienstleistungsgesellschaft verbunden worden; vgl. Ehrenreich, *Arbeit poor*, insbes. S. 197ff.

122 Hierzu und zum Folgenden ausführlich Neckel, *Flucht nach vorn*, S. 47ff.

123 Bei der Suche nach einer angemessenen Bezeichnung für die jüngste Form des Kapitalismus sind zahlreiche Vorschläge gemacht worden, die von der räumlichen Ausdehnung («global») bis zur zeitlichen Beschleunigung («Turbo») reichen. Der Begriff des Casinokapitalismus hat den Vorzug, das Element des Spiels mit den Gesetzmäßigkeiten einer auf Kontingenzen beruhenden Gelegenheitsökonomie zu verbinden.

124 Neckel, *Flucht nach vorn*, S. 57ff.

125 Ausgangspunkt dieser Debatte war John Rawls' 1971 erschienene *Theorie der Gerechtigkeit*, die eine Flut grundlagentheoretischer Reflexionen auslöste; für einen Überblick dazu Kersting, *Theorien der sozialen Gerechtigkeit*, S. 42ff.

126 Hradil/Schmidt, «Angst und Chancen», S. 206.

127 Am Anfang dieser Beobachtung stehen Barbara Ehrenreichs Bericht *(Arbeit poor)* über den von ihr unternommenen Versuch, sich als Serviererin, Putzfrau und Verkäuferin den Lebensunterhalt zu verdienen. Zu Beispielen von Arbeit, deren Ertrag nicht zum Lebensnotwenigen reicht, vgl. Kühn, *Arm, Reich – und nichts dazwischen?*, S. 119ff., sowie Beck/Meine, *Armut im Überfluss*, S. 146ff.; zur theoretischen Dimension dessen vgl. Castel/Dörre (Hgg.), *Prekariat, Abstieg, Ausgrenzung.*

128 Dazu Neckel, *Flucht nach vorn*, S. 158ff.

129 Vgl. Michael Walzer, *Zweifel und Einmischung.*

130 Während Normen dem Imperativ der Universalisierung unterliegen, können Werte partikular sein und bloß für bestimmte Gruppen Relevanz haben. Werte haben außerdem immer Distinktionsqualität, Normen nicht.

131 Wenn dieser Tugendkatalog als bürgerlich *und* bürgerschaftlich bezeichnet wird, so ist damit dessen Ausstrahlungskraft über das Bürgertum im engeren Sinn hinaus gemeint; zu den aufgeführten bürgerlichen Tugenden vgl. Schäfer, *Geschichte des Bürgertums*, S. 129f. – Der Bürger, so Norbert Bolz (*Diskurs über die Ungleichheit*, S. 177) suche nicht Glück, sondern Würde. Bürgerlichkeit bedürfe des Mutes dazu.

Max Weber spricht von einer «Tapferkeit der Bürgerlichkeit», die darin bestehe, dass man seiner Arbeit nachgeht und den Forderungen des Tages genügt.

Mitte und Macht

1 In großem Stil ist dies freilich erst mit dem Reflexivwerden von Geschichte und der Vorstellung ihrer Beeinflussbarkeit sowie der Konstitution politischer, intellektueller und künstlerischer Avantgarden der Fall – also seit Ende des 18./Anfang des 19. Jahrhunderts. Für eine Theorie der Beschleunigung vgl. Rosa, *Beschleunigung*, S. 71–158; zum Verhältnis von Avantgarde und Moderne vgl. von Beyme, *Das Zeitalter der Avantgarden*, S. 31–41.

2 Meist haben sich freilich aufsteigende Tyrannen dieser Methode bedient, um sich der zuvor herrschenden Elite zu entledigen. Der römische Historiker Livius berichtet, Sextus Tarquinius, ein Sohn des römischen Königs Lucius Tarquinius Superbus, habe als Feldherr der Sabinerstadt Gabii einigen Ruhm erlangt. Per Boten wollte er von seinem Vater wissen, was nun zu tun sei. Der sagte jedoch kein Wort, sondern schlug nur beim Umhergehen im Garten die höchsten Mohnköpfe ab. Als der Bote das berichtete, wusste Sextus sofort, was zu tun sei: «Er stürzte die Häupter der Stadt durch Verleumdung beim Volk und durch den Hass, der schon gegen sie bestand. Viele wurden öffentlich hingerichtet, einige, bei denen der Schein für eine Beschuldigung nicht ausreichte, heimlich ermordet. Einige durften fliehen, einige wurden ausgewiesen.» (Livius, *Historien* I, 54) Die ihrer Führung beraubte Stadt fiel bald darauf in römische Hände.

3 Aristoteles, der Philosoph der Mitte, wäre übrigens mit keiner dieser Maßnahmen zur Beseitigung überragender Einzelner einverstanden gewesen: «Einen […] hervorragenden Menschen darf man nicht töten, verbannen oder ostrakisieren oder ihn auch nur abwechslungsweise regieren lassen», erklärte er (Aristoteles, *Politik*, III, 17, 1288 624–27). Die tendenziell Gleichen der Mitte müssten sich einem derart über-

ragenden Einzelnen fügen. Aristoteles ging freilich davon aus, dass es derart Überragende nur selten gab.

4 Dante, *Göttliche Komödie*, Purgatorium VI, 142f.

5 Hamilton/Madison/Jay, *Die Federalist-Artikel*, S. 44–58.

6 Ebd., S. 51.

7 Ebd., S. 52f.

8 Damit nahm er das später von Tocqueville ausführlich behandelte Problem einer «Tyrannei der Mehrheit» vorweg; Tocqueville, *Über die Demokratie in Amerika*, Bd. 1, S. 369–415; als ideengeschichtliche Querschnittsstudie vgl. Hügelin, *Tyrannei der Mehrheit*.

9 Hamilton/Madison/Jay, *Die Federalist-Artikel*, S. 53.

10 Dazu Ziche, «Der Begriff der ‹Mitte› in Aristoteles' Wissenschaftskonzeption», S. 9ff.

11 Zur mesotes-Lehre in der *Nikomachischen Ethik* und der *Politik* des Aristoteles vgl. Bien, *Die Grundlegung der politischen Philosophie bei Aristoteles*, S. 195ff., sowie Kamp, *Die politische Philosophie des Aristoteles*, S. 245ff.

12 Aristoteles, *Nikomachische Ethik*, S. 96.

13 Ebd., S. 97.

14 Dazu ausführlich Wolf, «Über den Sinn der aristotelischen Mesoteslehre», S. 83ff.

15 Aristoteles, *Nikomachische Ethik*, S. 97.

16 Kant, *Werke*, Bd. 8, S. 23.

17 Ebd., S. 229.

18 Zum Bürgerrecht in der «gemäßigten» und der «radikalen» Demokratie vgl. Tarkiainen, *Die athenische Demokratie*, S. 132ff. und 209ff., Demandt, *Antike Staatsformen*, S. 206ff., sowie Welwei, *Das klassische Athen*, S. 91ff., 107ff., 258ff. und 301ff.

19 Aristoteles, *Politik*, S. 226.

20 Ebd., S. 227.

21 Ritter, «Das bürgerliche Leben», S. 57ff.

22 Aristoteles, *Politik*, S. 153.

23 Dazu Neschke-Hentschke, «Die uneingeschränkt beste Polisordnung», S. 169ff.

24 Aristoteles, *Politik*, S. 155.

25 Zur Distanz Rousseaus gegenüber dem Projekt einer revolutionären

Erneuerung der französischen Gesellschaft und zur Rezeption seiner Vorstellungen in der Revolution vgl. Fetscher, *Rousseaus politische Philosophie*, S. 258ff.

26 Rousseau, *Politische Schriften*, S. 106f.

27 Ebd., S. 120.

28 Ebd., S. 129.

29 Ebd. Rousseaus Luxuskritik findet sich vor allem in seinen beiden *Discours*, dem *Über Kunst und Wissenschaft* von 1750 und dem *Über den Ursprung der Ungleichheit unter den Menschen*; vgl. Rousseau, *Schriften zur Kulturkritik*, S. 35ff. und S. 121ff.

30 Dazu unten, S. 130ff.

31 Rousseau, *Politische Schriften*, Bd. 1, S. 132.

32 Dass die Mitte bei Rousseau in eine Position der Defensive geraten ist, zeigt sich auch in seiner Konstruktion der *volonté générale*, mit der die zentrifugalen Partikularwillen einer Gesellschaft wieder auf die Mitte zurückgelenkt werden sollen.

33 Dazu oben, S. 77.

34 Kant, *Werke*, Bd. 7, S. 432.

35 Die juridische Präzision Kants zeigt sich im Vergleich mit Aristoteles auch darin, dass Letzterer dem Gesetzgeber bei der Ermittlung der Mitte große Ermessensspielräume gelassen hat, während Kant präzise festlegt, wer sich noch zur Mitte rechnen darf und wer nicht mehr. In diesen Zusammenhang gehört auch Kants Unterscheidung zwischen einem Friseur und einem Perückenmacher: Ersterer genügt der *sibisufficientia* nicht, denn er bearbeitet, was ihm nicht gehört, wohl aber der Perückenmacher, der Eigentümer des Haares ist, aus dem er Perücken fertigt.

36 Im spätabsolutistischen Preußen waren Kants Überlegungen zweifellos ein Fortschritt gegenüber der bestehenden Situation (vgl. Fetscher, «Kants bürgerlicher Reformismus», S. 176ff.), aber sie eignen sich kaum für eine kommunikationstheoretisch angelegte Befreiungsperspektive, wie sie von einigen Kant-Interpreten in dessen Œuvre hineingelesen worden ist, so etwa von Maus, *Aufklärung der Demokratietheorie*, passim. Vgl. im Unterschied dazu die große Aufmerksamkeit für die Verbindung von Eigentümerstatus und Bürgerrecht bei Saage, *Eigentum, Staat und Gesellschaft bei Immanuel Kant*, S. 119ff.

37 Kant, *Werke*, Bd. 7, S. 433.

38 Ebd.

39 Kant, *Werke*, Bd. 9, S. 151. – Dass Kant dem Prinzip der wirtschaftlichen Selbständigkeit eine so große Bedeutung beimaß, bedeutet freilich nicht, dass er bestimmte Interessen der Eigentümer gewahrt wissen wollte, sondern er sah darin die Vorbedingung eines vernünftigen Beratens und Entscheidens.

40 Dazu unten, S. 133ff.

41 Kant, *Werke*, Bd. 9, S. 152.

42 Vgl. Haupt, «Die Enge des Kleinbürgertums», S. 25ff.

43 Kant, *Werke*, Bd. 9, S. 207.

44 Ebd., S. 207f.

45 Polybios, *Historien*, VI. Buch, 9, 10f.

46 Ebd., 4, 7–10; dazu Ryffel, *Metabole politeíon*, passim.

47 Ebd., 10, 4ff.

48 Polybios hatte die expansive Kraft Roms am eigenen Leibe erfahren: Als griechischer Reitergeneral war er in römische Gefangenschaft geraten und hatte dadurch die Möglichkeit erhalten, im Freundeskreis des jüngeren Scipio die römische Politik eingehend zu studieren.

49 Cicero, *De re publica*, S. 37.

50 Ebd., S. 75.

51 Dazu oben, S. 81f.

52 Dazu Bittner, *Ciceros Rhetorik*, passim.

53 Vgl. Münkler, *Machiavelli*, S. 338ff. und 369ff.

54 Insofern ist es von der später durch Montesquieu ausgearbeiteten Konzeption der gemischten Verfassung zu unterscheiden. Eine vergleichende Analyse der Mischverfassungen von der Antike bis zur Gegenwart findet sich bei Riklin, *Machtteilung*; zu Polybios und Cicero daselbst S. 73ff.; zur Florentiner Debatte, insbes. zu Gianotti, S. 141ff., sowie zu Montesquieu S. 269ff.

55 Vgl. Pocock, *The Machiavellian Moment*, S. 506ff.

56 Machiavelli, *Discorsi*, I, 9, S. 36.

57 Ebd., S. 37.

58 Vgl. Lukács, *Der junge Hegel*, S. 80ff.; der Biograph Althaus (*Hegel*, S. 40f.) äußert die Vermutung, Hegel sei zeitweilig ein Anhänger der Jakobiner gewesen.

59 Dazu Lukács, *Der junge Hegel*, S. 225ff.; Althaus, *Hegel*, S. 124ff., sowie Riedel, «Die Rezeption der Nationalökonomie», S. 76ff.

60 Hegel, *Rechtsphilosophie*, § 158, S. 149.

61 Ebd., § 181, S. 164.

62 Ebd., § 182, S. 165.

63 Ebd., § 185, S. 166.

64 Ebd., § 194, S. 172.

65 Ebd., § 199, S. 174 (Hervorhebung im Text).

66 Ebd., §§ 240 und 241, S. 199 (Hervorhebung im Text). – Im Hintergrund dieser Überlegungen steht die für das frühneuzeitliche Europa charakteristische Unterscheidung zwischen «unwürdigen» und «ehrbaren» Armen; vgl. Jütte, *Arme, Bettler, Beutelschneider*, S. 19.

67 Hegel, *Rechtsphilosophie*, § 244, S. 201.

68 Außerdem würde eine Subsistenzsicherung, die nicht durch Arbeit vermittelt ist, «gegen das Prinzip der bürgerlichen Gesellschaft und des Gefühls ihrer Individuen von ihrer Selbständigkeit und Ehre» verstoßen. (Ebd., § 245, S. 201.)

69 Dabei bedeutet «aus eigener Kraft» konkret: Rückgriff auf die Mildtätigkeit von Einzelnen und Unter-Kuratel-Stellen jener offenkundigen Unvernunft, die sich in Verschwendung und Verschuldung äußert.

70 Ebd. (Hervorhebungen im Text).

71 Hegel, *Rechtsphilosophie*, § 245, S. 201f.

72 Ebd., § 246, S. 202.

73 Die marxistische Hegelinterpretation hat später aus den zitierten Passagen Hegels eine Antizipation des Imperialismus herausgelesen. Derlei ist sicherlich überzeichnet, da es Hegel hier nicht um eine Einflussnahme auf andere Länder, sondern bloß um die Entlastung des eigenen Landes geht.

74 «Das Prinzip der modernen Staaten hat diese ungeheure Stärke und Tiefe, das Prinzip der Subjektivität sich zum *selbständigen Extreme* der persönlichen Besonderheit vollenden zu lassen und zugleich es in die *substantielle Einheit zurückzuführen* und so in ihm selbst diese zu erhalten.» Hegel, *Rechtsphilosophie*, § 260, S. 215 (Hervorhebung im Text).

75 Ebd., § 297, S. 258.

76 «Das Individuum, das durch den souveränen Akt (§ 292) einem amt-

lichen Berufe verknüpft ist, ist auf seine Pflichterfüllung, das Substantielle seines Verhältnisses als Bedingung dieser Verknüpfung angewiesen, in welcher es *als Folge* dieses substantiellen Verhältnisses das Vermögen und die gesicherte Befriedigung seiner Besonderheit (§ 264) und Befreiung seiner äußeren Lage und Amtstätigkeit von sonstiger subjektiver Abhängigkeit und Einfluß findet» (§ 294, S. 256; Hervorhebung im Text).

77 «Der Staatsdienst fordert [...] die Aufopferung selbständiger und beliebiger Befriedigung subjektiver Zwecke, und gibt eben damit das Recht, sie in der pflichtmäßigen Leistung, aber nur in ihr zu finden.» Und: «Durch die gesicherte Befriedigung der besonderen Bedürfnisse ist die äußere Not gehoben, welche die Mittel dazu auf Kosten der Amtstätigkeit und Pflicht zu suchen, veranlassen kann.» (Ebd., S. 256f.) – In diesen Paragraphen seiner *Rechtsphilosophie* hat Hegel eine normativ anspruchsvolle Begründung für die Entwicklung des Beamtenapparats beziehungsweise der Beamtenherrschaft im institutionellen Flächenstaat geliefert. Zur Geschichte des Beamtenstandes und seiner Ausgestaltung vgl. Hintze, *Beamtentum und Bürokratie*, S.16ff.

78 Marx, «Zur Kritik der Hegelschen Rechtsphilosophie. Das innere Staatsrecht», insbes. S. 56–58.

79 Hannah Arendt hat in ihrem Buch *Über die Revolution* die amerikanische und die Französische Revolution miteinander verglichen und den wesentlichen Unterschied zwischen beiden darin gesehen, dass in Amerika die soziale Frage nicht im Zentrum der revolutionären Entwicklung stand, während das in Frankreich mit der Radikalisierung der Revolution der Fall war (S. 73ff.). Durch die Enteignung und Vertreibung der *Loyalists*, die zumeist nach Kanada gingen, hatte freilich auch die amerikanische Revolution erhebliche Auswirkungen auf das soziale Gefüge der amerikanischen Gesellschaft. Man schätzt, dass am Ende des Unabhängigkeitskrieges etwa 100 000 Siedler geflohen waren: Das war jeder zwanzigste (vgl. Polk, *Aufstand*, S. 41). Die soziale Umwälzung war hier jedoch eine Folge des Krieges gegen die zunehmend als Fremde begriffenen Engländer – und keine Auseinandersetzung um die politische Mitte.

80 Vgl. hierzu und zum folgenden Gauchet, «La droite et la gauche»,

S. 314ff.; Lantz, «Räumliche Orientierung und politische Ausrichtung», S. 14ff.; Manow, *Im Schatten des Königs*, S. 28ff., sowie Link, «Links/Rechts, Mitte/Extreme», S. 19ff.

81 Im Prinzip saß auch die Rechte auf dem Berg, nur eben auf der rechten Seite. Es gelang der Linken jedoch, die Semantik des Berges für sich zu monopolisieren: Die Linken wurden die *Montagnards* bzw. die *Bergpartei*; vgl. Ozouf, «Die Montagnards», S. 630ff.

82 Link, *Versuch über den Normalismus*, S. 396f.

83 Ebd., S. 398.

84 Dazu oben, S. 30ff.; weiterhin Euchner, «‹Die Revolutionen sind die Lokomotiven der Geschichte›», S. 277ff.

85 Link, *Versuch über den Normalismus*, S. 398.

86 Zum kategorialen Gegensatz zwischen Normativität und Normalität ebd., S. 18ff.

87 Vgl. hierzu das Kapitel «Gesellschaft und Staat zwischen Biedermeier und Revolution» in Lutz, *Zwischen Habsburg und Preußen*, S. 105ff.

88 Dabei entwickelten organologische und liberale Staats- und Gesellschaftstheorien unterschiedliche Vorstellungen von der Mitte, ihrem Platz und ihren Aufgaben: Während die organologischen Staatstheorien die Mitte in der Regel mit dem Herzen identifizierten und sich auf diese Weise dem Erfordernis einer Präzisierung der sozialen und politischen Mitte entzogen, diente sie in liberalen Vorstellungen dazu, den Gegensatz zwischen den gebildeten und den ungebildeten Schichten des Volkes bzw. von «oben» und «unten» zu überwinden. Dabei wurde die Mitte zum Inbegriff des Ganzen; vgl. von See, *Freiheit und Gemeinschaft*, S. 25ff. sowie 53ff.

89 Die Differenz zwischen den französischen Justemilieu-Autoren und Schopenhauer ist von Heinz Maus in seiner Arbeit *Die Traumhölle des Justemilieu* herausgearbeitet worden.

90 Vgl. Münkler, «Ein janusköpfiger Konservatismus», S. 217ff.

91 Vgl. Horkheimer, «Die Aktualität Schopenhauers», S. 250f.

92 Dahlmann, *Die Politik*, § 237, S. 162.

93 Ebd.

94 Ebd., S. 162f.

95 Schopenhauer *Parerga und Paralipomena*, Bd. I, 2, S. 454f.

96 Ebd., S. 455.

97 Ebd., S. 378.

98 Ebd., S. 379. – Schopenhauer selbst hatte nach seinen enttäuschenden Erfahrungen an der Berliner Universität, wo er die unmittelbare Konkurrenz zu Hegel gesucht hatte, dem universitären Betrieb den Rücken gekehrt und in Frankfurt auf der Basis seines ererbten Vermögens ein Leben als philosophischer Schriftsteller geführt.

99 Schopenhauer, *Parerga und Paralipomena* Bd. I, 2, S. 380.

100 Schopenhauer, *Parerga und Paralipomena*, Bd. II, 2, S. 632f.

101 Ebd., S. 633.

102 Ebd.

103 Der Begriff entstammt der Studentensprache und wurde von den Romantikern aufgenommen und verfeinert. Er steht für die geistige Enge und Beschränktheit des bürgerlichen Lebens in den meisten Universitätsstädten. «Stockende Pedanterie, kleinstädtisches Wesen, kümmerliche äußere Sitte, beschränkte Kritik, falsche Sprödigkeit, platte Behaglichkeit, anmaßliche Würde» – dies hat Goethe 1813 als die Merkmale des Philisters bezeichnet; zit. nach Stein, *Philister–Kleinbürger–Spießer*, S. 37.

104 Schopenhauer, *Parerga und Paralipomena*, Bd. I, 2, S. 375 (Hervorhebung im Text).

105 Zur Langeweile als Begleiter eines leidlich sicheren Lebens vgl. Decher, *Besuch vom Mittagsdämon*, S. 7ff.; zur Thematisierung der Langeweile speziell bei Schopenhauer ebd., S. 39ff. und 100ff., sowie Große, *Philosophie der Langeweile*, S. 77ff.

106 Schopenhauer, *Parerga und Paralipomena*, Bd. I, 2, S. 376.

107 Ebd., S. 352.

108 Dazu Ehrlich, *Wilhelm Busch, der Pessimist*, passim.

109 Vgl. Vogt, «‹Hier ist das Reich der goldnen Rahmen›», S. 129.

110 Vgl. Müller-Seidel, *Theodor Fontane*, S. 83f.

111 Fontane, *Gedichte*, Bd. 1, S. 244ff. (Hervorhebung im Text).

112 Das war, wie eigentlich immer bei Nietzsche, keine präzise sozialstrukturelle oder sozialmoralische Beobachtung, sondern eine «psychologisch-physiologische» Gesellschaftsdiagnose.

113 So der Untertitel von Nietzsches Schrift *Götzendämmerung*.

114 Nietzsche, *Götzendämmerung*, S. 122f. (Hervorhebungen, auch bei den folgenden Zitaten, im Text).

115 Ebd., S. 125.

116 Mit Blick auf Ernst Jünger, Carl Schmitt und Martin Heidegger vgl. Krockow, *Die Entscheidung.*

117 Nietzsche, *Götzendämmerung*, S. 80.

118 Vermutlich hat Max Weber Nietzsche sehr viel richtiger verstanden, als er von einer «Tapferkeit der Bürgerlichkeit» sprach, die sich u. a. darin zeige, dass man den Forderungen des Tages genüge; vgl. Bolz, *Diskurs über die Ungleichheiten*, S. 177; zur Verbindungslinie zwischen Nietzsche und Weber vgl. Fischer, «*Verwilderte Selbsterhaltung*», S. 74ff.

119 Nietzsche, *Jenseits von Gut und Böse*, S. 209.

120 Ebd.

121 Nietzsche, *Der Antichrist*, S. 272f.

122 Ebd., S. 273.

123 Ebd.

124 Nietzsche, *Der Wille zur Macht*, S. 586f. – Hartmut Rosa hat in seiner großen Studie über die Veränderung der Zeitrhythmen in der Moderne zwar auf Nietzsches sensible Diagnosen zur Beschleunigung und deren Effekte hingewiesen (Rosa, *Beschleunigung*, S. 73f.), das von Nietzsche empfohlene Gegenmittel der Mediokrität aber nicht thematisiert.

125 Nietzsche, *Also sprach Zarathustra*, S. 187.

126 Ebd., S. 185.

127 Ebd., S. 187f.

128 Nietzsche, *Der Wille zur Macht*, S. 587. Nietzsche nimmt hier Bezug auf Horaz' Formel von der *mediocritas aurea*, der goldenen Mitte; vgl. Kap. 1, FN 10.

129 Ebd., S. 587f.

130 Sorel, *Über die Gewalt*, S. 134ff. sowie insbes. S. 176ff.; zur Rezeption Nietzsches bei Sorel vgl. ebd., S. 272ff.

131 Donoso, *Drei Reden*, S. 48f.

132 Ebd., S. 196.

133 Donoso, *Der Staat Gottes*, S. 205.

134 Ebd., S. 281.

135 Marx/Engels, *Das Manifest der Kommunistischen Partei*, S. 3.

136 Ebd., S. 4.

137 Ebd.

138 Ebd., S. 18.

139 Ebd.

140 François Furet und Denis Richet haben drei teleskopartig ineinander geschobene Revolutionen voneinander unterschieden, die erst durch ihr Zusammentreffen den säkularen Umsturz bewirkten: die Revolution der Juristen, die Revolution der städtischen Massen und die Revolution auf dem Lande (Furet/Richet, *Die Französische Revolution*, S. 84ff.) Auch Ernst Schulin (*Die Französische Revolution*, S. 53ff.) unterscheidet drei Revolutionen: die des Dritten Standes, die munizipale Revolution und die Revolution der Bauern. Bei Michel Vovelle (*Die Französische Revolution*, S. 19) ist von der parlamentarischen, der städtischen und der bäuerlichen Revolution die Rede.

141 Marx, *Der 18te Brumaire des Louis Bonaparte*, S. 118.

142 Ebd., S. 96.

143 Ebd., S. 123 (Hervorhebung im Text).

144 Ebd., S. 124.

145 Ebd., S. 126.

146 Ebd., S. 127 (Hervorhebung im Text).

147 Ebd., S. 136.

148 Dazu oben, S. 127f.

149 So schreibt Marx über die französische Bourgeoisie: «Sie apotheosirt den Säbel; der Säbel beherrscht sie.» Ebd., S. 175.

150 Mit Blick auf den italienischen Faschismus und den Nationalsozialismus in Deutschland haben einige marxistische Autoren zu Beginn der 1930er Jahre die Marx'sche Bonapartismusanalyse auf die zeitgenössischen Konstellationen angewandt: Erneut gab es ein Klassengleichgewicht zwischen Bourgeoisie und Proletariat, und das bot einmal mehr Abenteurern und Verbrechern die Möglichkeit, die Staatsgewalt zu übernehmen; zu diesen Bonapartismustheorien vgl. Jaschke, *Soziale Basis und soziale Funktion des Nationalsozialismus*, S. 10–64.

151 Das Verselbständigungstheorem findet bei Marx u. a. darin seinen Ausdruck, dass er ironisch vorschlägt, die Parlamentsferien permanent zu machen und die «Aufschrift: Liberté, égalité, fraternité [zu] ersetzen durch die unzweideutigen Worte: Infanterie, Cavallerie, Artillerie!». Marx, *Der 18te Brumaire*, S. 131.

152 Ebd., S. 179 (Hervorhebung im Text).

153 Ebd., S. 180.

154 Ebd., S. 183.

155 Ebd.

156 Marx/Engels, *Das Manifest der Kommunistischen Partei*, S. 18.

157 Marx, *Der 18te Brumaire*, S. 185.

158 Ebd. (Hervorhebung im Text).

Mitte und Raum

1 Vgl. Höhne, «Rückkehr nach Europa», S. 76ff.; Schmidt, *Die Wiedergeburt der Mitte Europas*, S. 78ff.; zur Phänomenologie der europäischen Mitte vgl. Dor, *Mitteleuropa*.

2 Zum karolingischen Europadiskurs vgl. Faber, *Abendland*, S. 144ff.

3 Vgl. Laube, «Kulissen der ‹deutschen Mitte›», S. 211.

4 So Beyer, «Europas Mitte liegt am Rand des Abendlandes», S. 111f.

5 Der Schweizer Journalist Eric Guyer hat Deutschland gar als «eine Großmacht» bezeichnet.

6 Schwarz, *Die Zentralmacht Europas*, S. 27ff.

7 Gall, «Brauchen wir eine Mitte?», S. 310f.

8 Dazu Roeck, «Staat ohne Hauptstadt», S. 63ff.

9 In diesem Sinne von Aretin, «Das Reich ohne Hauptstadt?», S. 5ff.; mit positivem Akzent im Hinblick auf das vereinigte Deutschland Gall, «Brauchen wir eine Mitte?», S. 310ff.

10 Der Stadtplaner Schirmacher (*Stadtvorstellungen*, S. 344) schreibt dazu, Mitte sei stets «ein Beieinander und Miteinander von Bedeutungen». Und: «Stadtplanung ist ein Denken in Mitten, in gestalterischen Bedeutungsgewichten.»

11 Goethe, *Artemis-Gedenkausgabe* 1948ff., Bd. 24, S. 704.

12 Zit. nach Roeck, «Staat ohne Hauptstadt», S. 69.

13 Ebd.

14 Herzinger, *Republik ohne Mitte*, S. 59.

15 Ebd., S. 60.

16 Vgl. Ackroyd, *London*, S. 579ff., und von Münchhausen, *Paris*, S. 167ff.

17 Herzinger, *Republik ohne Mitte*, S. 61.

18 Zu den verschiedenen Dimensionen des Mitte-Begriffs vgl. Schmitz-Emans, «Zur Semantik der ‹Mitte›», S. 7–10.

19 Dazu eingehend von Beyme, *Föderalismus und regionales Bewusstsein*, S. 45ff. und 113ff.

20 Zur Geschichte Berlins seit der Reichsgründung vgl. Large, *Berlin*, der im Übrigen eine Reihe von Beispielen dafür bietet, dass sich ähnliche Klagen, wie die von Herzinger geäußerten, bereits im Wilhelminismus finden lassen (S. 62ff., 93ff.). Zur territorialen Ausdehnung Preußens im Gefolge der Befreiungskriege vgl. Clark, *Preußen*, S. 448ff.

21 Dazu Gibas/Haufe (Hgg.), «Mythen der Mitte», S. 8–11; John, «‹Deutsche Mitte› – ‹Europas Mitte›», S. 234ff., sowie Gibas, «Auf der Suche nach dem ‹deutschen Kernland›», S. 201ff.; zu den politischen Mythen Wartburg und Weimar vgl. Münkler, *Die Deutschen und ihre Mythen*, S. 301ff. und 329ff.

22 Vgl. Haufe, «‹Deutschlands Mitte› im Spiegel nationaler Literaturgeschichten», S. 10ff.

23 Nadler, *Das stammhafte Gefüge des deutschen Volkes*, 1934; zit. nach Haufe, «‹Deutschlands Mitte›», S. 19.

24 Vgl. Gibas, «‹Deutsche Mitte› in Meistererzählungen zur deutschen Geschichte», S. 24ff.

25 Dazu Ulbricht, «Wo liegt Kaisersaschern?», S. 135ff.

26 Vgl. Elias, *Über den Prozess der Zivilisation*, Bd. 1, S. 7ff. und 36ff.

27 Eine ausführliche Darstellung der antiurbanen Affekte im Deutschland des 19. und 20. Jahrhunderts findet sich bei Borst, *Babel oder Jerusalem?*, S. 74ff.; zur aktuellen Verbreitung antiurbaner Affekte und ihren politischen Folgen, etwa im Terrorangriff vom 9. September 2001 und der Zerstörung der Twin Towers in New York, vgl. Buruma/Margalit, *Okzidentalismus*, S. 20ff.

28 Hierzu und zum Folgenden vgl. Borst, *Babel oder Jerusalem?*, S. 15ff.

29 Augustinus, *Vom Gottesstaat*, XV, 5, S. 218ff.; dazu Dempf, *Sacrum Imperium*, S. 125ff.

30 Borst, *Babel oder Jerusalem?*, S. 41ff.

31 Zit. nach ebd., S. 82.

32 Dazu Large, *Berlin*, S. 103ff.

33 Bei der Erhebung Thüringens zur «grünen Mitte» Deutschlands haben die Heimat- und Wandervereine eine wichtige Rolle gespielt. Da-

bei wurde der Thüringer Wald zum Inbegriff des deutschen Waldes; vgl. Haufe, «Der ‹deutsche Wald› und seine ‹Tempelhüter›», S. 59ff. und 71f.

34 Vgl. Goetz, *Die Täufer*, S. 108ff.

35 Childe, «The Urban Revolution».

36 Mumford, *Die Stadt*, Bd. 1, S. 33ff.

37 Vgl. Hotzan, *dtv-Atlas zur Stadt*, S. 23.

38 Dazu oben, S. 30ff.

39 Mumford, *Die Stadt*, Bd. 1, S. 62.

40 Ebd., S. 47–49.

41 Die alttestamentarische Erzählung von der Bevorratungspolitik Josefs während der sieben «fetten» Jahre, durch die Vorsorge getroffen wurde für die anschließenden sieben «mageren» Jahre, lässt sich als narrative Unterstützung für die vom ägyptischen Pharao betriebene Ernteerfassung und -verwaltung verstehen. Die königliche Aneignung des Mehrprodukts kommt als Vorsorge für Missernten und Dürrejahre allen zugute.

42 August Wittfogel hat in seinem Buch *Die orientalische Despotie* angenommen, die Entstehung einer zentralisierten Macht sei mit den Erfordernissen der Wasserregulation in den Flusskulturen aufs engste verbunden.

43 In den *Historien* (I, 97, S. 46f.) berichtet Herodot vom Aufstieg des Deiokes, der sich zunächst als ein kluger Streitschlichter und Richter hervorgetan hatte. Nachdem man ihn schließlich zum König gemacht hatte, «befahl er nun, ihm einen Palast zu bauen, wie es sich für einen König zieme, und ihm eine Leibwache zu geben. Die Meder gehorchten. Sie bauten ihm an dem Orte, den er bezeichnete, einen großen festen Palast und ließen ihn Leibwächter aus ganz Medien nach Belieben wählen. Als er so die Macht in Händen hatte, zwang er die Meder, sich in einer einzigen Stadt anzusiedeln, damit sie sich vor den Umwohnenden nicht mehr zu fürchten brauchten. Auch das taten die Meder, und er erbaute eine große, starke Stadt, die heute den Namen Agbatana [Ekbatana] führt, indem er mehrere Mauerringe umeinander herum legte.»

44 Mumford, *Die Stadt*, Bd. 1, S. 43.

45 Ebd., S. 58.

46 Dazu Borst, *Babel oder Jerusalem?*, S. 44ff.

47 Dazu Buruma/Margalit, *Okzidentalismus*, S. 20ff.

48 Die erste historisch greifbare Gestalt dieses Stufentempels ist der sumerische Zikkurat. Die Reste des Turms von Borsippa galten in späthebräisch-talmudischer Zeit als der Turmbau zu Babel, von dem das 1. Buch Mose berichtet; vgl. Hotzan, *dtv-Atlas zur Stadt*, S. 23.

49 Dazu mit umfangreichem Material Guidoni, *Die europäische Stadt*, passim; zum Spannungsverhältnis zwischen Randzonen, Außengrenzen und Stadtmitte vgl. Kostof, *Die Anatomie der Stadt*, S. 11ff. und 71ff.; zur Bedeutung der Skyline vgl. ders., *Das Gesicht der Stadt*, S. 279ff.; zu Mitte, Kreis und Turm als zentralen Elementen des mittelalterlichen Stadtbildes vgl. Schirmacher, *Stadtvorstellungen*, S. 344f. und 348f.; zur Dezentrierung des städtischen Raumes mit der Entstehung der Industriestadt vgl. Girouard, *Die Stadt*, S. 255ff.

50 Vgl. Schmitz-Emans, «Zur Semantik der Mitte», S. 10ff. – Ob erst die Herausbildung der Stadt diese auf die Mitte ausgerichtete Vorstellung des Schönen hervorgebracht hat oder ob sie der Stadtentwicklung vorgängig ist und diese ihrerseits geprägt hat, mag hier dahingestellt bleiben.

51 Das Paradigma kulturkonservativer Mitte-Sehnsucht ist Hans Sedlmayrs Kampfschrift *Der Verlust der Mitte*; darin zu Architektur und Städtebau S. 93ff. Dass der besorgte Blick auf die Dezentrierung des städtischen Raumes kein Privileg der Konservativen ist, zeigt der Begriff der «Zersiedlung» als städtebauliches Caveat von links bis rechts.

52 Schmitz-Emans, «Mittelachsen, Symmetrien, Asymmetrien», S. 166f.

53 Vgl. von Beyme, *Kulturpolitik und nationale Identität*, S. 170ff.; von Beyme weist freilich auch auf die Maßstablosigkeit der US-Architektur hin, bringt das aber mit dem amerikanischen Selbstverständnis als «Land der unbegrenzten Möglichkeiten» in Verbindung; ebd., S. 172.

54 Vgl. Ebd., S. 182.

55 Vgl. Large, *Berlin*, S. 196ff.

56 Typisch hierfür sind die staatlich geförderten Altstadtsanierungen der 1970er und 1980er Jahre, in denen es darum ging, die alten Stadtmitten vor dem Verfall zu bewahren, ihre Wohnqualität zu erhöhen und den Prozess einer drohenden Verödung der Innenstädte zu stoppen; vgl. Schirmacher, *Stadtvorstellungen*, S. 12–30 sowie 337–355.

57 Vgl. Mumford, *Die Stadt*, Bd. 1, S. 216ff.

58 Aristoteles, *Politik*, VII, 4, S. 329–332.

59 Ebd., III, 3, S. 159.

60 Mumford, *Die Stadt*, Bd. 1, S. 566.

61 Ebd., S. 594ff.; für die Debatte über den Wiederaufbau der deutschen Städte nach ihrer Zerstörung im Krieg vgl. von Beyme, *Der Wiederaufbau*; von Bedeutung ist hier vor allem der Hinweis (S. 196ff.), die in Nürnberg erhaltene Stadtmauer habe zur Rekonstruktion der Altstadt geführt, während der Umstand, dass sie in Frankfurt schon im 19. Jahrhundert geschleift worden war, den Bau einer neuen City erleichtert habe.

62 Webb, *Die Mitte der Stadt*, S. 7f.

63 Vgl. hierzu und zum folgenden Marina Münkler, *Erfahrung des Fremden*, S. 161–171; dort auch weitere Literaturhinweise.

64 Ebd., S. 167.

65 Ebd., S. 162f.

66 Zu den Folgen dieses Paradigmenwechsel der Astrophysik für das Selbstverständnis des Menschen vgl. Blumenberg, *Die Genesis der kopernikanischen Welt*, S. 301ff.

67 Zu einem Überblick der geopolitischen Debatten des 19. und 20. Jahrhunderts vgl. Lacoste, *Geographie und politisches Handeln*, passim, speziell zu Mackinder, S. 32f., sowie Ó Thathail, «Geopolitik», insbes. S. 11–16; zur Kontroverse zwischen Ratzel, Mackinder und Mahan vgl. Sprengel, *Kritik der Geopolitik*, S. 72–96; zum Einfluss geopolitischer Vorstellungen auf die belletristische Literatur vgl. Werber, *Die Geopolitik der Literatur*, passim.

68 Mahan, *Der Einfluss der Seemächte auf die Geschichte*, S. 21–35.

69 Wenn die Weltmeere nicht länger als der Schlüssel zur Weltherrschaft angesehen werden konnten, so war auch die von Mahan und anderen verfochtene These hinfällig, dass man Kriege allein mit der Marine entscheiden könne (dazu Heuser, *Den Krieg denken*, S. 240ff.), und das wiederum hieß, dass man in wachsendem Maße Landstreitkräfte benötigte, wenn man aus dem Kampf um die Weltherrschaft siegreich hervorgehen wollte.

70 Diese Sicht findet sich auch bei Friedrich Ratzel, dem «Vater» der politischen Geographie in Deutschland; vgl. Ratzel, *Das Meer als Quelle*

der Völkergröße, S. 69ff., sowie ders., *Politische Geographie*, passim; die begriffliche Kontrastierung von «Landtretern» und «Seeschäumern» findet sich in Carl Schmitts kleinem Buch *Land und Meer*.

71 Vgl. hierzu und zum folgenden Sprengel, *Kritik der Geopolitik*, S. 80ff.

72 Die Niederlage der russischen Pazifikflotte in Port Arthur im Jahre 1904 und die Vernichtung der baltischen Flotte Russlands, die um die «halbe Welt» gefahren war, im darauffolgenden Jahr in der Seeschlacht von Tsushima hat die Angst vor den navalen Fähigkeiten der kontinentalen Mächte freilich gedämpft; vgl. Dickie u. a., *Geschichte der Seekriege*, S. 204–209.

73 Zum russisch-britischen Gegensatz in Asien vgl. Gollwitzer, *Geschichte des weltpolitischen Denkens*, Bd. 2, S. 133ff.; zum zeitweiligen Schwanken Londons zwischen Deutschland und Frankreich ebd., S. 114ff. – Die Entscheidung gegen Deutschland und der im Gefolge dieser Entscheidung getroffene Entschluss, aufseiten Frankreichs und Russlands 1914 in den Krieg einzutreten, sei ein folgenschwerer Fehler gewesen und habe den Niedergang des britischen Empire erheblich beschleunigt, lautet die These Niall Fergusons in seinem Buch *Der falsche Krieg*, das vor einigen Jahren in England heftig diskutiert worden ist. Die Briten, so Ferguson, hätten sich durch die Suggestionen einer falschen Mitte in die Irre führen lassen. (Ferguson, *Der falsche Krieg*, S. 92ff. und 246ff.)

74 Vgl. Münkler, *Imperien*, S. 26f.

75 Dazu Vagts, *Bilanzen und Balancen*, S. 148ff.

76 Demgemäß steht die Analyse neuzeitlicher Seekriegführung im Zentrum von Mahans Buch; allgemeine Überlegungen finden sich nur in den ersten beiden Kapiteln oder sind beiläufig über die historische Betrachtung verstreut.

77 Vgl. Sprengel, *Kritik der Geopolitik*, S. 74f.

78 Jürgen Osterhammel hat dafür den hier einschlägigen Begriff des «Stützpunktkolonialismus» geprägt; vgl. Osterhammel, «Entdeckung und Eroberung», S. 408ff., sowie ders., *Kolonialismus*, S. 15 und 17.

79 Der Begriff *Aquatologie* findet sich bei Sprengel, *Kritik der Geopolitik*, S. 73ff.

80 Hierzu und zum Folgenden vgl. Marina Münkler, *Die Erfahrung des Fremden*, S. 163.

81 Es ist eine irrige, gleichwohl weitverbreitete Vorstellung, wonach die mittelalterliche Geographie die Erde als Scheibe und nicht als Kugel gedacht habe. Da sie freilich von drei statt von fünf Kontinenten ausging, hatte sie keine Probleme, die Kugel kartographisch in die Fläche zu projizieren.

82 Diese nördliche Zwischenzone umfasst die Erdteile Europa, Afrika und Asien, wobei Afrika und Asien bereits in die Polar- beziehungsweise die Äquatorialzone hineinragen, während bloß Europa ganz in der wohltemperierten Zone liegt. Auch hier wird also mit dem Konzept der Mitte gearbeitet, nur dass es jeweils auf eine der beiden Erdhälften beschränkt ist. Eine Mitte der gesamten Erde gibt es nicht.

83 Brzezinski: *The Grand Chessboard*, passim.

84 Robert D. Kaplan hat vor kurzem die Überlegung geäußert, dass China ein neues *rimland* im Sinne Mackinders sein könne (Kaplan, «The Revenge of Geography»).

85 Dazu John, «‹Deutsche Mitte› – ‹Europas Mitte›», S. 231ff.

86 Vgl. Franke, *Geschichte des Chinesischen Reiches*, Bd. 1, S. 74–83 sowie Schmidt-Glintzer, *Kleine Geschichte Chinas*, S. 44–57.

87 Dazu Schwarz, *Die Zentralmacht Europas*, S. 203ff., sowie Ullrich, *Die nervöse Großmacht*, S. 204ff.

88 Der Historiker Heinrich-August Winkler hat die deutsche Geschichte des 19. und insbesondere des 20. Jahrhunderts unter der Überschrift *Der lange Weg nach Westen* dargestellt. Für Winkler ist die «Ankunft im Westen» zugleich das Ende des «deutschen Sonderwegs». Dazu auch Schubert, *Zentrum und Peripherie*, S. 16ff.

89 Zum Begriff des Westens als politisch-programmatische Größe vgl. Winkler, *Geschichte des Westens*, S. 17–24. Das Gegenbuch zu Heinrich-August Winkler hatte in der Mitte der 1980er Jahre bereits der Osteuropahistoriker Karl Schlögel unter dem programmatischen Titel *Die Mitte liegt ostwärts* vorgelegt.

90 Poesche und Goepp, *The New Rome: or the United States of the World*, New York 1853; dazu Gollwitzer, *Geschichte des weltpolitischen Denkens*, Bd. 1, S. 489ff.

91 Dazu Gollwitzer, *Geschichte des weltpolitischen Denkens*, Bd. 1, S. 377–403.

92 Die politische Zurechnung der Staaten ist jedoch das eine, die politische Spaltung der Gesellschaften in Deutschland das andere. Vor allem in Preußen ließ sich dieser Riss auch territorial identifizieren: Während die rheinischen Provinzen liberal waren, waren die ostelbischen Gebiete überwiegend konservativ; vgl. Nipperdey, *Deutsche Geschichte 1800–1866*, S. 272ff. und 331ff.

93 Dazu oben, S. 174ff.

94 Dazu Gollwitzer, *Geschichte des weltpolitischen Denkens*, Bd. 1, S. 390ff.

95 Vgl. Schwarz, *Die Zentralmacht Europas*, S. 203ff., sowie Hildebrandt, *Das vergangene Reich*, S. 172ff. und 236ff.

96 Vgl. das Lemma «Einkreisung» in Hirschfeld u. a. (Hgg.), *Enzyklopädie Erster Weltkrieg*, S. 452.

97 Vgl. Münkler, *Die Deutschen und ihre Mythen*, S. 233ff.

98 Dazu unten, S. 194ff.

99 Zur Beurteilung der politischen Fehler Friedrichs im Vorfeld des Siebenjährigen Krieges vgl. Kunisch, *Friedrich der Große*, S. 329ff.; zum «Abwehrkampf auf der inneren Linie» ebd., S. 400ff.

100 Dazu eingehend Hildebrand, *Das vergangene Reich*, S. 149–301.

101 Mann, *Essays*, Bd. 1, S. 194. In dem großen Essay «Friedrich und die große Koalition» (ebd., S. 210–268) hat Thomas Mann diesen Gedanken anschließend breit ausformuliert; vgl. Mehring, *Thomas Mann*, S. 155ff., sowie Görtemaker, *Thomas Mann und die Politik*, S. 25ff.

102 Mann, *Essays*, Bd. 1, S. 200.

103 Dazu Hildebrand, *Das vergangene Reich*, S. 65ff.

104 Gollwitzer, *Geschichte des weltpolitischen Denkens*, Bd. 2, S. 221.

105 Zit. ebd., S. 222.

106 Hierzu und zum Folgenden ebd., S. 223ff.

107 Vgl. Mearsheimer, *The Tragedy of Great Power Politics*, S. 29–55; die machtpolitischen Konstellationen vor dem Ersten Weltkrieg sind das Paradigma des Theorems von der Anarchie der Staatenwelt, vgl. ebd., S. 183ff. und 297ff.

108 Gollwitzer, *Geschichte des weltpolitischen Denkens*, Bd. 2, S. 241.

109 Bülow hat das Bild vom «Platz an der Sonne» im Jahre 1896 geprägt; wenig später sprach er davon, Deutschland habe die Wahl, auf der internationalen Bühne «Hammer» oder «Amboss» zu sein; vgl. van Laak, *Über alles in der Welt*, S. 76.

110 Zur Entstehung des deutsch-britischen Gegensatzes vgl. die detaillierte Studie von Massie, *Die Schalen des Zorns*, hier S. 163ff.

111 Zum Auslaufen der Rückversicherung unter Reichskanzler Caprivi vgl. Hildebrandt, *Das vergangene Reich*, S. 155ff.; zum Scheitern Bülows ebd., S. 222ff.

112 Weber, *Gesammelte Politische Schriften*, S. 28f.; vgl. dazu Mommsen, *Max Weber und die deutsche Politik*, S. 73ff.

113 Weber, *Gesammelte Politische Schriften*, S. 21.

114 Zur Nietzsche-Filiation bei Weber vgl. Hennis, «Die Spuren Nietzsches im Werk Max Webers», S. 167ff., sowie Fischer, «*Verwilderte Selbsterhaltung*», S. 74ff.

115 Weber, *Gesammelte Politische Schriften*, S. 23.

116 Ebd.

117 Vor allem die Schrift «Parlament und Regierung im neugeordneten Deutschland» vom Mai 1918 ist hier zu nennen; ebd., S. 306–443.

118 Hierzu und zum folgenden Schultz, «Deutschland und seine ‹Mitte›», S. 23ff.

119 Zit. nach ebd., S. 25.

120 Wirsing, *Zwischeneuropa und die deutsche Zukunft*, S. 1.

121 Dem steht die bei Friedrich Ratzel und Erich von Drygalski zu findende Sicht einer geographischen Dreistufigkeit Deutschlands gegenüber, das aus dem Hochland der Alpen, dem Oberland der Mittelgebirge und dem Tiefland der norddeutschen Tiefebene bestehe. Hier waren die Mittelgebirge kein trennender Damm, sondern eine Mitte zwischen Hoch- und Tiefland; dazu Schultz, «Deutschland und seine ‹Mitte›», S. 28ff.

122 Wirsing, *Zwischeneuropa und die deutsche Zukunft*, S. 312f.

123 Lienhard, *Deutschlands europäische Sendung*, zit. nach John, «‹Deutsche Mitte› – ‹Europas Mitte›», S. 234.

124 Zur ideologischen Karriere des Abendlandbegriffs vgl. Faber, *Abendland*, insbes. S. 109ff.

125 Zit. nach John, «‹Deutsche Mitte› – ‹Europas Mitte›», S. 234.

126 Zur Mitteleuropakonzeption Friedrich Naumanns und deren Vorläufern bei Friedrich List und Konstantin Frantz vgl. Schmidt, *Die Wiedergeburt der Mitte Europas*, S. 55ff.

127 So vor allem Gollwitzer, *Geschichte des weltpolitischen Denkens*, Bd. 2, S. 242ff.

128 Dazu Mommsen, «Die Mitteleuropaidee und die Mitteleuropaplanungen», S. 3.

129 Jürgen Beyer («Europas Mitte», S. 111f.) hat darauf aufmerksam gemacht, dass die geographische Mitte Europas bei Dorpat in Estland liege, wenn man die Südspitze Kretas und Franz-Joseph-Land im Norden, Irland und den Ural als äußere Grenzen zugrunde lege.

130 Vgl. Gollwitzer, *Geschichte des weltpolitischen Denkens*, Bd. 2, S. 246f.

131 Clausewitz, *Vom Kriege*, S. 283.

132 Dazu Paret, *Clausewitz*, S. 485ff., insbes. S. 490. Für Clausewitz ging die Bedrohung im Osten freilich nicht, wie bei späteren Planungen, von Russland, sondern von einem freien Polen aus, in dem er einen natürlichen Verbündeten Frankreichs sah.

133 Clausewitz, *Vom Kriege*, S. 283.

134 Vgl. das Lemma «Zweifrontenkrieg» in Hirschfeld u. a. (Hgg.), *Enzyklopädie Erster Weltkrieg*, S. 981.

135 Während seine Vorläufer auf den Unterschied zwischen beiden Operationsweisen Wert legten, verband Clausewitz sie zu einer doppelpoligen Strategie. Er hat also keineswegs bedingungslos am Dogma der Entscheidungsschlacht festgehalten, wie dies etwa bei seinem Zeitgenossen Jomini der Fall ist, aber auch keinen Zweifel daran gelassen, dass, wer in der Mitte eines Kriegstheaters operiert, eher auf Gefechte und Schlachten als auf großräumig angelegte Manöver setzen müsse. Für eine ausführliche Diskussion der Frage, inwieweit die deutsche Militärstrategie im Ersten und Zweiten Weltkrieg auf Clausewitz zurückzuführen sei oder nicht, vgl. Wallach, *Das Dogma der Vernichtungsschlacht*, S. 13–124, sowie Aron, *Clausewitz*, S. 364ff.

136 Clausewitz, *Vom Kriege*, S. 283.

137 Sombart, *Händler und Helden*, passim.

138 Dazu Münkler, *Über den Krieg*, S. 149–172.

139 Ebd., S. 167f.

140 Dazu Sprengel, *Kritik der Geopolitik*, S. 113; zu den Allegorien von Leviathan und Anakonda ebd., S. 112–132.

141 Schmitt nimmt dabei auf Hobbes' Analyse von starkem Staat *(Leviathan)* und Bürgerkrieg *(Behemoth)* Bezug, hält Hobbes aber vor, die

Symbole miteinander vertauscht und auf diese Weise den mythenpolitischen Fehlschlag seines Projekts verursacht zu haben; vgl. Schmitt, *Der Leviathan*, S. 25ff.

142 Schmitt, *Der Leviathan*, S. 17f. – Dass diese Stelle des 1938 erstmals erschienenen Buchs von antisemitischen Passagen umrahmt ist, muss hier nicht weiter behandelt werden; dazu Mehring, *Carl Schmitt*, S. 358ff. und 380ff.

143 Schmitt, *Land und Meer*, S. 88.

144 Der Umstand, dass es sich um keinen ausgearbeiteten Plan, sondern eine in Form einer Denkschrift ausgearbeitete Direktive handelte, hat zuletzt zu einer wissenschaftlichen Kontroverse darüber geführt, ob es den Schlieffenplan überhaupt gegeben habe oder dies ein «Mythos» der Epigonen und der Forschung sei; vgl. dazu die Aufsätze von Zuber, Mombauer, Foley und Groß in Ehlert u. a. (Hgg.), *Der Schlieffenplan*.

145 Die schwächste Stelle des Rings war der Balkan, wo die deutsche Politik seit Bülows «Warnung» versuchte, die Festigkeit der Entente zu testen. Bei Ausbruch des Ersten Weltkriegs spielten also der schwächste und der stärkste Abschnitt des Einkreisungsrings die entscheidende Rolle.

146 Vgl. die Lemmata «Aufmarschplan», «Grenzschlachten» und «Schlieffenplan» in Hirschfeld u. a. (Hgg.), *Enzyklopädie Erster Weltkrieg*.

147 Schlieffens Vorstellungen sahen auch die Verletzung der niederländischen Neutralität vor, auf die sein Nachfolger aus wirtschaftspolitischen Gründen jedoch verzichtete. Ob dieser Verzicht für die Durchführung des Plans negative Folgen hatte, ist in der Forschung umstritten.

148 Delbrück hat sich mehrfach mit Cannae auseinandergesetzt und dabei auch auf die kritischen Anmerkungen anderer Militärhistoriker reagiert. Für ein zusammenfassendes Resümee seiner Beschäftigung vgl. die Darstellung der Schlacht in seiner *Geschichte der Kriegskunst*, Bd. 1, S. 364–392.

149 Schlieffen, «Cannae», S. 29.

150 Zum Verlauf der Schlacht und dem taktischen Geschick Hannibals vgl. Speidel, «Halbmond und Halbwahrheit», S. 48ff., sowie mit Blick auf Hannibals Unfähigkeit, den Sieg von Cannae strategisch zu nutzen, Barceló, *Hannibal*, S. 140ff.

151 Zum Ablauf der Schlacht von Tannenberg vgl. Pöhlmann, «Tod in den Masuren», S. 279ff.

152 Lacoste, *Geographie und politisches Handeln*, S. 28.

153 Dazu Gollwitzer, *Geschichte des weltpolitischen Denkens*, Bd. 2, S. 560f.

154 Dazu Musial, *Kampfplatz Deutschland*, S. 26ff. sowie S. 302ff. und 434ff.; aufschlussreich für die sowjetische Deutschlandpolitik auch Besymenski, *Stalin und Hitler*, insbes. S. 421ff.

155 Die These vom Dissens über Bessarabien als Auslöser des Zerwürfnisses findet sich bei Gorodetsky, *Die große Täuschung*, S. 47ff.

156 Dazu Hildebrand, *Das vergangene Reich*, S. 433ff.

157 Im Frühjahr 1940 las Hitler die Schlieffenbiographie von Hugo Rochs, die ihm sein Faktotum Arthur Kannenberg geschenkt hatte. Offenbar kam er zu dem Ergebnis, mit dem Sieg über Frankreich habe «sein Schlieffenplan» funktioniert und er könne nun mit den Vorbereitungen zum Krieg gegen die Sowjetunion beginnen. Die Bemerkungen Rochs' zu dem Problem des Zweifrontenkriegs weisen Unterstreichungen Hitlers auf; vgl. Ryback, *Hitlers Bücher*, S. 227–249.

158 Schmitt, *Völkerrechtliche Großraumordnung*, insbes. S. 36ff., sowie ders., *Positionen und Begriffe*, S. 295ff.; vgl. Blindow, *Carl Schmitts Reichsordnung*, S. 56ff., sowie Mehring, *Carl Schmitt*, S. 389ff.

Das neue Deutschland – eine Republik der Mitte?

1 Der «Weimarer Koalition» sind noch die Bayerische Volkspartei und die Staatspartei zuzurechnen. Tatsächlich hat diese schwarz-rot-goldene Koalition, wie man sie mit Blick auf die Leitfarben der Parteien auch genannt hat, während der vierzehn Lebensjahre der Republik von Weimar nur viereinhalb Jahre regiert; in der übrigen Zeit stellten Minderheitsregierungen die Minister, oder es waren republikfeindliche Parteien an der Regierung beteiligt; vgl. Schulze, *Weimar*, S. 72.

2 Vgl. oben, S. 40ff; Walter, *Die SPD*, S. 49ff.; Grebing, *Arbeiterbewegung*, S. 155ff.

3 Weil sie «die weit auseinanderlaufenden sozialen Fäden ihrer Wählerschaft immer wieder in der Mitte bündeln» mussten, verfügten Zentrumspolitiker über eine undoktrinäre Beweglichkeit sowie hohe

Kompromiss- und Bündnisfähigkeit; dazu Walter, *Im Herbst der Volksparteien?*, S. 18.

4 Grebing, *Arbeiterbewegung*, S. 167ff.; Miller/Potthoff, *Kleine Geschichte der SPD*, S. 102ff.

5 In der Literatur wird diese Entscheidung häufig als eine zwischen Nation und Internationalismus dargestellt; vgl. Groh/Brandt, «*Vaterlandslose Gesellen*», S. 174ff. Das ist sie sicherlich auch gewesen; für die Mehrheit der Parteimitglieder dürfte jedoch die Frage «Mitte oder Richtung» die wichtigere gewesen sein.

6 Schulze, *Weimar*, Graphik auf dem vorderen Vorsatzblatt.

7 Die Formel «Panik im Mittelstand» ist 1930 von Theodor Geiger geprägt worden. Heinrich August Winkler hat sie in seinem Buch *Mittelstand, Demokratie und Nationalsozialismus* aufgegriffen und als längerfristigen Trend bestätigt.

8 Dazu Schäfer, *Geschichte des Bürgertums*, S. 191ff.

9 Dazu oben, S. 120ff.

10 In seinem Buch *Die Konservative Revolution* hat Armin Mohler die nationalistische und konservative Kritik an der Weimarer Republik vor allem auf Nietzsche zurückgeführt. In der späteren Forschung wird Nietzsches Einfluss auf die Kritiker und Verächter der Republik ein weitaus geringeres Gewicht beigemessen als von Mohler, für den Nietzsches zyklisches Geschichtsbild das Verbindungsglied zu den konservativen Revolutionären darstellt (S. 78ff.). Viel eher findet sich dieses Verbindungsglied jedoch in der Verachtung des Mittelmaßes, des Kompromisses und der Diskussion, die sich bei Nietzsche (vgl. oben, S. 122f.) ebenso finden lässt wie bei den konservativen Revolutionären. Mohler hat das unter dem Begriff des «heroischen Realismus» (S. 123ff.) abgehandelt.

11 Vgl. Willett, *Explosion der Mitte*, der sich mit der Durchsetzung der Moderne in der Weimarer Republik befasst.

12 Schmitt, *Politische Romantik.*, S. 162.

13 Ebd., S. 210.

14 Schmitt, *Politische Romantik*, S. 134.

15 Nietzsche, *Unzeitgemäße Betrachtungen*, S. 19ff.

16 Von Mohler werden neben Schmitt die Brüder Ernst und Friedrich Georg Jünger, Hans Blüher, Karl Haushofer, Oswald Spengler und

Ernst Niekisch der konservativen Revolution zugerechnet; in den jüngeren Arbeiten von Stefan Breuer *(Anatomie der Konservativen Revolution)* und Rolf Peter Sieferle *(Die Konservative Revolution)* sind noch Paul Lensch, Werner Sombart, Hans Freyer, Arthur Moeller van den Bruck, Wilhelm Stapel, Edgar Julius Jung, Hans Zehrer und viele andere dazugekommen.

17 Schmitt selbst hat seiner 1940 erstmals veröffentlichten Aufsatzsammlung *Positionen und Begriffe* den Untertitel «Im Kampf mit Weimar – Genf – Versailles» gegeben; zur Bedeutung der Münchner Revolutionswirren, unter deren Eindruck die *Politische Romantik* verfasst wurde, für Schmitts intellektuelle Biographie vgl. Mehring, *Carl Schmitt*, S. 101ff.

18 Vgl. dazu den Abschnitt «Zwillingsbrüder» in Gangl/Raulet (Hgg.), *Intellektuellendiskurse*, S. 125–211.

19 Das Kleinbürgertum kann als wichtigster Träger der nationalsozialistischen Bewegung in Deutschland bezeichnet werden. Michael Schäfer (*Geschichte des Bürgertums*, S. 208) hat darauf hingewiesen, dass die NSDAP dennoch keine bürgerliche Bewegung war, wie das von linker Seite häufig behauptet wurde. Gerade der antibürgerliche Gestus von NSDAP und SA machte sie für das Kleinbürgertum attraktiv. Gleichzeitig war die nationalsozialistische Vision einer ständisch gegliederten Volksgemeinschaft, in der ein selbständiger Mittelstand besonderen Schutz genoss, ein Sicherheitsversprechen, das bis weit in die gesellschaftliche Mitte hineinwirkte.

20 Helmut Lethen hat diesen Gestus der «Sachlichkeit», durch die der Mensch in seiner Emotionalität wie Bedürftigkeit gleichsam von außen betrachtet wurde, als *Verhaltenslehren der Kälte* bezeichnet.

21 Schmitt, *Der Begriff des Politischen*, S. 26 und 27.

22 Schmitt, *Die geistesgeschichtliche Lage*, S. 61.

23 Ebd., S. 58.

24 Zu Sorel vgl. oben, S. 126f.

25 Schmitt, *Die geistesgeschichtliche Lage*, S. 82.

26 Dazu Vondung, *Die Apokalypse*, S. 340ff.

27 Zur geschichtspolitischen Vermittlung der «Lehren von Weimar» an die frühe Bundesrepublik vgl. jetzt Ullrich, *Der Weimar-Komplex*, insbes. S. 165ff.

28 Der Begriff findet sich in Schelskys Aufsatz «Gesellschaftlicher Wandel», der 1956 erstmals veröffentlicht worden ist; ähnlich auch in dem Aufsatz «Die Bedeutung des Klassenbegriffs». Neben Schelsky ist Theodor Geiger *(Klassengesellschaft im Schmelztiegel)* als ein früher Beobachter der «Vermittelschichtung» der deutschen Gesellschaft zu nennen. Für eine spätere Analyse dieser Entwicklung vgl. Beck, «Jenseits von Stand und Klasse».

29 Vgl. dazu oben, S. 43ff.

30 Vgl. dazu oben, S. 45.

31 Ob er in der Zeit von 1933 bis 1945 einen besonderen Schub bekommen hat oder nicht – eine Frage, die zuletzt im Anschluss an die Thesen Götz Alys kontrovers diskutiert worden ist –, sei hier dahingestellt. (Aly, *Hitlers Volksstaat,* insbes. S. 66ff. und S. 346ff.)

32 Individuelle Leistungsorientierung war zwar innerhalb der Facharbeiterschaft immer vorhanden, nur dass die individuelle Leistung des Arbeiters lange Zeit gesellschaftlich nicht anerkannt wurde.

33 Schäfer, *Geschichte des Bürgertums,* S. 233.

34 Vgl. Rosa u. a., *Theorien der Gemeinschaft,* S. 30ff. und 174ff., sowie Schneidereit, *Die Dialektik von Gemeinschaft und Gesellschaft,* passim.

35 Dazu oben, S. 175f; vgl. auch Schildt/Siegfried, *Deutsche Kulturgeschichte,* S. 152ff. und 181ff., sowie Bude/Greiner (Hg.), *Westbindungen.*

36 Enzensberger, «Mittelmaß und Wahn», S. 258.

37 Allemann, *Bonn ist nicht Weimar.*

38 Vgl. Schildt/Siegfried, *Deutsche Kulturgeschichte,* S. 98ff.; im Urteil über die Adenauerära um einiges schärfer ist Glaser, *Kulturgeschichte der Bundesrepublik Deutschland,* Bd. 2, S. 75ff. Glaser hat den einschlägigen Abschnitt im Übrigen «Das Land der großen Mitte» (S. 59–152) überschrieben.

39 Gross, *Über die Deutschen,* passim. Gross' Essaysammlung geht auf eine frühere Publikation zurück, die 1967 unter dem Titel *Die Deutschen* erschienen ist. Die Urteile sind also überwiegend aus Beobachtungen der Adenauerzeit gewonnen.

40 Gross, *Über die Deutschen*, S. 45.

41 Ebd., S. 48.

42 Ebd., S. 46.

43 Vor allem die «Rote-Armee-Fraktion» (RAF) hat in den 1970er Jahren einen Kult der existenziellen Entscheidung gepflegt («Schwein oder Mensch, Problem oder Lösung»), der an den politischen Gestus ultrarechter Gruppierungen in der Weimarer Republik erinnerte; vgl. Schulz, «‹Der Kampf als inneres Erlebnis›», sowie Münkler, «Sehnsucht nach dem Ausnahmezustand», S. 60ff.

44 Vgl. oben, S. 125f.

45 Dazu Hacke, *Philosophie der Bürgerlichkeit*, S. 70ff.

46 Zu nennen sind hier drei Aufsatzsammlungen Lübbes, die erste unter dem Titel *Modernisierung und Folgelasten*, eine weitere unter dem Titel *Politik nach der Aufklärung* und vor allem der Band *Vom Parteigenossen zum Bundesbürger.*

47 Ahbe, «Der Drang zur Mitte», S. 261.

48 Marcuse, *Der eindimensionale Mensch*, S. 76ff. und 184ff., sowie ders., *Triebstruktur und Gesellschaft*, S. 80ff.

49 Enzensberger, «Mittelmaß und Wahn», S. 272.

50 Ebd., S. 263.

51 Zum Verlust der sozialen und kulturellen Prägekraft des Bürgertums als Kernschicht der gesellschaftlichen Mitte vgl. Schäfer, *Geschichte des Bürgertums*, S. 232f., sowie Nolte/Hilpert, «Wandel und Selbstbehauptung», S. 15f. und S. 27ff.

52 Für eine erste Bestandsaufnahme dieser Entwicklung vgl. Guggenberger/Hansen (Hgg.), *Die Mitte.*

53 Zum Begriff des «sozialmoralischen Milieus» und seiner Anwendung auf die deutsche Parteienlandschaft vgl. Lepsius, «Parteiensystem und Sozialstruktur», S. 25ff.; dazu Hübinger, «Sozialmoralisches Milieu», S. 207ff. Das Ende der politischen Lager und dessen Folgen für die politischen Parteien ist die zentrale Frage in Walter, *Baustelle Deutschland.*

54 Sheehan, *Der deutsche Liberalismus*, S. 224ff.

55 Dazu Schmidt, *Zentrum oder CDU*, S. 60–108.

56 Wiewohl die CDU nach 1945 ausdrücklich nicht als Neuauflage des katholischen Zentrums gegründet wurde, gab es doch zunächst bei großen Teilen der bürgerlichen Mitte erhebliche Vorbehalte gegen sie ob ihrer katholischen Prägung. (Vgl. ebd., S. 175ff. sowie S. 193ff.)

57 Ich vermag Franz Walter nicht zu folgen, wenn er mit Blick auf die Kanzlerkandidaturen Willy Brandts von einem «Marsch in die dif-

fuse Mitte» und einem «Bückling vor der Mediengesellschaft» spricht *(Herbst der Volksparteien?,* S. 66).

58 Auch Ludwig Erhard hat als Wirtschaftsminister und Bundeskanzler ausdrücklich eine «Politik der Mitte» für sich in Anspruch genommen (Schwarzkopf, «Die ‹Neue Mitte›», S. 221). Erhards gesellschaftspolitischer Vordenker Rüdiger Altmann hat dieses Konzept freilich überzogen, als er die Idee der «formierten Gesellschaft» lancierte, in der sich alles um die Mitte drehen sollte.

59 Ebd., S. 234.

60 Die Akzentuierung der individuellen Leistung war zugleich das gesellschaftspolitische Verbindungsglied zur FDP in der sozialliberalen Koalition; die Betonung der Solidarität dagegen stand eher für die Unterscheidung der Sozialdemokraten von den Liberalen; dazu Walter, *Gelb oder Grün?,* S. 27ff.

61 Im Allgemeinen wird der Streit über den Nato-Nachrüstungsbeschluss für den Bruch der Koalition verantwortlich gemacht. SPD und FDP hatten sich zuvor aber schon über sozial- und finanzpolitischen Fragen voneinander entfremdet.

62 Dazu Walter, *Vorwärts oder abwärts?,* S. 18ff. sowie S. 87ff.

63 Ebd., S. 78.

64 So Walter, *Herbst der Volksparteien*?, S. 32.

65 Ebd., S. 33ff.; ähnlich auch Bösch, *Macht und Machtverlust,* S. 191ff., sowie Lau, *Die letzte Volkspartei,* passim.

66 Vgl. Schwarzkopf, «Die ‹Neue Mitte›», S. 229f.

67 Walter, *Herbst der Volksparteien*?, S. 35f.

68 Vgl. hierzu vor allem Lau, *Die letzte Volkspartei,* S. 168ff. und 179ff.

69 Zu Merkels Regierungsstil und den dahinter stehenden Erwägungen vgl. Kurbjuweit, *Angela Merkel,* insbes. S. 65ff.

70 Hierzu Walter, *Gelb oder Grün?,* S. 27–70.

71 Ebd., S. 110ff.

Literaturverzeichnis

I

Ackroyd, Peter: *London. Die Biographie.* Aus dem Engl. von Holger Fliessbach, München 2002.

Adam, Konrad: «Die Erosion der Mitte»; in: *Merkur*, 60. Jg., 2006,. Heft 691, S. 1084–1089.

Afheldt, Horst: *Wirtschaft, die arm macht. Vom Sozialstaat zur gespaltenen Gesellschaft*, München 2003.

Ahbe, Thomas: «Der Drang zur Mitte. Die Wirkung des ‹Mitte›-Programms bei personaler Identitätsbildung und Politik-Propaganda in der Gegenwartsgesellschaft»; in: Rainer Gries/Wolfgang Schmale (Hgg.), *Kultur der Propaganda*, Bochum 2005, S. 251–266.

Allemann, Fritz René: *Bonn ist nicht Weimar* [1956], hg. von Xenia von Bahder, Frankfurt/M. 2000.

Alt, Franz: *Frieden ist möglich. Die Politik der Bergpredigt*, München 1983.

Althaus, Horst: *Hegel und die heroischen Jahre der Philosophie. Eine Biographie*, München/Wien 1992.

Althaus, Thomas (Hg.): *Kleinbürger. Zur Kulturgeschichte des begrenzten Bewußtseins*, Tübingen 2001.

Aly, Götz: *Hitlers Volksstaat. Raub, Rassenkrieg und nationaler Sozialismus*, Frankfurt/M. 2005.

Arendt, Hannah: *Über die Revolution* [1963], München 1974.

Aretin, Karl Otmar von: «Das Reich ohne Hauptstadt? Die Multizentralität der Hauptstadtfunktionen im Reich bis 1806»; in: Theodor Schieder/Gerhard Brunn (Hgg.), *Hauptstädte in europäischen Nationalstaaten*, München, Wien 1983, S. 5–13.

Aristoteles: *Die Nikomachische Ethik.* Übersetzt und herausgegeben von Olof Gigon, München 1972.

–: *Politik.* Übersetzt und herausgegeben von Olof Gigon, München 1973.

–: *Politik. Schriften zur Staatstheorie*. Übersetzt und hg. von Franz F. Schwarz, Stuttgart 1989.

Aron, Raymond: *Clausewitz. Den Krieg denken*. Aus dem Franz. von Irmela Arnsperger, Frankfurt/M. 1980.

Augustinus, Aurelius: *Vom Gottesstaat (De civitate Dei)*. Dt. von Wilhelm Thimme, 2 Bde., München 1977.

Barceló, Pedro: *Hannibal. Stratege und Staatsmann*, Stuttgart 2004.

Bauman, Zygmunt: *Gemeinschaften. Auf der Suche nach Sicherheit in einer bedrohlichen Welt*. Aus dem Engl. von Frank Jakubzik, Frankfurt/M. 2009.

Beck, Dorothee/Hartmut Meine: *Armut im Überfluss. Nachrichten aus einer gespaltenen Gesellschaft*, Göttingen 2007.

Beck, Ulrich: «Jenseits von Stand und Klasse»; in: Reinhard Kreckel (Hg.): *Soziale Ungleichheiten*, Göttingen 1983, S. 35–74.

Beise, Marc: *Die Ausplünderung der Mittelschicht. Alternativen zur aktuellen Politik*, München 2009.

Bernstein, Eduard: *Texte zum Revisionismus*. Ausgewählt, eingeleitet und kommentiert von Horst Heimann, Bonn-Bad Godesberg 1977.

Besymenski, Lew: *Stalin und Hitler. Das Pokerspiel der Diktatoren*. Aus dem Russ. von Hilde und Helmut Ettinger, Berlin 2002.

Beyer, Jürgen: «Europas Mitte liegt am Rande des Abendlandes. Estland im Zentrum europäischer Kultureinflüsse»; in: Kathrin Pöge-Alder/Christel Köhle-Hezinger (Hgg.), *Europas Mitte, Mitte Europas*, Jena 2008, S. 111–134.

Beyme, Klaus von: *Der Wiederaufbau: Architektur und Städtebaupolitik in beiden deutschen Staaten*, München und Zürich 1987.

–: *Kulturpolitik und nationale Identität. Studien zur Kulturpolitik zwischen staatlicher Steuerung und gesellschaftlicher Autonomie*, Wiesbaden 1998.

–: *Das Zeitalter der Avantgarden. Kunst und Gesellschaft 1905–1955*, München 2005.

–: *Föderalismus und regionales Bewusstsein. Ein internationaler Vergleich*, München 2007.

Bien, Günther: *Die Grundlegung der politischen Philosophie bei Aristoteles*, Freiburg/Br. u. a. 1973.

Bittner, Stefan: *Ciceros Rhetorik*, Frechen 1999.

Blindow, Felix: *Carl Schmitts Reichsordnung. Strategie für einen europäischen Großraum*, Berlin 1999.

Blumenberg, Hans: *Die Legitimität der Neuzeit*, Frankfurt/M. 1966.

–: *Die Genesis der kopernikanischen Welt*, Frankfurt/M. 1975.

Bohlender, Matthias: *Metamorphosen des liberalen Regierungsdenkens. Politische Ökonomie, Polizei und Pauperismus*, Weilerswist 2007.

Bohrer, Karl Heinz: «Lobhudeleien der Gleichheit»; in: *Frankfurter Allgemeine Zeitung*, 21. Oktober 2009, S. 29.

Bolte, Hans Martin: «Typen sozialer Schichtung in der Bundesrepublik»; in: *Hamburger Jb. für Wirtschafts- und Gesellschaftspolitik*, Bd. 8, 1963, S. 150–165.

Bolz, Norbert: *Diskurs über die Ungleichheit. Ein Anti-Rousseau*, München 2009.

Borst, Otto: *Babel oder Jerusalem? Sechs Kapitel Stadtgeschichte*, Stuttgart 1984.

Bösch, Frank: *Macht und Machtverlust. Die Geschichte der CDU*, Stuttgart und München 2002.

Bourdieu, Pierre: *Die feinen Unterschiede. Kritik der gesellschaftlichen Urteilskraft*, Frankfurt/M. 1982.

–: *Der Staatsadel*. Aus dem Franz. von Franz Hector und Jürgen Bolder, Konstanz 2004.

Brandes, Peter: «Die ‹gemäßigte Witterung› der Kunst. Ästhetik der Mitte um 1800»; in: Röttgers/Schmitz-Emans (Hgg.), *Mitte*, S. 75–87.

Breuer, Stefan: *Anatomie der Konservativen Revolution*, Darmstadt 1993.

Brumlik, Micha: *Die Gnostiker. Der Traum von der Selbsterlösung des Menschen*, Frankfurt/M. 1992.

Brzeziński, Zbigniew: *The Grand Chessboard: American Primacy and its Geostrategic Imperatives*, New York 1998.

Bude, Heinz/Bernd Greiner (Hgg.): *Westbindungen. Amerika in der Bundesrepublik*, Hamburg 1999.

Bude, Heinz: *Die Ausgeschlossenen. Das Ende vom Traum einer gerechten Gesellschaft*, München 2008.

Buruma, Ian/Avishai Margalit: *Okzidentalismus. Der Westen in den Augen seiner Feinde*. Aus dem Engl. von Andreas Wirthensohn, München, Wien 2005.

Carsten, Francis Ludwig: *Eduard Bernstein. 1850–1932. Eine politische Biographie*, München 1993.

Castel, Robert/Klaus Dörre (Hgg.): *Prekarität, Abstieg, Ausgrenzung. Die soziale Frage am Beginn des 21. Jahrhunderts*, Frankfurt/New York, 2009.

Childe, Gordon V.: «The Urban Revolution»; in: *Town Planning Review*, Vol. 21/1, April 1950, S. 3–17.

Cicero, Marcus Tullius: *De re publica*. Deutsch von Karl Atzert, München o. J.

Clark, Christopher: *Preußen. Aufstieg und Niedergang. 1600–1947*. Aus dem Engl. von R. Barth, N. Juraschitz und Th. Pfeiffer, München 2007.

Clausewitz, Carl von: *Vom Kriege*, hg. von Werner Hahlweg, Bonn [19]1980.

Conze, Werner: «Mittelstand»; in: *Geschichtliche Grundbegriffe*, hg. von Otto Brunner u. a., Stuttgart 1978, Bd. 4, S. 49–92.

Dahlmann, Friedrich Christoph: *Die Politik*, hg. von Wilhelm Bleek, Frankfurt/M. 1997 (= Bibliothek des deutschen Staatsdenkens, Bd. 7).

Decher, Friedhelm: *Besuch vom Mittagsdämon. Philosophie der Langeweile*, Springe [2]2003.

Delbrück, Hans: *Geschichte der Kriegskunst im Rahmen der politischen Geschichte* [1900ff.], 4 Bde., Berlin 2000.

Demandt, Alexander: *Antike Staatsformen. Eine vergleichende Verfassungsgeschichte der alten Welt*, Berlin 1995.

Dempf, Alois: *Sacrum Imperium. Geschichts- und Staatsphilosophie des Mittelalters und der Renaissance*, München, Wien [4]1973.

Dickie, Iain, u. a.: *Geschichte der Seekriege*. Aus dem Engl. von Karin Schuler, Stuttgart 2010.

Donoso Cortés, Juan: *Drei Reden. Über die Diktatur. Über Europa. Über die Lage Spaniens*. Übertragen von J. Langenegger, Zürich 1948.

Dor, Milo: *Mitteleuropa. Mythos oder Wirklichkeit. Auf der Suche nach der größeren Heimat*, Salzburg, Wien 1996.

Ehlert, Hans u. a. (Hgg.): *Der Schlieffenplan. Analysen und Dokumente*, Paderborn u. a. 2000.

Ehrenreich, Barbara: *Angst vor dem Absturz. Das Dilemma der Mittelklasse*. Aus dem Amerikan. von Wolfgang Heuss, München 1992.

–: *Arbeit poor. Unterwegs in die Dienstleistungsgesellschaft*. Aus dem Engl. von Niels Kadritzke, München 2001.

Ehrlich, Wilhelm: *Wilhelm Busch, der Pessimist. Sein Verhältnis zu Arthur Schopenhauer*, Bern und München 1962.

Elias, Norbert: *Über den Prozess der Zivilisation. Soziogenetische und psychogenetische Untersuchungen*, 2 Bde., Frankfurt/Main 1976.

Enzensberger, Hans Magnus: *Mittelmaß und Wahn. Gesammelte Zerstreuungen*, Frankfurt/M. 1988.

Euchner, Walter: «‹Die Revolutionen sind die Lokomotiven der Geschichte›. Zum Metaphern- und Symbolumfeld eines Marxschen Diktums»; in: ders. u. a. (Hgg.), *Die Macht der Vorstellungen. Die politische Metapher in historischer Perspektive*, Bologna und Berlin 1993, S. 277–307.

Faber, Richard: *Abendland. Ein politischer Kampfbegriff*, Hildesheim 1978.

Ferguson, Niall: *Der falsche Krieg. Der Erste Weltkrieg und das 20. Jahrhundert*. Aus dem Engl. von Klaus Kochmann, Stuttgart 1999.

Fetscher, Iring: *Rousseaus politische Philosophie. Zur Geschichte des demokratischen Freiheitsbegriffs*, Frankfurt/M. 1975 (Dritte überarbeitete Auflage).

–: «Immanuel Kants bürgerlicher Reformismus»; in: ders., *Herrschaft und Emanzipation. Zur Philosophie des Bürgertums*, München 1976, S. 176–200.

Fischer, Karsten: «*Verwilderte Selbsterhaltung*». *Zivilisationstheoretische Kulturkritik bei Nietzsche, Freud, Weber und Adorno*, Berlin 1999.

Fontane, Theodor: *Gedichte*, Bd. 1: Balladen, Lieder, Sprüche, Frankfurt/M. 1979 (= Werke und Schriften, Bd. 22).

Franke, Otto: *Geschichte des Chinesischen Reiches*, 5 Bde., Berlin und Leipzig 1930ff.

Fränkel, Hermann: *Dichtung und Philosophie des frühen Griechentums. Eine Geschichte der griechischen Epik, Lyrik und Prosa bis zur Mitte des fünften Jahrhunderts*, München 1962.

Furet, François/Denis Richet: *Die Französische Revolution*. Aus dem Franz. von Ulrich Friedrich Müller, München 1981.

Gall, Lothar: «Brauchen wir eine Mitte?»; in: *Leviathan*, 20. Jg., 1992, Heft 3, S. 307–318.

Gauchet, Marcel: «La Droite et la Gauche»; in: Pierre Nora (Hg.), *Les lieux de mémoire*, Bd. 3, Paris 1992, S. 394–467.

Gehlen, Arnold: *Moral und Hypermoral. Eine pluralistische Ethik*, Wiesbaden [5]1985.

Geiger, Theodor: «Panik im Mittelstand»; in: *Die Arbeit*, Bd. 7, 1930, S. 637–654.

–: *Die Klassengesellschaft im Schmelztiegel*, Köln 1948.

Geißler, Rainer: *Die Sozialstruktur Deutschlands. Zur gesellschaftlichen Entwicklung mit einer Bilanz der Vereinigung*, Wiesbaden [4]2006.

Gibas, Monika: «‹Deutschlands Mitte› in Meistererzählungen zur deutschen Geschichte Ende des 19. bis Mitte des 20. Jahrhunderts»; in: dies. (Hg.), *Mitten und Grenzen. Zu zentralen Deutungsmustern der Nation*, Leipzig 2003, S. 24–37.

–: «Auf der Suche nach dem ‹deutschen Kernland›. ‹Mitte›-Mythen im Deutschland der Zwischenkriegszeit (1919 bis 1939) und nach 1990»; in: Rainer Gries/Wolfgang Schmale (Hgg.), *Kultur der Propaganda*, Bochum 2005, S. 195–209.

–/Rüdiger Haufe (Hgg.): *«Mythen der Mitte». Regionen als nationale Wertezentren. Konstruktionsprozesse und Sinnstiftungskonzepte im 19. und 20. Jahrhundert*, Weimar 2005.

Girouard, Marc: *Die Stadt. Menschen, Häuser, Plätze. Eine Kulturgeschichte.* Aus dem Engl. von Gerlinde Quenzer, Frankfurt/New York 1987.

Glaser, Hermann: *Kulturgeschichte der Bundesrepublik Deutschland*, 3 Bde., München und Wien 1985–1989.

Goertz, Hans-Jürgen: *Die Täufer. Geschichte und Deutung*, Berlin 1980.

Gorodetsky, Gabriel: *Die große Täuschung. Hitler, Stalin und das Unternehmen «Barbarossa».* Aus dem Engl. von Helmut Ettinger, Berlin 2001.

Görtemaker, Manfred: *Thomas Mann und die Politik*, Frankfurt/M. 2005.

Gralher, Martin: «Mitte – Mischung – Mäßigung. Strukturen, Figuren, Bilder und Metaphern in der Politik und im politischen Denken»; in: Peter Haungs (Hg.), *Res Publica. Studien zum Verfassungswesen.* Dolf Sternberger zum 70. Geburtstag, München 1977, S. 82–114.

Grebing, Helga: *Geschichte der deutschen Arbeiterbewegung. Ein Überblick*, München 1966.

Groh, Dieter/Peter Brandt: *«Vaterlandslose Gesellen». Sozialdemokratie und Nation 1860–1990*, München 1992.

Gross, Johannes: *Die Deutschen*, Frankfurt/M. 1967.

–: *Über die Deutschen*, Zürich 1992.

Große, Jürgen: *Philosophie der Langeweile*, Stuttgart und Weimar 2008.

Guggenberger, Bernd/Klaus Hansen (Hgg.): *Die Mitte. Vermessungen in Politik und Kultur*, Opladen 1993.

Guidoni, Enrico: *Die europäische Stadt. Eine baugeschichtliche Studie über ihre Entstehung im Mittelalter.* Aus dem Ital. von Julia Schlechta, Stuttgart 1980.

Gujar, Eric: *Schluss mit der Heuchelei. Deutschland ist eine Großmacht*, Hamburg 2007.

Gumbrecht, Hans Ulrich: «Der Spieler und der Baumeister»; in: *Die Zeit*, 1. Oktober 2009, S. 50.

Hacke, Jens: *Philosophie der Bürgerlichkeit. Die liberal-konservative Begründung der Bundesrepublik*, Göttingen 2006.

Hamilton, Alexander/James Madison/John Jay: *Die Federalist-Artikel*, hg., übersetzt, eingel. und kommentiert von Angela Adams und Willi Paul Adams, Paderborn u. a. 1994.

Haufe, Rüdiger: «‹Deutschlands Mitte› im Spiegel nationaler Literaturgeschichten vom Vormärz bis 1945»; in: Monika Gibas (Hg.), *Mitten und Grenzen. Zu zentralen Deutungsmustern der Nation*, Leipzig 2003, S. 10–23.

–: «Der ‹deutsche Wald› und seine ‹Tempelhüter›. Heimat- und Wandervereine als Produktions- und Vermittungsinstanzen zeitgenössischer ‹Thüringen›-Diskurse im 19. und 20. Jahrhundert»; in: Gibas/Haufe (Hgg.), *«Mythen der Mitte»*, S. 59–77.

Haupt, Heinz-Gerhard: «Die Enge des Kleinbürgertums. Bemerkungen zu seiner Geschichte im 19. Jahrhundert»; in: Althaus (Hg.), *Kleinbürger*, S. 21–33.

Häußermann, Hartmut u. a. (Hgg.): *An den Rändern der Städte. Armut und Ausgrenzung*, Frankfurt am Main 2004.

Hegel, Georg Wilhelm Friedrich: *Grundlinien der Philosophie des Rechts*, hg. von Johannes Hoffmeister, Hamburg 1955.

Hennis, Wilhelm: «Die Spuren Nietzsches im Werk Max Webers»; in: ders., *Max Webers Fragestellung. Studien zur Biographie des Werks*, Tübingen 1987, S. 167–191.

Herodot: *Historien. Deutsche Gesamtausgabe*, übersetzt von A. Horneffer, neu hg. und erl. von W. Haussig, Stuttgart [4]1971.

Herrmann, Ulrike: *Hurra, wir dürfen zahlen: Der Selbstbetrug der Mittelschicht*, Frankfurt/M. 2010.

Herzinger, Richard: *Republik ohne Mitte. Ein politischer Essay*, Berlin 2001.

Heuser, Beatrice: *Den Krieg denken. Die Entwicklung der Strategie seit der Antike*, Paderborn u. a. 2010.

Hildebrand, Klaus: *Das vergangene Reich. Deutsche Außenpolitik von Bismarck bis Hitler*, Stuttgart 1995.

–: «Staatskunst und Kriegshandwerk. Akteure und System der europäischen Staatenwelt vor 1914»; in: Ehlert u. a. (Hgg.), *Der Schlieffenplan*, S. 21–43.

Hintze, Otto: *Beamtentum und Bürokratie*, hg. und eingeleitet von Kersten Krüger, Göttingen 1981.

Hirschfeld, Gerhard u. a. (Hgg.): *Enzyklopädie Erster Weltkrieg*, Paderborn u. a. 2003.

Hirschman, Albert O.: *Engagement und Enttäuschung. Über das Schwanken der Bürger zwischen Privatwohl und Gemeinwohl.* Dt. von Sabine Offe, Frankfurt/M. 1984.

Höhne, Steffen: «Rückkehr nach Europa. Alte und neue Mitteleuropadiskurse»; in: Pöge-Alder/Christel Köhle-Hezinger (Hgg.), *Europas Mitte, Mitte Europas*, Jena 2008, S. 76–97.

Honneth, Axel: «Fataler Tiefsinn aus Karlsruhe»; in: *Die Zeit*, 24. September 2009, S. 60 u. 61.

Horkheimer, Max: «Die Aktualität Schopenhauers»; in: ders., *Zur Kritik der instrumentellen Vernunft*, Frankfurt/M. 1967, S. 248–268.

Hotzan, Jürgen: *dtv-Atlas zur Stadt. Von den ersten Gründungen bis zur modernen Stadtplanung*, München 1994.

Hradil, Stefan: *Soziale Ungleichheit in Deutschland*, Opladen [7]1999.

–/Holger Schmidt: «Angst und Chancen. Zur Lage der gesellschaftlichen Mitte aus soziologischer Sicht»; in: *Zwischen Erosion und Erneuerung. Die gesellschaftliche Mitte in Deutschland. Ein Lagebericht*, hg. von der Herbert-Quandt-Stiftung, Frankfurt/M. 2007, S. 163–226.

Hübinger, Gangolf: «‹Sozialmoralisches Milieu›. Ein Grundbegriff der deutschen Geschichte»; in: Steffen Sigmund u. a. (Hgg.), *Soziale Konstellation und historische Perspektive*, Wiesbaden 2008, S. 207–227.

Hügelin, Thomas O.: *Tyrannei der Mehrheit. Eine ideengeschichtliche Studie*, Bern und Stuttgart 1977.

Jaschke, Hans-Gerd: *Soziale Basis und soziale Funktion des Nationalsozialismus. Studien zur Bonapartismustheorie*, Opladen 1982.

John, Jürgen: «‹Deutsche Mitte› – ‹Europas Mitte›. Zur Verschränkung der ‹Mitteldeutschland›- und ‹Mitteleuropa›-Diskurse», in: Kathrin Pöge-Alder und Christel Köhle-Hezinger (Hgg.), *Europas Mitte – Mitte Europas. Europa als kulturelle Konstruktion*, Jena 2008, S. 221–301.

Jonas, Hans: *Gnosis. Die Botschaft des fremden Gottes* [1991], Frankfurt/M. und Leipzig 1999.

Jütte, Robert: *Arme, Bettler, Beutelschneider. Eine Sozialgeschichte der Armut*, Weimar 2000.

Kamp, Andreas: *Die politische Philosophie des Aristoteles und ihre metaphysischen Grundlagen. Wesenstheorie und Polisordnung*, Freiburg/Br. u. a. 1985.

Kant, Immanuel: *Werke*. Akademie-Ausgabe, Berlin 1968.

–: *Werke in zehn Bänden*, hg. von Wilhelm Weischedel, Darmstadt 1983.

Kaplan, Robert D.: «The Revenge of Geography»; in: *Foreign Policy*, No. 172, 2009, S. 96–105.

Kaufmann, Franz: *Sicherheit als soziologisches und sozialpolitisches Problem. Untersuchungen zu einer Wertidee hochdifferenzierter Gesellschaften*, Stuttgart 1973 (2., umgearbeitete Auflage).

–: *Wie überlebt das Christentum?*, Freiburg u. a. 2000.

–: *Sozialpolitisches Denken. Die deutsche Tradition*, Frankfurt/M. 2003.

–: «Sicherheit: Das Leitbild beherrschbarer Komplexität»; in: Stephan Lessenich (Hg.), *Wohlfahrtsstaatliche Grundbegriffe. Historische und aktuelle Diskurse*, Frankfurt/M. 2003, S. 73–104.

Kautsky, Karl: «Zwischen Baden und Luxemburg»; in: *Neue Zeit*, Bd. 28/2, 1909/10.

Kersting, Wolfgang: *Theorien der sozialen Gerechtigkeit*, Stuttgart und Weimar 2000.

Klibansky, Raymond/Erwin Panofsky/Fritz Saxl: *Saturn und Melancholie. Studien zur Geschichte der Naturphilosophie und Medizin, der Religion und der Kunst*, Frankfurt/M. 1992.

König, Wolfgang: *Kleine Geschichte der Konsumgesellschaft. Konsum als Lebensform der Moderne*, Stuttgart 2008.

Koselleck, Reinhard: «‹Erfahrungsraum› und ‹Erwartungshorizont› – zwei historische Kategorien»; in: ders., *Vergangene Zukunft. Zur Semantik geschichtlicher Zeiten*, Frankfurt/M. 1979, S. 349–375.

Kostof, Spiro: *Das Gesicht der Stadt. Geschichte städtischer Vielfalt*. Aus dem Engl. von Klaus Blocher und Susanne Staatsmann, Frankfurt/New York 1992.

–: *Die Anatomie der Stadt. Geschichte städtischer Strukturen*. Aus dem Engl. von Klaus Binder und Jeremy Gaines, Frankfurt/New York 1993.

Koth, Harald: «*Meine Zeit wird kommen …*» *Das Leben des Karl Kautsky*, Berlin 1993.

Krockow, Christian Graf von: *Die Entscheidung. Eine Untersuchung über Ernst Jünger, Carl Schmitt und Martin Heidegger*, Stuttgart 1958.

Kuhfuß, Walter: *Mäßigung und Politik. Studien zur politischen Sprache und Theorie Montesquieus*, München 1975.

Kuhn, Helmut: *Arm, reich – und dazwischen nichts? Streifzüge durch eine veränderte Gesellschaft*, Bergisch Gladbach 2007.

Kunisch, Johannes: *Friedrich der Große. Der König und seine Zeit*, München 2004.

Kurbjuweit, Dirk: *Angela Merkel. Die Kanzlerin für alle?*, München 2009.

Lacoste, Yves: *Geographie und politisches Handeln. Perspektiven einer neuen Geopolitik*. Aus dem Franz. von Matthias Wolf, Berlin 1990.

Lantz, Pierre: «Räumliche Orientierung und politische Ausrichtung»; in: *KultuRRevolution*, 26/1991, S. 14–18.

Large, David Clay: *Berlin. Biographie einer Stadt*. Aus dem Engl. von Karl Heinz Siber, München 2002.

Lau, Mariam: *Die letzte Volkspartei. Angela Merkel und die Modernisierung der CDU*, München 2009.

Laube, Stefan: «Kulissen der ‹deutschen Mitte›. Topographische Identität und regionale Erinnerung bei Goethes ‹Faust› im Wilhelminischen Kaiserreich»; in: Gibas/Haufe (Hgg.), *«Mythen der Mitte»*, S. 203–218.

Lauterbach, Karl: *Der Zweiklassenstaat. Wie die Privilegierten Deutschland ruinieren*, Berlin 2007.

Lepsius, M. Rainer: «Parteiensystem und Sozialstruktur. Zum Problem der Demokratisierung der deutschen Gesellschaft» [1966]; in: ders., *Demokratie in Deutschland. Soziologisch-historische Konstitutionsanalysen*, Göttingen 1993, S. 25–50.

Lethen, Helmut: *Verhaltenslehren der Kälte. Lebensversuche zwischen den Kriegen*, Frankfurt/M. 1994.

Link, Jürgen: «Links/Rechts – Mitte/Extreme – Metamorphosen einer politischen Landschaft»; in: *KultuRRevolution* 26/1991, S. 19–24.

–: *Versuch über den Normalismus. Wie Normalität produziert wird*, Opladen 1997.

Löwith, Karl: *Weltgeschichte und Heilsgeschehen. Die theologischen Voraussetzungen der Geschichtsphilosophie*, Stuttgart u. a. [6]1973.

Lübbe, Hermann (Hg.): *Heilserwartung und Terror. Politische Religionen des 20. Jahrhunderts*, Düsseldorf 1995.

–: *Modernisierung und Folgelasten. Trends kultureller und politischer Evolution*, Berlin u. a. 1997.

–: *Politik nach der Aufklärung. Philosophische Aufsätze*, München 2001.
–: *Vom Parteigenossen zum Bundesbürger. Über beschwiegene und historisierte Vergangenheiten*, München 2007.
Lukács, Georg: *Der junge Hegel. Über die Beziehung von Dialektik und Ökonomie*, Neuwied und Berlin ³1967.
Lutz, Heinrich: *Zwischen Habsburg und Preußen. Deutschland 1815–1866*, Berlin 1985 (= Die Deutschen und ihre Nation, Bd. 2).
Luxemburg, Rosa: *Schriften zur Theorie der Spontaneität*, hg. von Susanne Hillmann, Reinbek bei Hamburg 1970.
Machiavelli, Niccolò: *Discorsi. Gedanken über Politik und Staatsführung*, Übersetzt, eingeleitet und erläutert von Dr. Rudolf Zorn, Stuttgart 1966.
Mackinder, Halford J.: «The Geographical Pivot of History»; in: *Geographical Journal*, Bd. 23, 1904, S. 421–437.
Mahan, Alfred Thayer: *Der Einfluss der Seemacht auf die Geschichte. 1660–1812*. Überarbeitet und hg. von Gustav-Adolf Wolter, Herford 1967.
Maier, Hans: *Politische Religionen*, München 2007 (= Gesammelte Schriften, Bd. II).
Mann, Thomas: *Essays*, hg. von Hermann Kurtzke und Stephan Stachorski, 2 Bde., Frankfurt/M. 1993.
Manow, Philipp: *Im Schatten des Königs. Die politische Anatomie demokratischer Repräsentation*, Frankfurt/M. 2008.
Marcuse, Herbert: *Der eindimensionale Mensch. Studien zur Ideologie der fortgeschrittenen Industriegesellschaft*, Neuwied und Berlin 1967.
–: *Triebstruktur und Gesellschaft. Ein philosophischer Beitrag zu Freud*, Frankfurt/M. 1970.
Marx, Karl: «Zur Kritik der Hegelschen Rechtsphilosophie. Das innere Staatsrecht»; in: *Marx-Engels-Gesamtausgabe*, I. Abt., Bd. 2, Berlin 1982, S. 5–137.
–: *Der 18te Brumaire des Louis Bonaparte*; in: Marx-Engels-Gesamtausgabe (MEGA), I. Abt., Bd. 11, Berlin 1985, S. 96–189.
–/Friedrich Engels: *Das Kommunistische Manifest (Manifest der Kommunistischen Partei). Von der Erstausgabe zur Leseausgabe*. Mit einem Editionsbericht von Thomas Kuczinski, Trier 1995.
Massie, Robert K.: *Die Schalen des Zorns. Großbritannien, Deutschland und*

das Heraufziehen des Ersten Weltkrieges. Deutsch von Walter Brumm, Frankfurt/M. 1993.
Maus, Heinz: *Die Traumhölle des Justemilieu. Erinnerung an die Aufgaben der Kritischen Theorie*, hg. von Michael Th. Greven und Gerd van de Moetter, Frankfurt/M. 1981.
Maus, Ingeborg: *Zur Aufklärung der Demokratietheorie. Rechts- und demokratietheoretische Überlegungen im Anschluss an Kant*, Frankfurt/M. 1992.
Mayer-Tasch, Peter Cornelius: *Mitte und Maß. Leitbild des Humanismus von den Ursprüngen bis zur Gegenwart*, Baden-Baden 2006.
Mearsheimer, John J.: *The Tragedy of Great Power Politics*, New York und London 2001.
Mehring, Reinhard: *Thomas Mann. Künstler und Philosoph*, München 2000.
–: *Carl Schmitt. Aufstieg und Fall*, München 2009.
Menke, Christoph: «Wahrheit. Nicht Stil. Es geht um die gerechte Gesellschaft; in: *Die Zeit*, 15. Oktober 2009, S. 58.
Metzler, Gabriele: *Der deutsche Sozialstaat. Vom Bismarckschen Erfolgsmodell zum Pflegefall*, Stuttgart/München 2003.
Meyer, Thomas: *Bernsteins konstruktiver Sozialismus. Eduard Bernsteins Beitrag zur Theorie des Sozialismus*, Berlin/Bonn-Bad Godesberg 1977.
Miller, Susanne/Heinrich Potthoff: *Kleine Geschichte der SPD. Darstellung und Dokumentation 1848–1990*, Bonn 1991 (7., überarb. und erw. Aufl.).
Mohler, Armin: *Die Konservative Revolution in Deutschland 1918–1932. Ein Handbuch*. Darmstadt 1989 (3., erw. Auflage).
Mommsen, Wolfgang J.: *Max Weber und die deutsche Politik 1890–1920*, 2., überarb. und erw. Auflage, Tübingen 1974.
–: «Die Mitteleuropaidee und die Mitteleuropaplanungen im Deutschen Reich vor und während des Ersten Weltkrieges»; in: Georg Richard Plaschka (Hg.), *Mitteleuropa-Konzeptionen in der ersten Hälfte des 20. Jahrhunderts*, Wien 1995, S. 3–18.
Mückenberger, Ulrich: «Die Krise des Normalarbeitsverhältnisses»; in: *Zeitschrift für Sozialreform*, 1985, Nr. 7, S. 415–434, und Nr. 8, S. 457–475.
–: «Normalarbeitsverhältnis. Lohnarbeit als normativer Horizont sozialer

Sicherheit?»; in: Christoph Sachße/Tristram Engelhardt (Hgg.): *Sicherheit und Freiheit. Zur Ethik des Wohlfahrtsstaates*, Frankfurt/M. 1990, S. 158–178.

Müller-Seidel, Walter: *Theodor Fontane. Soziale Romankunst in Deutschland*, Stuttgart 1975.

Mumford, Lewis: *Die Stadt. Geschichte und Ausblick*. Aus dem Amerikan. von Helmut Lindemann, 2 Bde., München 1979.

Münchhausen, Thankmar von: *Paris. Geschichte einer Stadt. Von 1800 bis heute*, München 2007.

Münkler, Herfried: *Machiavelli. Die Begründung des politischen Denkens der Neuzeit aus der Krise der Republik Florenz*, Frankfurt/M. 1982.

–: «Sehnsucht nach dem Ausnahmezustand. Die Faszination des Untergrunds und ihre Demontage durch die Strategie des Terrors»; in: *Faszination Gewalt. Politische Strategie und Alltagserfahrung*, Red. Reiner Steinweg, Frankfurt/M. 1983, S. 60–88.

–: «Ein janusköpfiger Konservatismus. Arthur Schopenhauers politische Ideen»; in: Volker Spierling (Hg.), *Schopenhauer im Denken der Gegenwart*, München und Zürich 1987, S. 217–237.

–: *Über den Krieg. Stationen der Kriegsgeschichte im Spiegel ihrer theoretischen Reflexion*, Weilerswist 2002.

–: *Imperien. Die Logik der Weltherrschaft. Vom Alten Rom bis zu den Vereinigten Staaten*, Berlin 2005.

–: «Anstifter, Unruhestifter. Wie Stiftungen Veränderungen bewegen»; in: *Merkur*, 61. Jg., 2007, Heft 3, S. 200–209.

–: *Die Deutschen und ihre Mythen*, Berlin 2009.

–/Harald Bluhm/Karsten Fischer (Hgg.): *Gemeinwohl und Gemeinsinn*. Forschungsberichte der Berlin-Brandenburgischen Akademie der Wissenschaften, 4 Bde., Berlin 2001–2002.

–/Matthias Bohlender/Grit Straßenberger (Hgg.): *Deutschlands Eliten im Wandel*, Frankfurt/New York 2006.

Münkler, Marina: *Erfahrung des Fremden. Die Beschreibung Ostasiens in den Augenzeugenberichten des 13. und 14. Jahrhunderts*, Berlin 2000.

Musial, Bogdan: *Kampfplatz Deutschland. Stalins Kriegspläne gegen den Westen*, Berlin 2008.

Neckel, Sighard: *Flucht nach vorn. Die Erfolgskultur der Marktgesellschaft*, Frankfurt/New York 2008.

Neschke-Hentschke, Ada: «Die uneingeschränkt beste Polisordnung»; in: Otfried Höffe (Hg.), *Aristoteles, Politik*, Berlin 2001, S. 169–186.

Nietzsche, Friedrich: *Also sprach Zarathustra. Ein Buch für Alle und Keinen*, Stuttgart 1975.

–: *Unzeitgemäße Betrachtungen*, Stuttgart [6]1976.

–: *Jenseits von Gut und Böse. Zur Genealogie der Moral*, Stuttgart [10]1976.

–: *Götzendämmerung, Der Antichrist, Ecce Homo, Gedichte*, Stuttgart [7]1978.

–: *Der Wille zur Macht. Versuch einer Umwertung aller Werte*. Ausgewählt und geordnet von Peter Gast unter Mitwirkung von Elisabeth Förster-Nietzsche, Stuttgart [13]1996.

Nippel, Wilfried: *Mischverfassungstheorie und Verfassungsrealität in Antike und Neuzeit*, Stuttgart 1980.

Nipperdey, Thomas: *Deutsche Geschichte 1800–1866. Bürgerwelt und starker Staat*, München 1983.

Noll, Heinz Herbert: «Wahrnehmung und Rechtfertigung sozialer Ungleichheit 1991–1996»; in: Heiner Meulemann (Hg.), *Werte und nationale Identität im vereinten Deutschland*, Opladen 1998, S. 61–84.

Nolte, Paul: *Riskante Moderne. Die Deutschen und der neue Kapitalismus*, München 2006.

–/Dagmar Hilpert: «Wandel und Selbstbehauptung. Die gesellschaftliche Mitte in historischer Perspektive»; in: *Zwischen Erosion und Erneuerung. Die gesellschaftliche Mitte in Deutschland. Ein Lagebericht*, hg. von der Herbert-Quandt-Stiftung, Frankfurt/M. 2007, S. 11–101.

Osterhammel, Jürgen: «Entdeckung und Eroberung, Neugier und Gewalt»; in: Christof Dipper/Martin Vogt (Hgg.), *Entdeckungen und frühe Kolonisation*, Darmstadt 1993, S. 399–429.

–: *Kolonialismus. Geschichte, Formen, Folgen*, München 1995.

Ó Thathail, Gearóid: «Geopolitik – zur Entstehungsgeschichte einer Disziplin»; in: *Geopolitik. Zur Ideologiekritik politischer Raumkonzepte*, Wien 2001, S. 9–28.

Ozouf, Mona: «Die Montagnards»; in: François Furet und Mona Ozouf (Hgg.), *Kritisches Wörterbuch der Französischen Revolution*, Frankfurt/M. 1996, Bd. 1, S. 630–649.

Paret, Peter: *Clausewitz und der Staat. Der Mensch, seine Theorien und seine Zeit*, Bonn 1993.

Pieper, Josef: *Zucht und Maß. Über die vierte Kardinaltugend*, Leipzig 1940.

Plessner, Helmuth: *Die Stufen des Organischen und der Mensch. Einleitung in die philosophische Anthropologie*, Berlin, New York 1975.

Pocock, John G. A.: *The Machiavellian Moment. Florentine Political Thought and the Atlantic Republican Tradition*, Princeton u. a. 1975.

Pöhlmann, Marcus: «Tod in den Masuren. Tannenberg, 23. bis 31. August 1914»; in: Förster, Stig, u. a. (Hgg.), *Schlachten der Weltgeschichte*, München 2001, S. 279–293.

Polk, William R.: *Aufstand. Widerstand gegen Fremdherrschaft: vom Amerikanischen Unabhängigkeitskrieg bis zum Irak*. Aus dem Engl. von Ilse Utz, Hamburg 2009.

Polybios: *Geschichte (Historien)*. Gesamtausgabe in zwei Bänden. Eingeleitet und übertragen von Hans Drexler, Zürich/Stuttgart 1961.

Posen, Adam S.: «Motor oder Bremse? Die gesellschaftliche Mitte: Blick in die Zukunft in den USA»; in: *Die Mitte als Motor der Gesellschaft – Spielräume und Akteure*. 27. Sinclair-Haus-Gespräche, Bad Homburg 2007, S. 24–34.

Putnam, Robert D.: *Making Democracy Work. Civic Traditions in Modern Italy*, Princeton 1993.

–: «Bowling alone: America's Declining social Capital»; in: *Journal of Democracy*, Bd. 6, 1995, Heft 1, S. 65–78.

Ratzel, Friedrich: *Politische Geographie*, München und Leipzig 1897.

–: *Das Meer als Quelle der Völkergröße. Eine politisch-geographische Studie*, München und Leipzig 1900.

Rawls, John: *Eine Theorie der Gerechtigkeit*. Übersetzt von Hermann Vetter, Frankfurt/Main 1975.

Riedel, Manfred: «Die Rezeption der Nationalökonomie»; in: ders., *Studien zu Hegels Rechtsphilosophie*, Frankfurt/M. 1969, S. 75–99.

Riklin, Alois: *Machtteilung. Geschichte der Mischverfassung*, Darmstadt 2006.

Ritter, Joachim: «Das bürgerliche Leben. Zur aristotelischen Theorie des Glücks»; in: ders., *Metaphysik und Politik. Studien zu Aristoteles und Hegel*, Frankfurt/M. S. 57–105.

Roeck, Bernd: «Staat ohne Hauptstadt. Städtische Zentren im Alten Reich der frühen Neuzeit»; in: Hans-Michael Körner/Katharina Weigand (Hgg.), *Hauptstadt. Historische Perspektiven eines deutschen Themas*, München 1995, S. 59–72.

Röpke, Wilhelm: *Maß und Mitte*, Zürich-Erlenbach 1950.
Rorty, Richard: *Stolz auf unser Land. Die amerikanische Linke und der Patriotismus*. Übersetzt von Hermann Vetter, Frankfurt/M. 1999.
Rosa, Hartmut: *Beschleunigung. Die Veränderung der Zeitstrukturen in der Moderne*, Frankfurt/M. 2005.
– u. a.: *Theorien der Gemeinschaft zur Einführung*, Hamburg 2010.
Rousseau, Jean-Jacques: *Schriften zur Kulturkritik*. Eingeleitet, übersetzt und hg. von Kurt Weigand, Hamburg 1971.
–: *Politische Schriften*, Bd. 1. Übersetzung und Einführung von Ludwig Schmidts, Paderborn u. a. 1977.
Ryback, Timothy W.: *Hitlers Bücher. Seine Bibliothek – sein Denken*. Aus dem amerikan. Englisch von Heike Schlatterer, Köln 2010.
Ryffel, Heinrich: *Metabole politeíon. Der Wandel der Staatsverfassungen*, Bern 1949.
Saage, Richard: *Eigentum, Staat und Gesellschaft bei Immanuel Kant*, Baden-Baden ²1994.
Sabet, Huschmand: Globale Maßlosigkeit. Der (un)aufhaltsame Zusammenbruch des weltweiten Mittelstands, Düsseldorf 2005.
Schäfer, Michael: *Geschichte des Bürgertums. Eine Einführung*, Köln, Weimar, Wien 2009.
Schelsky, Helmut: «Gesellschaftlicher Wandel» [1956]; in: ders., *Auf der Suche nach der Wirklichkeit. Gesammelte Aufsätze*, Düsseldorf/Köln 1965, S. 337–351.
–: «Die Bedeutung des Klassenbegriffs für die Analyse unserer Gesellschaft»; in: ders., *Auf der Suche nach der Wirklichkeit*, S. 331–336.
Schiffauer, Werner: *Parallelgesellschaften. Wie viel Wertekonsens braucht unsere Gesellschaft*? Bielefeld 2008.
Schildt, Axel/Detlef Siegfried: *Deutsche Kulturgeschichte. Die Bundesrepublik von 1945 bis zur Gegenwart*, München 2009.
Schmidt, Ute: *Zentrum oder CDU. Politischer Katholizismus zwischen Tradition und Anpassung*, Opladen 1987.
Schneidereit, Nele: *Die Dialektik von Gemeinschaft und Gesellschaft. Grundbegriffe einer kritischen Sozialphilosophie*, Berlin 2010 (= Politische Ideen, Bd. 22).
Schirmacher, Ernst: *Stadtvorstellungen. Die Gestalt der mittelalterlichen Städte*, Zürich und München 1988.

Schlieffen, Alfred von: «Cannae»; in: ders., *Gesammelte Schriften*, Berlin 1913, Bd. 1, S. 29.

Schlögel, Karl: *Die Mitte liegt ostwärts. Die Deutschen, der verlorene Osten und Mitteleuropa*, Berlin 1986.

Schmidt, Alfred: *Geschichte und Struktur. Fragen einer marxistischen Historik*, München 1971.

Schmidt, Rainer: *Die Wiedergeburt der Mitte Europas. Politisches Denken jenseits von Ost und West*, Berlin 2001.

Schmidt-Glintzer, Helwig: *Kleine Geschichte Chinas*, München 2008.

Schmitt, Carl: *Der Leviathan in der Staatslehre des Thomas Hobbes. Sinn und Fehlschlag eines politischen Symbols* [1938], Köln-Lövenich 1982.

–: *Politische Romantik* [1919], Berlin ^{4}1982.

–: *Die geistesgeschichtliche Lage des heutigen Parlamentarismus*, Berlin ^{6}1985.

–: *Positionen und Begriffe im Kampf mit Weimar–Genf–Versailles 1923–1939* [1940], Berlin 1988.

–: *Völkerrechtliche Großraumordnung mit Interventionsverbot für raumfremde Mächte*, Berlin, Leipzig, Wien 1941.

–: *Land und Meer. Eine weltgeschichtliche Betrachtung* [1941], Köln-Lövenich 1981.

–: *Politische Theologie. Vier Kapitel zur Lehre von der Souveränität*, Berlin ^{4}1985.

–: *Der Begriff des Politischen.* Text von 1932 mit einem Vorwort und drei Corollarien, Berlin 1987.

Schmitz-Emans, Monika: «Zur Semantik der ‹Mitte›. Vorüberlegungen»; in: Kurt Röttgers/Monika Schmitz-Emans (Hgg.), *Mitte. Philosophische, medientheoretische und ästhetische Konzepte*, Essen 2006, S. 7–15.

–: «Mittelachsen, Symmetrien, Asymmetrien»; in: Röttgers/Schmitz-Emans (Hgg.), *Mitte*, S. 166–189.

Schopenhauer, Arthur: *Parerga und Paralipomena: Kleine philosophische Schriften* (Zürcher Ausgabe, Bde. VII–X), Zürich 1977.

Schubert, Gabriela: «Zentrum und Peripherie: Der Westen, die Mitte und der Südosten Europas»; in: Kathrin Pöge-Alder/Christel Köhle-Hezinger (Hgg.), *Europas Mitte, Mitte Europas. Europa als kulturelle Konstruktion*, Jena 2008, S. 16–35.

Schulin, Ernst: *Die Französische Revolution*, München 1988.

Schulz, Georg Friedrich: *Leonardo da Vinci*, München 1976.

Schulz, Til: «‹Der Kampf als inneres Erlebnis›. Abenteuer des falschen Bewusstseins»; in: *Kursbuch*, Bd. 35, 1974, S. 135–152.

Schulze, Gerhard: *Die Erlebnisgesellschaft. Kultursoziologie der Gegenwart*, Frankfurt/New York 1992.

Schulze, Hagen: *Weimar. Deutschland 1917–1933*, Berlin 1982 (= Die Deutschen und ihre Nation, Bd. 4).

Schultz, Hans-Dietrich: «Deutschland und seine ‹Mitte› in der klassischen deutschen Geographie»; in: Gibas/Haufe (Hgg.), «*Mythen der Mitte*», S. 23–57.

Schumpeter, Joseph A.: *Kapitalismus, Sozialismus und Demokratie* [1942]. Einleitung von Edgar Salin, Tübingen 1950.

–: *Beiträge zur Sozialökonomik*, hg., übersetzt und eingeleitet von Stephan Böhm, Wien, Köln, Graz 1987.

Schwarz, Hans-Peter: *Die Zentralmacht Europas. Deutschlands Rückkehr auf die Weltbühne*, Berlin 1994.

Schwarzkopf, Stefan: «Die ‹Neue Mitte› oder: Wahlkampf als Produkteinführung. Die Bedeutung der Begriffsarbeit für den sozialdemokratischen Machtwechsel in Deutschland 1998»; in: Rainer Gries/ Wolfgang Schmale (Hgg.), *Kultur der Propaganda*, Bochum 2005, S. 211–249.

Sedlmayr, Hans: *Verlust der Mitte. Die bildende Kunst des 19. und 20. Jahrhunderts als Symptom und Symbol der Zeit* [1948], Frankfurt/M. und Berlin [10]1983.

See, Klaus von: *Freiheit und Gemeinschaft. Völkisch-nationales Denken in Deutschland zwischen Französischer Revolution und Erstem Weltkrieg*, Heidelberg 2001.

Sennett, Richard: *Der flexible Mensch. Die Kultur des neuen Kapitalismus*. Deutsch von Martin Richter, Berlin 1998.

Sheehan: *Der deutsche Liberalismus. Von den Anfängen im 18. Jahrhundert bis zum Ersten Weltkrieg*. Aus dem Engl. von Karl Heinz Siber, München 1983.

Sieferle, Rolf Peter: *Die Konservative Revolution. Fünf biographische Skizzen*, Frankfurt/M. 1995.

Sloterdijk, Peter: «Die Revolution der gebenden Hand»; in: *Frankfurter Allgemeine Zeitung*, 13. 6. 2009.

Sofsky, Wolfgang: *Das Buch der Laster*, München 2009.

Sombart, Werner: *Der moderne Kapitalismus*, Bd. 3: Das Wirtschaftsleben im Hochkapitalismus, München und Leipzig 1902.

–: *Händler und Helden*, München 1915.

Sorel, Georges: *Über die Gewalt*. Übersetzt von Ludwig Oppenheimer (1928). Mit einem Nachwort von George Lichtheim, Frankfurt/M. 1981.

Speidel, Michael Alexander: «Halbmond und Halbwahrheit. Cannae, 2. August 216 v. Chr.»; in: Förster, Stig, u. a. (Hgg.), *Schlachten der Weltgeschichte*, München 2001, S. 48–62.

Sprengel, Rainer: *Kritik der Geopolitik. Ein deutscher Diskurs 1914–1944*, Berlin 1996.

Stein, Gerd: *Philister–Kleinbürger–Spießer. Normalität und Selbstbehauptung*, Frankfurt/M. 1985.

Sternberger, Dolf: *Drei Wurzeln der Politik*, 2 Bde., Frankfurt/M. 1978.

–: *Über die verschiedenen Begriffe des Friedens*, Wiesbaden 1984 (= Sitzungsbericht der Wissenschaftlichen Gesellschaft an der Johann-Wolfgang-Goethe-Universität Frankfurt am Main, Bd. 21/1).

–: *‹Ich wünschte ein Bürger zu sein›. Neue Versuche über den Staat* [1967], Frankfurt/M. 1995.

Tarkiainen, Tuttu: *Die athenische Demokratie*, München 1972.

Taubes, Jacob (Hg.): *Gnosis und Politik*, München/Paderborn 1984 (= Religionstheorie und Politische Theologie, Bd. 2).

–: *Abendländische Eschatologie* [1948], Berlin 2007.

Thompson, Edward P.: *Die Entstehung der englischen Arbeiterklasse*. Aus dem Engl. von Lotte Eidenbenz u. a., 2 Bde., Frankfurt/M. 1987.

Tocqueville, Alexis de: *Über die Demokratie in Amerika*. Aus dem Franz. von Hans Zbinden, 2 Bde., Zürich 1987.

Ulbricht, Justus H.: «Wo liegt Kaisersaschern? Mitteldeutsche Mythen- und Symbolorte. Eine Spurensuche ‹deutschen Wesens›»; in: Jürgen John (Hg.), *«Mitteldeutschland». Begriff–Geschichte–Konstrukt*, Rudolstadt und Jena 2001, S. 135–158.

Ullrich, Sebastian: *Der Weimar-Komplex. Das Scheitern der ersten deutschen Demokratie und die politische Kultur der frühen Bundesrepublik*, Göttingen 2009.

Ullrich, Volker: *Die nervöse Großmacht. Aufstieg und Untergang des deutschen Kaiserreichs 1871–1918*, Frankfurt/M. 1997.

Vagts, Alfred: *Bilanzen und Balancen. Aufsätze zur internationalen Finanz und internationalen Politik*, hg. von Hans-Ulrich Wehler, Frankfurt/M. 1979.

van Laak, Dirk: *Über alles in der Welt. Deutscher Imperialismus im 19. und 20. Jahrhundert*, München 2005.

Vester, Michael, u. a. (Hgg.): *Soziale Milieus im gesellschaftlichen Strukturwandel zwischen Integration und Ausgrenzung*, Frankfurt/M. 2001.

Voegelin, Eric: *Die politischen Religionen* [1938], hg. und mit einem Nachwort versehen von Peter J. Opitz, München ²1996.

Vogel, Berthold: *Wohlstandskonflikte. Soziale Fragen, die aus der Mitte kommen*, Hamburg 2009.

Vogt, Michael: «‹Hier ist das Reich der goldnen Rahmen.› Kunst und Kleinbürgertum bei Wilhelm Busch»; in: Althaus (Hg.), *Kleinbürger*, S. 125–149.

Vondung, Klaus: *Die Apokalypse in Deutschland*, München 1988.

Vovelle, Michel: *Die Französische Revolution – Soziale Bewegung und Umbruch der Mentalitäten*. Aus dem Franz. von Peter Schöttler, München, Wien 1982.

Walter, Franz: *Die SPD. Vom Proletariat zur Neuen Mitte*, Berlin 2002.

–: *Baustelle Deutschland. Politik ohne Lagerbindung*, Frankfurt/M. 2008.

–: *Im Herbst der Volksparteien. Eine kleine Geschichte von Aufstieg und Rückgang politischer Masseintegration*, Bielefeld 2009.

–: *Gelb oder Grün? Kleine Parteiengeschichte der besserverdienenden Mitte in Deutschland*, Bielefeld 2010.

–: *Vorwärts oder abwärts? Zur Transformation der Sozialdemokratie*, Berlin 2010.

Walter, Michael: *Zweifel und Einmischung. Gesellschaftskritik im 20. Jahrhundert*. Aus dem Amerikan. von Anita Ehlers und Hans-Horst Henschen, Frankfurt/M. 1991.

Walz, Pieter Andreas: *Maß und Mitte. Johann Peter Hebel – ein pragmatischer Psychologe. Eine konstruktivistische Untersuchung zu Kalender- und Schatzkästleingeschichten Hebels*, Gutach 2000.

Walzer, Michael: *Exodus und Revolution*. Aus dem Amerikan. von Bernd Rullkötter, Berlin 1988.

Webb, Michael: *Die Mitte der Stadt. Städtische Plätze von der Antike bis heute*. Aus dem Engl. von Christa Broermann und Helmut Dierlamm, Frankfurt/New York 1990.

Weber, Max: *Gesammelte Politische Schriften*, hg. von Joh. Winckelmann, Tübingen [4]1980.

Wehler, Hans-Ulrich: *Deutsche Gesellschaftsgeschichte*, Bd. 3: 1849–1914, München 1995.

Welwei, Karl-Wilhelm: *Das klassische Athen. Demokratie und Machtpolitik im 5. und 4. Jahrhundert*, Darmstadt 1999.

Werber, Nils: *Die Geopolitik der Literatur. Eine Vermessung der medialen Weltraumordnung*, München 2007.

Willett, John: *Explosion der Mitte. Kunst und Politik 1917–1933*. Aus dem Engl. von Benjamin Schwarz, München 1981.

Winkler, Heinrich-August: *Mittelstand, Demokratie und Nationalsozialismus. Die politische Entwicklung von Handwerk und Kleinhandel in der Weimarer Republik*, Köln 1972.

–: *Der lange Weg nach Westen*, 2 Bde., München 2000.

–: *Geschichte des Westens. Von den Anfängen in der Antike bis zum 20. Jahrhundert*, München 2009.

Wirsing, Giselher: *Zwischeneuropa und die deutsche Zukunft*, Jena 1932.

Wittfogel, Karl A.: *Die orientalische Despotie. Eine vergleichende Untersuchung totaler Macht*, Frankfurt/M. u. a. 1977.

Wittkower, Rudolf und Margot: *Born under Saturn. The Character and Conduct of Artists: A Documented History from the Antiquity to the French Revolution*, New York/London 1963.

Wolf, Ursula: «Über den Sinn der aristotelischen mesotes-Lehre»; in: Otfried Höffe (Hg.), *Aristoteles, Die Nikomachische Ethik*, Berlin 1995, S. 83–108.

Ziche, Paul: «Der Begriff der ‹Mitte› in Aristoteles' Wissenschaftskonzeption»; in: *Archiv für Begriffsgeschichte*, Bd. 47, 2005, S. 9–24.

Danksagung

Die erste Anregung, mich mit dem Thema der politischen Mitte zu beschäftigen, geht auf eine Einladung der Heinrich-Böll-Stiftung zurück. Die handschriftlichen Notizen zu den Überlegungen, die ich im November 2006 zu «Semantik und Philosophie der Mitte» vorgetragen habe, blieben anschließend für längere Zeit in meinem «Denkbuch» stehen, ohne dass ich sie wieder aufgegriffen hätte. Die überaus angeregte Diskussion im Anschluss an meinen Vortrag hatte mir gezeigt, wie verzweigt und unübersichtlich das Thema war. Außerdem schoben sich für mich zunächst andere Probleme in den Vordergrund. Aber die Frage nach Kosten und Nutzen einer starken Mitte und den Möglichkeiten, die dadurch gewonnene Stabilität auch unter dem Druck von Globalisierung und sich verändernden demographischen Konstellationen zu bewahren, beschäftigte mich weiterhin und führte zu einigen Notizen, die ich den Aufzeichnungen zum Vortrag in der Grünen Akademie der Böll-Stiftung beifügte.

Die Möglichkeit, diese verstreuten Überlegungen in einem Aufsatz zusammenzufassen, kam mit der von Astrid Lorenz und Werner Reutter an mich herangetragenen Bitte um einen Beitrag für die Festschrift meines Kollegen Gert-Joachim Glaeßner, mit dem ich mehr als fünfzehn Jahre im Institut für Sozialwissenschaften der Humboldt-Universität vertrauensvoll zusammengearbeitet habe. Die Thematisierung von Ordnungen der Mitte bot sich als Thema eines solchen Beitrags auch darum an, weil Glaeßners Arbeitsgebiet die politischen Systeme sind und ein Festschriftbeitrag bekanntlich nicht nur die Interessen des Beiträgers, sondern auch die des Geehrten aufgreifen soll. Während der Arbeit an diesem Aufsatz, der 2009 unter dem Titel «Die Mitte im Widerstreit» erschienen ist, gewann das Thema für mich so viel Attraktivität, dass ich darüber mit Gunnar Schmidt, dem Verlagsleiter von Rowohlt · Berlin, sprach und es ihm als Buchpublikation vorschlug. In weiteren Gesprächen verdichtete sich das Projekt, und Gunnar Schmidts

Zuspruch war mir eine wichtige Hilfe dabei, dieses relativ offene Thema weiter einzukreisen. So bin ich in dieses Projekt eher hineingeraten als zielstrebig darauf zugegangen.

Während der Arbeit am Buch habe ich meine Überlegungen zweimal in dem universitären Kolloquium meines Lehrstuhls vorgetragen. Das ist zwar üblicherweise der Ort, an dem die Doktoranden ihre Dissertationsprojekte vorstellen und diskutieren, aber wie schon einige Male zuvor hat sich das Kolloquium auch für mich als ein Testraum bewährt, in dem die Tragfähigkeit von Thesen, mögliche Anschlüsse und Weiterungen und vieles andere mehr diskutiert werden können. Wenn ich an meine Doktoranden nur einen Teil der Anregungen weiterzugeben vermag, die ich selbst von ihnen bekommen habe, bin ich ein rundum zufriedener Hochschullehrer. Auf Einladung Hartmut Rosas habe ich im Februar 2010 einige meiner Überlegungen im Politikwissenschaftlichen Institut der Friedrich-Schiller-Universität Jena vorgetragen und bin in den Genuss einer anregenden Diskussion gekommen. Ausdrücklich erwähnen möchte ich hier auch die hilfreichen Gespräche mit zweien meiner früheren Mitarbeiter am Lehrstuhl, Matthias Bohlender und Karsten Fischer, in denen ich meine Überlegungen weiter zu klären vermochte. Hans Grünberger hat Teile des Manuskripts gelesen und mir seine Leseeindrücke mitgeteilt. Immer wieder habe ich mit meiner Frau Marina Münkler über Mitte und Maß gesprochen und von ihr wichtige Hinweise, insbesondere zu den Weltkarten des Mittelalters, bekommen – einem Thema, mit dem sie sich lange und intensiv beschäftigt hat. Ohne diese Gespräche und Diskussionen hätte ich das Buch nicht in der Form schreiben können, in der es nun vorliegt. Dafür meinen herzlichen Dank.

Bedanken möchte ich mich des Weiteren bei Kathrin Rönicke, Martin Valenske und Steffen Poralla, die als studentische Hilfskräfte am Lehrstuhl manches Buch besorgt und die benötigten Aufsätze kopiert haben. Wie immer hat Karina Hoffmann bei der Niederschrift bis zuletzt die Übersicht behalten und mit großer Zuverlässigkeit immer neue Ergänzungen eingebracht und Umstellungen vorgenommen. Vor allem möchte ich mich bei Bernd Klöckener bedanken, der auch dieses Buch wieder lektoriert und mit seinen vorsichtigen Nachfragen und Anmerkungen, gelegentlich aber auch mit entschiedenen Vorschlägen zur Auflösung argumentativer Verknotungen maßgeblich zu seiner endgültigen Fassung beigetragen hat.

Bildnachweis

Tafel 1: © Luc Viatour GFDL/CC | Tafel 2: bpk/SBB/Ruth Schacht | Tafel 5, oben: Nördlingen, Stadtarchiv, Graphische Sammlung | Tafel 6, oben: bpk/Dietmar Katz | Tafel 6, unten: abgedruckt nach: Wolfgang Storch (Hg.): Die Nibelungen. Bilder von Liebe, Verrat und Untergang, München 1987, S. 229 | Tafel 7, oben: Peter Palm, Berlin | Tafel 7, unten links: bpk | Tafel 7, unten rechts: bpk/ © VG Bild-Kunst, Bonn 2010 | Tafel 8: picture-alliance/dpa

MIX
Papier aus verantwortungsvollen Quellen
FSC® C019821
FSC
www.fsc.org

Das für dieses Buch verwendete FSC®-zertifizierte Papier
Lux Cream liefert Stora Enso, Finnland.